Holger Lindemann (Hg.)

# Heldinnen, Ufos und Straßenschuhe

Die Arbeit mit Metaphern und
der Systemischen Heldenreise in der Praxis

Mit 150 farbigen Abbildungen und 5 Tabellen

Mit Praxisbeispielen von Claudia Bauer, Sabine Brehm, Rita Freitag, Cristián Gálvez, Holger Gelhausen, Ursula Geisler, Björn Enno Hermans, Holger Lindemann, Helga Luger-Schreiner, Margarete Malzer-Gertz, Claude-Hélène Mayer, Ilse Osterfeld, Daniel Osterwalder, Christian Peitz, Jens Postinett, Detlef Sauthoff, Nikola Siller, Susanne Strobach, Martin Weiss und Margarete Wenzel

Vandenhoeck & Ruprecht

Bibliografische Information der Deutschen Nationalbibliothek:
Die Deutsche Nationalbibliothek verzeichnet diese Publikation in der
Deutschen Nationalbibliografie; detaillierte bibliografische Daten sind
im Internet über http://dnb.de abrufbar.

© 2019, Vandenhoeck & Ruprecht GmbH & Co. KG, Theaterstraße 13, D-37073 Göttingen
Alle Rechte vorbehalten. Das Werk und seine Teile sind urheberrechtlich
geschützt. Jede Verwertung in anderen als den gesetzlich zugelassenen Fällen
bedarf der vorherigen schriftlichen Einwilligung des Verlages.

Umschlagabbildung: Holger Lindemann, unter Verwendung von Miniaturfiguren der
Busch GmbH & Co. KG, sowie der Paul M. Preiser GmbH, mit freundlicher Genehmigung

Alle Abbildungen wurden von den jeweiligen Autorinnen und Autoren zur Verfügung gestellt.
Für Fotos, die von Klientinnen und Klienten erstellt wurden, liegt eine Genehmigung vor.

Symbole zu den Phasen und Archetypen der Heldenreise: Daniel Bauer

Gestaltung, Satz und Litho: SchwabScantechnik, Göttingen
Druck und Bindung: ⊕ Hubert & Co. BuchPartner, Göttingen
Printed in the EU

**Vandenhoeck & Ruprecht Verlage | www.vandenhoeck-ruprecht-verlage.com**

ISBN 978-3-525-40495-9

# Inhalt

Vorwort .................................................... 9

## Teil 1: Praxisbeispiele zur Arbeit mit Metaphern

**1 Arbeiten mit einfachen Sprachbildern** .................... 12
    1.1 Kinder brauchen Grenzen (Holger Lindemann) .............. 13
    1.2 Auf einem Bein kann man stehen (Holger Lindemann) ........ 17
    1.3 Ein ungeschliffener gelb-oranger Diamant (Claude-Hélène Mayer) 21
    1.4 L'état c'est moi! – Innere Anteile und äußere Helfer als
        Staatengebilde (Holger Lindemann) ........................ 26
    1.5 Eine aussichtslose Situation mit Ausblick (Holger Lindemann
        und Detlef Sauthoff) ..................................... 29

**2 Arbeiten mit komplexen Erzählformen** ...................... 32
    2.1 Nur ein Witz (Holger Lindemann) .......................... 34
    2.2 Würfelspiele für Gefangene (Holger Lindemann) ............ 37
    2.3 Stell dir vor, es kommt ein Ufo … Eine Methode zur Arbeit
        an Werten (Rita Freitag) ................................. 41
    2.4 Zusammengewürfelte Weihnachtserzählungen:
        Die Papphelden schreiben Geschichte(n) (Jens Postinett) ....... 45

**3 Arbeiten mit Bildern** ..................................... 56
    3.1 Zehn Bilder der Freude. Die Nutzung von Bildern
        als Ressourcenanker in der Therapie (Ursula Geisler) .......... 57
    3.2 Türen, Schuhe und Stühle. Die Nutzung von Bildkarten
        in Workshops und Seminaren (Susanne Strobach) ............. 62
    3.3 Was soll ich tun? Wo soll ich hin? Ein Bildkarten-Quadriptychon
        plus vier (Holger Lindemann) ............................. 68
    3.4 Gefühlsfische: Ein Emotionstagebuch in Bildern (Ursula Geisler) 75
    3.5 Visuelle Metaphern als Anker des Denkens und als Start zum
        Geschichtenerzählen (Daniel Osterwalder) .................. 79

**4 Arbeiten mit Skulpturen und Architektur** .................... 87
    4.1 Würfel, Steine, Tierfiguren. Beispiele für Figurenaufstellungen (Ursula Geisler) .......................................... 88
    4.2 Zeigt her eure Schuh ... – Systemaufstellungen mit Schuhen und Stiefeln (Björn Enno Hermans) ........................ 96
    4.3 Lego Serious Play: haptische Metaphern und greifbares Storytelling (Daniel Osterwalder) ........................... 103
    4.4 Eine haarige Angelegenheit – Beratung entlang der »Führungslinie« (Claudia Bauer) ............................................. 110

**5 Arbeiten mit bewegungs- und handlungsorientierten Methoden** ... 115
    5.1 Der Junge mit der Elefantenhaut (Holger Lindemann) .......... 116
    5.2 Ein kleiner Koffer voller Heimat (Holger Lindemann) .......... 120
    5.3 Das geschenkte Problempaket – eine systemische Anregung zum Umgang mit Problemen (Nikola Siller) ................... 123
    5.4 Die Sterntaler-Sequenz: Eine erkenntnisorientierte, theatrale Märchenaufstellung und der Weg dorthin (Margarete Wenzel) ... 137
    5.5 Maskenarbeit im Rahmen eines Gruppentherapiesettings (Margarete Malzer-Gertz und Helga Luger-Schreiner) .......... 151
    5.6 Führung spielt eine Rolle! Rollenmetaphern für Leadership- und Innovations-Schulungen (Holger Gelhausen) .............. 168

## Teil 2: Praxisbeispiele zur Arbeit mit der Systemischen Heldenreise

**6 Die Systemische Heldenreise – Eine kurze Einführung (Holger Lindemann)** .......................................... 184

**7 Die Systemische Heldenreise in Einzelsettings** .................. 195
    7.1 Nie mehr die Verbindung mit dem Wolf verlieren: Vom Wunsch »schwer zu erkranken, um Erlösung zu finden« bis zur Verwirklichung eines Lebenstraums (Sabine Brehm) ..... 196
    7.2 Erste Schritte wagen. Die Heldenreise in der Dokumentation von Entwicklungs- und Bildungsprozessen (Christian Peitz) ..... 207
    7.3 Die Heldenreise als Onlinekurs: Ein Weg zur eigenen Bestimmung (Martin Weiss) ................................. 214

**8 Die Systemische Heldenreise in Gruppensettings** .............. 230
   8.1 Die Impulswanderung als methodische Variante der Heldenreise
      (Sabine Brehm) ......................................... 231
   8.2 Das Drehbuch meiner Zukunft – die Systemische Heldenreise in
      der Berufsorientierung (Holger Lindemann) .................. 241

**9 Die Systemische Heldenreise in der Team- und
Organisationsentwicklung** ................................... 248
   9.1 Schlafende Hunde wecken. Eine Heldenreise in einer
      Kindertagesstätte (Holger Lindemann und Detlef Sauthoff) ..... 249
   9.2 Wenn ein Team auf Reisen geht ... Eine Teamentwicklung
      mit Heldinnen und Helden (Ilse Osterfeld) .................... 257
   9.3 Neue Wege für Führungs- und Vertriebsveranstaltungen:
      Die Heldenreise als Grundstruktur für Event-Module
      (Cristián Gálvez) ....................................... 265

**Literatur** ..................................................... 277

**Danksagung** .................................................. 281

**Autorinnen- und Autoreninformationen** ......................... 282

# Vorwort

Seit 2012 erscheinen meine Bücher zur Arbeit mit Sprachbildern, zuerst die »Metaphern-Schatzkiste« (Lindemann u. Rosenbohm, 2012), nachfolgend »Die große Metaphern-Schatzkiste« (Lindemann, 2014) und seit 2016 liegt die zweibändige Ausgabe mit einem Band zu »Grundlagen und Methoden« und einem Band zur »Systemische Heldenreise« vor.

Seit der Veröffentlichung der »Schatzkisten« habe ich viele Rückmeldungen und Anregungen zu ihnen erhalten. In Workshops, Weiterbildungsgruppen und Universitätsseminaren konnte ich beobachten, wie die unterschiedlichsten Menschen mit Metaphern und Bildern arbeiten und wie sie das Motiv der Heldenreise verwenden. Auch im Austausch mit Kolleginnen und Kollegen wurden immer wieder interessante Geschichten aus der Praxis erzählt. Nicht zuletzt ergaben sich in meiner eigenen Beratungstätigkeit zahlreiche weitere Möglichkeiten, mit Sprachbildern und kreativen, bildhaften Methoden zu arbeiten. Viele dieser Beispiele und Geschichten sind es nicht nur wert erzählt und gehört zu werden, sondern empfehlen sich dafür, in einem Buch zusammengestellt und einem größeren Publikum präsentiert zu werden.

Daher habe ich zahlreiche Kolleginnen und Kollegen darum gebeten, ihre Erfahrungen und Erlebnisse mit der Metaphernarbeit aufzuschreiben und eine interessierte Leserschaft an den Schätzen ihrer Arbeit teilhaben zu lassen. Mein Aufruf führte zu einem »magnetischen« Netzwerkphänomen. Wer auch immer von mir angesprochen wurde, erwiderte: »Das ist ja toll! Ich kenne da noch jemanden, den du unbedingt auch fragen solltest!«

Die hieraus entstandene Sammlung an Beispielen aus der Praxis – mit all ihren individuellen methodischen Erweiterungen – bildet aber nicht nur eine additive Zusammenstellung von Einzelbeiträgen, sondern reflektiert auch die Ergebnisse des fachlichen Austausches, den ich mit den Autorinnen und Autoren über schriftliche Anmerkungen zu den Texten, per Telefon und Videokonferenz führen durfte. Hieraus erwuchsen methodische Anmerkungen und theoretische Verweise in den Texten, die einen roten Faden bilden und die Beiträge mit den beiden Büchern der »Metaphern-Schatzkiste« verbinden. Die Struktur des Buchs folgt der Systematik, die in der »Großen Metaphern-Schatzkiste« und der »Systemischen Heldenreise« bereits vorgestellt wurde. Jedes Kapitel wird durch einen kurzen Text eingeleitet, der die theoretische Rahmung der Praxisbeispiele darstellt.

Beim Lesen dieses Buchs wünschen ich und alle Autorinnen und Autoren zahlreiche spannende Erkenntnisse, Anregungen und viel Freude! Und: Wenn Sie eine spannende Praxisgeschichte haben, die es wert ist, aufgeschrieben und gelesen zu werden, würde ich mich über eine Kontaktaufnahme freuen! Vielleicht kommen so viele Beiträge zusammen, dass auch diesem Buch ein weiterer Band folgt ...

Holger Lindemann

**Vertraulichkeitshinweis**
Alle personenbezogenen Angaben und Namen der Klientinnen und Klienten wurden geändert. Bei Personen, die auf Fotos zu erkennen sind oder namentlich genannt werden, liegt ein Einverständnis vor.

# TEIL 1

## Praxisbeispiele zur Arbeit mit Metaphern

# 1 Arbeiten mit einfachen Sprachbildern

Das Aufgreifen und die Arbeit mit einfachen Sprachbildern beginnt oft mit nur einem Wort oder einem Sprachbild, das in der Beratung Verwendung findet. Es kann zufällig auftauchen, aufgegriffen oder auch von den Klientinnen und Klienten oder von der beratenden Person aktiv eingebracht werden.

Der Beratungsprozess entwickelt sich dann auf zwei Ebenen: der »wörtlichen Bedeutung« und der »übertragenen Bedeutung«. Auf der Ebene der wörtlichen Bedeutung eröffnet sich eine Metaphernwelt, die auf den ersten Blick noch nicht viel mit der Lebenswelt zu tun hat. Die mit der Metapher verknüpften Vorstellungen und Bilder können ausgeweitet und ergänzt werden. Leichtigkeit, Humor und Experimentierfreude können sich einstellen. Schließlich spricht man nicht mehr über »das tatsächliche Problem«, sondern über ein Bild, es wird gedanklich mit und in dem Bild gespielt. Die hierdurch stattfindende Dekontextualisierung ermöglicht neue Erkenntnisse und Perspektivenwechsel (Lindemann, 2016a, S. 34 f.).

Das Sprachbild selbst kann schon wirksam sein, ohne dass eine Rekontextualisierung stattfinden muss. Es muss nicht unbedingt ergründet werden, wofür einzelne Aspekte des aufgegriffenen und ausgeweiteten Bildes stehen. Da mit einem Sprachbild immer auch visuelle Bilder verbunden sind, stehen sie den Klientinnen und Klienten – im Gegensatz zu verbalen Erläuterungen – als sinnlicher Eindruck zur Verfügung. Sie wirken dadurch auch immer als Symbol und sinnlich erfahrbarer Anker, dem eine starke Kraft innewohnt, alle möglichen damit verknüpften Denk- und Handlungsmuster hervorzurufen (Lindemann, 2016a, S. 41 ff.).

Alle Beispiele in diesem Kapitel befassen sich mit einfachen sprachlichen Äußerungen und Sprachbildern, die in der Beratung aufgegriffen und ausgeweitet dem Beratungsprozess eine neue Richtung eröffnen.

## 1.1 Kinder brauchen Grenzen

Holger Lindemann

■ Die Ausgangssituation

In einer Teamsupervision bei einem Träger der Kinder- und Jugendhilfe berichtet eine Kollegin über den Jungen, Maximilian, der bei ihr in der Familie lebt. Dieser zeigt seit einiger Zeit ein seltsames und teilweise auch riskantes Verhalten: Er sperrt Durchgänge und Wege ab, indem er Schnüre und Kabel verknotet und diese als Absperrung verwendet. Hierdurch entstehen Stolperfallen und er zeigt sich uneinsichtig, wenn es darum geht, diese zu beseitigen. Besonders häufig macht er dies, seitdem Handwerker im Haus sind, um eine Auffahrt zu pflastern und einen Carport zu bauen. Der Garten und die Baustelle sind dann teilweise nur noch schwer passierbar und die Arbeiten geraten ins Stocken. Auch den Zugang zu seinem Zimmer hat er bereits auf diese Weise versperrt. Sobald jemand eine der Absperrungen entfernt oder überschreitet, wird Maximilian unruhig und wütend.

■ Die Beratung

Ich greife das Verhalten des Jungen als Metapher auf, das symbolisch für etwas anderes steht: »Maximilian errichtet also Grenzen und ist erbost, wenn jemand diese niederreißt oder überschreitet, ohne dass derjenige von dem Grenzwächter dazu autorisiert worden ist. Wozu baut Maximilian denn diese Grenzen? Wozu braucht er sie?« In dem Gespräch zeigen sich die Bedürfnisse, die er dadurch erfüllt: Sicherheit und Kontrolle in eine Situation zu bringen, in der etwas Fremdes in seine vertraute Umwelt eindringt. Auf die Frage, ob er dieses Verhalten schon in früheren Situationen gezeigt hat, werden mehrere Beispiele angeführt (Abbildung 1–4):
- Ganz zu Beginn, als Maximilian in die Familie kam, war er sehr verschüchtert und zog sich oft auf das Bett in seinem Zimmer zurück. Es war ihm ganz wichtig, dass die Bettdecke immer ganz exakt, gerade und faltenfrei an der Bettkante ausgerichtet war.
- Grundsätzlich sind für ihn ungeordnete oder unordentliche Situationen schwer auszuhalten, wenn er verunsichert ist. Er ordnet dann sein Umfeld und richtet es übersichtlich aus.
- Nach einer Wochenendfahrt kam er nach Hause und legte kleine Stöckchen und Strohhalme in die Fensterlaibung. Auch baute er eine Reihe Plastikfiguren auf, die mitten im Raum eine Linie bildeten.

- Beim Spielen mit seiner Ritterburg gibt es einige Figuren in der Burg und eine Reihe von Figuren, die davor aufgestellt sind, »damit da niemand reinkommt«.
- Auch wenn er mit Autos spielt, stellt er oft eine Reihe von Fahrzeugen als Begrenzung auf. Hinter dieser Grenze können die anderen Autos dann gefahrlos umherfahren.
- Bei einer großen Hochzeit mit vielen Gästen war dieses Aufbauen von Grenzen ebenfalls sehr deutlich zu beobachten. Hier steckte er Holzstöcke in den Boden, um eine Grenze zu markieren.

**Abbildung 1, 2, 3 und 4:** Einige von Maximilians Grenzen

■ Die Intervention

Mein erster Impuls ist es, der besorgten Pflegemutter ein Reframing – also eine Umdeutung – des störenden Verhaltens anzubieten: »Ich finde es ganz fantastisch, wie toll und gewissenhaft Maximilian für sich sorgt! Er schafft es, sein Bedürfnis nach Sicherheit und Kontrolle durch diese Rituale zu befriedigen. Er bringt etwas zum Ausdruck, was tief in ihm verwurzelt ist und schafft es, für sich selbst zu sorgen. Das ist eine wichtige Überlebensstrategie. Andere Kinder verfügen nicht darüber. Sie werden in solchen Situationen ganz still und ziehen sich in sich zurück, oder sie werden aggressiv und verletzen sich und andere. Maximilian macht das ganz prima!«

Nach einem kurzen Schweigen bleibe ich bei dem Bild der Grenze und rege das Team dazu an, Ideen zu sammeln, wie man mit Maximilian in eine »symbolische Interaktion« eintreten kann, die es ihm erlaubt, »seine Grenzen zu wahren« und es ihm ermöglicht, diese so zu errichten, dass sie keine Gefahr darstellen.

Zunächst bedeutet dies, ihn als Grenzbauer und Grenzwächter ernst zu nehmen. Seine Grenzen einfach zu entfernen wäre übergriffig. Aber Maximilian, als der Experte für Grenzen, kann sicherlich viel darüber erzählen, wie man mit diesen Grenzen umgehen soll, wenn man ihm die richtigen Fragen stellt, wie z. B.:

»Ich müsste einmal hier durchlaufen. Kannst du mir die Grenze kurz öffnen?«
»Gibt es einen Ausweis oder Passierschein, den du mir ausstellen kannst, damit ich hier entlanggehen darf?«
»Ich muss diese Wäsche in den Schrank legen, komme aber nicht über die Absperrung. Kann ich sie dir überreichen und du erledigst das dann für mich?«

Sinn und Zweck der Grenzen wurden nicht mehr infrage gestellt. Es ging nur noch um einen gelassenen und wertschätzenden Umgang mit ihnen.

Die Bearbeitung abschließend, wurde dann nach Möglichkeiten gesucht, die Grenzen gefahrloser zu gestalten. Zwei Ideen wurden als besonders hilfreich erachtet: Die Pflegemutter wollte im Baumarkt eine Rolle rot-weiß-gestreiftes Absperrband, auch als »Flatterband« bekannt, kaufen und Maximilian als Material anbieten. Als weitere Idee ergab sich die Möglichkeit, die Pylonen (»Verkehrskegel«) der Handwerker zu verwenden. Letzteres wurde mit diesen abgesprochen. Nach der Beendigung der Außenarbeiten und einem anschließenden Urlaub der Familie, hörte Maximilian auf, Grenzen zu bauen. In Spielsituationen sind Grenzen für ihn aber nach wie vor von Bedeutung und werden sowohl von ihm als auch von den Pflegeeltern spielerisch thematisiert.

### ■ Reflexion und Feedback

Bei der nächsten Supervision berichtet die Pflegemutter, dass Maximilian das Flatterband sehr gut und voller Freude angenommen hat. Wenn er jetzt eine Grenze aufbaut, ist diese sofort sichtbar und bildet keine Stolperfalle. Die Erwachsenen haben nun auch eine andere Interpretation seines Verhaltens und können gelassener und spielerischer damit umgehen. Auf die Frage, was an der Bearbeitung innerhalb der Supervision für sie am wichtigsten gewesen sei, gab die Pflegemutter folgende Antwort:

»Zuerst, dass das mit den Grenzen so in Ordnung ist. Dass Maximilian dadurch gut für sich sorgt und dass ich einen Sinn erkennen kann. Und dann, dass wir nicht nach ›Ursachen in seiner früheren Kindheit‹ suchen mussten – die es sicherlich gibt – sondern, dass er ja eine gute Strategie hat, um das für sich zu verarbeiten. Wir müssen da nicht analysieren oder sein Verhalten ändern. Mir ist auch klar geworden, dass er sein ›Heimatgebiet‹ stark erweitert hat, seitdem er bei uns ist. Ganz am Anfang war es nur das Bett, mit der Grenze der Bettkante. Dann sein Zimmer. Und mittlerweile zieht er Grenzen auch anderswo im Haus und im Garten, weil das jetzt auch alles eine Heimat für ihn ist.«

**Methodische Anmerkung**
Dieses Praxisbeispiel zeigt einige wichtige Aspekte der Arbeit mit Metaphern. Zunächst veranschaulicht sie, wie der Sinn scheinbar auffälliger Verhaltensweisen dadurch erkannt werden kann, dass man ihre übertragene, symbolische Bedeutung in den Vordergrund stellt und nach den Bedürfnissen schaut, die dadurch – oft in ritualisierter Form – erfüllt werden. Das Beispiel illustriert, wie exzellent es schon Kindern gelingt, ihre Lebenswelt durch symbolische Interaktionen, durch Externalisation und Objektivation zu gestalten. Dies machen sie in der Regel, ohne dass ihnen bewusst ist, was sie da tun oder welche Bedeutung es hat. Externalisieren, Objektivieren und Ritualisieren können für Kinder wichtige Ressourcen darstellen, gerade in schwierigen Lebenssituationen, in denen andere – beispielsweise sprachliche – Ausdrucksmittel noch nicht in ausreichendem Maße zur Verfügung stehen. Leider verlieren Menschen, wenn sie erwachsen werden, oft diese Fähigkeiten und werden blind für symbolische und rituelle Bedeutungen ihrer Handlungen und ihrer Lebenswelt. Umso besser, dass man den Blick hierfür schulen kann und dass es glücken kann, die Welt wieder aus der Perspektive ihrer symbolischen Bedeutungen zu betrachten.

## 1.2 Auf einem Bein kann man stehen

Holger Lindemann

■ Die Ausgangssituation

Ein Pflegevater berichtet in der Supervision von Angstzuständen und Panikattacken seines zwölfjährigen Pflegesohnes Benedikt. Dieser traue sich im Alltag wenig zu. Alles Fremde und Unbekannte mache ihm Angst. Vor dem Fußballtraining allein vom Auto zum Spielfeldrand zu gehen, sei ihm unmöglich, obwohl er den Trainer mag und ein guter Freund in der Mannschaft mitspielt. Allein zum Bäcker zu gehen, der in der gleichen Straße ist, ist ihm nur möglich, wenn ein anderes Familienmitglied in der heimischen Auffahrt steht und dort für ihn sichtbar auf ihn wartet, bis er zurückkehrt.

Nun kam es während einer Projektwoche an der Schule bei Benedikt zu einer schweren Panikattacke. Benedikt hatte sich für ein Projekt angemeldet, in dem er niemanden kannte, auch die begleitende Lehrkraft nicht. Er wollte es aber unbedingt versuchen, seine Ängste zu überwinden und den Kurs zu besuchen. Seinen Pflegeeltern hatte er nichts von dem Projekt erzählt. Im Laufe der Projekttage stieg seine Anspannung so sehr an, dass er am vierten Projekttag von der Schule abgeholt werden musste, weil er sich unter einem Tisch verkrochen hatte und nicht mehr hervorkommen wollte.

Benedikt war enttäuscht und beschämt, weil er die Teilnahme an diesem Projekt unbedingt allein meistern wollte und dann doch gescheitert ist: »Warum ist das bei mir so?« Die Erklärungsversuche der Pflegeeltern gaben gemäß der gestellten Frage eine Antwort über die Ursachen: »Das ist, weil dir, als du noch sehr klein warst, etwas Schlimmes zugestoßen ist. Das steckt jetzt noch in dir, und in Situationen, in denen Fremdes und Unbekanntes um dich herum ist, kann es dann dazu kommen, dass sich dein Körper wieder daran erinnert und versucht dich zu schützen.«

Der Pflegevater berichtet von den Schwierigkeiten, sich mit Benedikt über dessen Ängste und deren Ursachen und Auswirkungen zu unterhalten. Sie wüssten eigentlich alle, was man tun könnte, um Benedikt die Sicherheit zu geben, die er braucht, um sich neuen und unbekannten Situationen zu stellen. Das verlange aber immer Zeit, Vorbereitung und Absprachen. Sie fänden es großartig, dass Benedikt sich getraut hat, die Projektwoche ganz allein anzugehen, und es sei so schade, dass er es zwar drei Tage lang gut geschafft habe, diese Herausforderung anzunehmen, dabei aber unter so hohem Druck stand und sich in der Panikattacke dann doch als gescheitert erlebt hat.

■ Die Intervention

»Um über belastende Erlebnisse zu sprechen, hilft es oft, ein Bild oder eine Metapher zu nutzen. Dadurch kann man alles mit etwas mehr Distanz betrachten. Bei Ihrer Erzählung fällt mir spontan eine Fußball-Metapher ein. Beim Fußball hat der Spieler immer ein Standbein und ein Spielbein. Das Standbein braucht er, um sicher und fest zu stehen, damit sein Spielbein genug Beweglichkeit und Kraft hat, um den Ball zu spielen, zu tricksen und zu tänzeln. Wenn das Standbein nicht gut am Boden verankert ist und man dennoch ein gewagtes Manöver versucht, fällt man hin. So ist das vielleicht auch bei Benedikt. Vielleicht können Sie ihm dieses Bild anbieten, um zu verstehen, was er braucht, wenn er neuen und unbekannten Situationen begegnet. Sie können ihm dann erklären, dass er dann zunächst auf sein Standbein achten muss und sich noch nicht zu sehr auf sein Spielbein konzentrieren darf. In Gesprächen in der Familie, mit Benedikt und mit den Lehrkräften kann die Metapher von Stand- und Spielbein ganz hilfreich sein, als eine Art geheimer Code, den Sie verwenden können, um indirekt und ohne Benedikt zu beschämen über die Bewältigung seiner Ängste sprechen zu können: ›Achte mal auf dein Standbein! Was brauchst du, um jetzt ein gutes Spiel machen zu können?‹ Oder: ›Ich glaube in der Situation war sein Standbein etwas wackelig. Was könnte ihm einen besseren Stand ermöglichen?‹«

Wir sammeln im Team noch weitere Ideen und Formulierungen für die Nutzung der Metapher, und der Pflegevater verlässt die Supervisionssitzung mit vielen Anregungen. Die dahinterliegende Grundidee war es, auch den Fokus von Warum-Fragen »Warum ist das so?«, »Warum ich?« auf Wie-Fragen zu lenken: »Wie ist es?«, »Wie kann ich es schaffen?«.

■ Reflexion und Feedback

Bei einem späteren Termin berichtet der Pflegevater, dass das Bild von Stand- und Spielbein von Benedikt nicht aufgegriffen wurde. Er könne zwar in vielen Situationen seine Unsicherheit benennen, habe aber Schwierigkeiten, darüber zu reden, welche Strategien er nutzen könnte, um sich zu sichern. Vielleicht werde diese Abstraktion für Benedikt hilfreich, wenn er älter ist und auf der Ebene modellhafter Vorstellungen reflektieren kann.

Das Bild des Wechsels von Stabilität und Instabilität habe aber bei den Pflegeltern zu einer wichtigen Veränderung geführt. Sie hätten nun ein gemeinsames Bild, um über die Situation des Pflegekindes zu sprechen. Ihnen seien viele Strategien und Hilfsmittel des Jungen aufgefallen, mit denen er sich auf den Übergang von einer stabilen in eine instabile Situation vorbereite. Zu bestimmten Schulterminen, oder wenn er gerade angespannt ist, ist es ihm wichtig, eine dickwattierte Jogginghose zu tragen und eine Jacke mit Taschen, in denen er seine Hände vergraben kann, gern auch eine Jacke mit Kapuze. Die Pflegeeltern haben nun die Möglichkeit, ihm konkrete Hilfsmittel zur Stabilisierung vorzuschlagen, die sie beobachtet haben, ohne dass sie eine Verunsicherung direkt ansprechen müssen.

Außerdem konnten sie nun jene Spielsituationen verstehen, in denen Benedikt immer wieder einen stabilen, sicheren Ort baut (beispielsweise aus Kartons oder mit seiner Ritterburg), von dem ausgehend er dann »Schritte ins Unbekannte« wagen kann. Als besonders bedeutsam erlebten die Pflegeeltern nun Situationen, in denen Benedikt sie oder andere Kinder in diese sicheren Bereiche einlädt. Neben »Standbein« und »Spielbein« wurden auch »sicherer Ort« und »Abenteuer« als weitere Begriffe Teil der elterlichen Reflexion. Die Begriffspaare zeigen, dass das eine immer in ausreichendem Maße da sein muss, damit man das andere wagen kann.

### Methodische Anmerkung

Die Metapher von Standbein und Spielbein bietet zunächst eine Dissoziation an. Anstatt über Ängste vor Neuem und Unbekanntem kann über Fußball gesprochen werden (Lindemann, 2016a, S. 35 ff.). Die Metapher lenkt den Blick zudem von einer »Entweder-oder-Perspektive« (Sicherheit *oder* Veränderung) des Gelingens oder Scheiterns auf eine »Sowohl-als-auch-Perspektive« zweier sich gegenseitig bedingender Prinzipien: Sicherheit *und* Veränderung (Lindemann, 2016a, S. 131 ff.).

Betrachtet man die Prinzipien der Veränderung komplexer Systeme, wie sie in der Synergetik formuliert wurden, findet sich ebenfalls dieser Zusammenhang gegenseitiger Bedingtheit (Haken u. Schiepek, 2006, S. 436 ff.; Lindemann, 2018, S. 271–293). Neben den Prinzipien der »Destabilisierung« und »Energetisierung« steht in gleicher Bedeutung das Prinzip der »Sicherstellung von Stabilitätsbedingungen«.

Es gibt viele weitere Metaphern, die die gegenseitige Bedingtheit von Stabilität und Bewegung verdeutlichen können. Je nach Anschlussfähigkeit an die Bilderwelten der Klientinnen und Klienten bieten sie ganz unterschiedliche Beschreibungs- und Interpretationsmöglichkeiten:
- Eine Band, deren Rhythmusgruppe (Schlagzeug, Bass, Rhythmusgitarre) die ausreichende Stabilität bietet, damit die Solistinnen und Solisten frei improvisieren können.
- Die Grundaufstellung einer Fußball-, Football-, Volleyball-, Basketball- oder Handballmannschaft: Es gibt feste Positionen, die nicht starr eingenommen werden, aber eine Orientierung im Spielverlauf bieten.
- Der Fallschirm, den die Luft trägt, damit man aus dem Flugzeug springen

kann: Der Fallschirm gibt Stabilität, weil seine Form und sein Material an die Umgebung angepasst sind. Für diese Umgebung ist er genau das richtige Stabilitätsmedium.
- Kletterhaken und Kletterseil beim Bergsteigen, die die Ketterer sichern und es ihnen ermöglichen, die nächsten Schritte zu machen, bis sie sich erneut sichern.
- Beim Gerätetauchen benötigt man Bleigewichte, um abzusinken. Die Tarierweste ermöglicht es, durch das Einblasen oder Ablassen von Luft aufzusteigen und die Sinkgeschwindigkeit zu kontrollieren. Ist man schlecht austariert, sinkt man zu schnell ab, steigt zu schnell auf oder erreicht keine gerade Körperhaltung. Die Tarierung muss immer an die Tauchtiefe angepasst werden. Als weiteres Element der Stabilisierung kommt die Atmung hinzu, durch die die Tauchtiefe ebenfalls beeinflusst wird. Das Zusammenspiel von Bleigewicht, Tarierweste und Atmung ermöglicht ein kontrolliertes Tauchen auf der gewünschten Tauchtiefe.
- Das feste Flussbett, in dem das Wasser fließen kann ohne auszuufern.
- Die Unterscheidung von starren, halbstarren und flexiblen Konstruktionen in Gebäudearchitektur und Brückenbau, um den Bau auf möglichen Erdbeben, Bodenverwerfungen, verschiedenen Untergründen und Anprall auszurichten.
- Die Verbindung und Variation verschiedener starrer und weicher Materialien, vor allem in Sport- und Outdoorbekleidung (»Hardshell«, »Softshell«, »Regenschutz und Luftdurchlässigkeit«) und bei Lauf- und Wanderschuhen (»Dämpfung und Stabilität«, »flexible und starre Sohle«): Erst die Verbildung beider Materialien ermöglicht zum einen ein leichtes Laufgefühl und zum anderen einen sicheren Tritt auf unebenem Untergrund.
- Der Aufbau einer Schichttorte aus festen Zwischenböden und cremigen Füllungen erzeugt mit dem Wechsel der unterschiedlichen Materialen insgesamt eine größere Stabilität.
- Mehrzonenmatratzen oder Futons sorgen erst mit verschieden harten und weichen Schichten für den individuellen Schlafkomfort.
- Obst und Gemüse mit unterschiedlich fester oder harter Schale und weichem Inneren (Banane, Drachenfrucht, Maracuja, Traube, Melone, Ananas, Feige, Aubergine), mit weichem Fruchtfleisch und hartem Kern (Kirsche, Nektarine), mit fester Außenschicht, weichem Fruchtfleisch und hartem Kern (Mango, Pfirsich, Pflaume, Olive, Avocado, Dattel, Lychee, Granatapfel) oder mit weicher oder lediger Außenschicht, faseriger Zwischenschicht, harter Schale und weichem Kern (Kokosnuss, Walnuss, Haselnuss). Harte Schalen und Hüllen können das Innere schützen, weiche Umhüllungen können Nährstoffe beim Wachsen des innenliegenden Kerns bereitstellen oder dafür sorgen, dass die Frucht von Tieren gefressen oder die Samen so weiterverbreitet werden.

## 1.3 Ein ungeschliffener gelb-oranger Diamant
Claude-Hélène Mayer

■ Die Ausgangssituation

Vor einigen Jahren lernte ich im Kontext einer Beratungstätigkeit in einem großen Unternehmen Herrn M. kennen, der zu dieser Zeit eine herausragende Führungsposition in dem Unternehmen innehatte. Kurz nachdem der Beratungsprozess abgeschlossen war, verlor Herr M. aufgrund organisatorischer Veränderungen im Unternehmen seine Position. Einige Zeit später nahm Herr M. mit mir Kontakt auf bezüglich einer Beratung hinsichtlich seiner persönlichen und beruflichen Weiterentwicklung.

In der Einzelberatung ging es in den ersten Sitzungen vor allem darum, wie Herr M. positiv mit seinem Status der Arbeitslosigkeit umgehen könne, bis er eine neue Stelle findet. Wie an anderer Stelle bereits beschrieben (Mayer, 2018), stand im Zentrum, mit der Scham der Arbeitslosigkeit, die er gegenüber seinem privaten und vorherigen professionellen Netzwerk empfand, souverän umzugehen.

In den Sitzungen arbeiteten wir mit unterschiedlichen beraterischen und therapeutischen Methoden, unter anderem auch mit der Methode der »aktiven Imagination« nach Carl Gustav Jung (Jung, 1928/1966).

**Methodische Anmerkung**
Die Methode der »aktiven Imagination« besteht darin, direkt mit dem Unbewussten in Verbindung zu treten und dieses als einen Ratgeber für bestimmte Fragestellungen, Anliegen, Probleme oder Herausforderungen zu nutzen.

Dabei wird wie folgt vorgegangen: Zuerst definiert die zu beratende Person, die die »aktive Imagination« anwenden möchte, eine Fragestellung, ein Problem oder Anliegen. Anschließend richtet sie den Blick nach innen und konzentriert sich auf sich selbst. Die Augen können dabei geschlossen werden. Beim »aktiven Imaginieren« kommt es darauf an, dass die Person mit den Bildern arbeitet, die während der Konzentration auf das Innere entstehen.

Nach einer kurzen Konzentrations- und Entspannungsphase zeigt sich zumeist ein Bild, ein Symbol, ein Gegenstand, eine Figur. Sobald sich das Bild zeigt, wird dieses genau beobachtet, wie es sich zu entfalten beginnt, wie es sich verhält, bestehen bleibt oder auch mit der Zeit verändert. In der Regel beginnen sich die Bilder automatisch im Verlauf der Beobachtung zu verändern. Dabei ist es wichtig, in der Beobachtung zu verharren und das Bild nicht bewusst zu beeinflussen. Sollte das Bild, was immer es auch sein mag, eine Figur, ein Symbol, oder ein Gegenstand, anfangen zu sprechen oder andersartig in Kommunikation zu treten, so kann die Person aktiv beginnen, mit dem Symbol, dem Gegenstand, der Figur zu kommunizieren. Nach Jung bekommt die Person somit die Gelegenheit, später das Unbewusste genauer zu analysieren und gibt gleichzeitig die Gelegenheit, dass das Unbewusste auch das Bewusste kennenlernen und analysieren kann (Jung, 1928/1966).

Nachdem die Phase des »aktiven Imaginierens« abgeschlossen ist, können die beratende und die zu beratende Person in einen Dialog über das Beobachtete und das Erfahrene eintreten, um die Sinnhaftigkeit und das Bedeutsame für die anfangs definierte Fragestellung zu besprechen.

Während einer der Sitzungen stand die Fragestellung im Vordergrund, wie Herr M. am besten die Scham überwinden könne, die er in seiner Arbeitslosigkeit erlebte. Im Prozess der »aktiven Imagination« erschien Herrn M. das Bild eines »ungeschliffenen gelb-orangen Diamanten«. Nach dem Auftreten dieses Bildes verständigten wir uns darauf, dass wir in der folgenden Sitzung weiter mit dem Bild des gelb-orangen Diamanten arbeiten wollten.

In der nächsten Sitzung besprachen wir das Bild ausführlich, das für Herrn M. im ersten Augenblick nach der aktiven Imagination nicht nachzuvollziehen war. Das Ziel dieser Sitzung war, herauszuarbeiten, was der gelb-orange Diamant an bedeutsamen Informationen bereithält, die Herrn M. dabei helfen könnten, seine Scham, die Depressionen und Frustrationen, die aus der derzeitigen Lebenssituation entstanden waren, zu überwinden.

Im Folgenden zeige ich ausschnittsweise, wie wir mit dem Bild des gelb-orangen Diamanten an bestimmten Aspekten und Fragestellungen arbeiteten und wie diese »aktiven Imaginationen« zu einem Sinnbild für Herrn M. wurden.

### ■ Eine Beratungssequenz

BERATERIN: In unserer letzten Sitzung ist Ihnen der gelb-orange Diamant erschienen, als wir an der Frage arbeiteten, wie Sie mit den Erfahrungen Ihrer Arbeitslosigkeit gut umgehen können.

HERR M.: Ja, genau! Erst war ich so erstaunt und wusste überhaupt nicht, was ich mit diesem gelb-orangen Diamanten anfangen sollte. Obwohl er mir gleich gefallen hat. Er war so leuchtend und voller positiver Energie und einfach schön anzusehen. Wie er aber mit meinem Anliegen in Verbindung stehen könnte, wusste ich überhaupt nicht. Seit der Sitzung habe ich dann häufig über diesen Diamanten nachgedacht, ganz bewusst darüber nachgedacht, wofür er wohl stehen könnte …

BERATERIN: Und? Sind Sie zu Erkenntnissen gekommen?
HERR M.: Ja. Sie werden es nicht glauben, aber ich bin mittlerweile der Überzeugung, dass dieser gelb-orange Diamant … – das bin ich! Er steht für mich. Das mag verrückt klingen, aber mir ist klar geworden, was für einen Schatz ich in mir trage … an Wissen, an Kenntnissen, an Ideen und Visionen. Da habe ich verstanden, dass mir mein Unbewusstes zu verstehen geben will, dass ich am besten so bin, wie ich bin, wie ein ungeschliffener, gelb-oranger Diamant.
BERATERIN: Das ist ja eine spannende Erkenntnis.
HERR M.: Ich denke, mein Unbewusstes schickte mir dieses Bild, um mir zu sagen, dass ich am besten einfach so bin, wie ich natürlicherweise bin, mit all meinen farblichen Brechungen, meinem Glanz und meinem Kern, der unter all dem Stress mit der Arbeitslosigkeit begraben liegt, in der Erde, da wo der Diamant herkommt und geformt wird.
BERATERIN: Ah, Sie sehen den gelb-orangen Diamanten als den Kern Ihres Innersten, Ihrer Identität?
HERR M.: Ja, genau. Und ich denke, ich habe genau dieses Bild gesehen, weil mein Unbewusstes mir sagen wollte, dass ich auf das Wesentliche blicken soll, auf das, was mich eigentlich ausmacht, das, was mir Kraft gibt, das, was leuchtet und einfach wunderbar und wertvoll an mir ist.
BERATERIN: Und was passiert dann bei Ihnen, wenn Sie auf diesen Diamanten blicken, wenn Sie Ihren Fokus auf ihn richten?
HERR M.: Dann freue ich mich. Ich empfinde einfach tiefe Freude über mich selbst.
BERATERIN: … tiefe Freude, sagen Sie, die Sie mit diesem Bild verbinden …
HERR M.: Ja. Der Diamant steht irgendwie für meine innere Stärke, all das Positive, das mich ausmacht. Und immer, wenn ich mit anderen Personen nun über diese schwiegrige Situation spreche, dann sage ich innerlich zu mir: »Du bist ein wunderschöner, gelb-oranger Diamant.«
BERATERIN: Für Ihre innere Stärke … und was können Sie noch aus dem Bild des Diamanten ableiten?
HERR M.: Mir ist auch klar geworden, dass ich selbst über Jahre hinweg, wie dieser Diamant in der Erde, geformt worden bin. Dass es ein langer Prozess war, zu dem zu werden, was ich bin. Alle meine Kenntnisse bleiben und sind durch die schwierige Situation zwar verdeckt, doch ihr Kern, der Diamant, ich selbst bleibe bestehen. Ich muss den Diamanten, mein Innerstes, nur wieder freilegen. Diamanten sind hart im Nehmen und schwer zu zerstören.

■ Reflexion

Das Bild des Diamanten begleitete Herrn M. durch die folgenden Sitzungen und wurde für ihn zu einem wichtigen Sinnbild für den Kern seiner eigenen Identität: Der Diamant stand nicht nur für sein wertvolles Selbst und eine reichhaltige, leuchtende Identität, er wurde auch zum Sinnbild des eigenen persönlichen Reichtums, der inneren Stärke, des persönlichen Wertes. In herausfordernden Situationen konnte sich Herr M. über den vor seinem inneren Auge imaginierten Diamanten auf sein Innerstes besinnen und neue Kraft aus sich selbst schöpfen. Der Diamant wurde für ihn zu einer Kraftquelle, er erlebte durch ihn den Sinn des eigenen Lebens neu. Aufbauend auf dieser neuen Sichtweise auf sein Selbst konnte Herr M. sich proaktiv den Herausforderungen seiner Arbeitslosigkeit stellen.

■ Die weitere Verwendung der Metapher in der Beratung

In den folgenden Sitzungen arbeiteten wir weiter an dem Bild des Diamanten und explorierten weitere persönliche Bedeutungen für Herrn M. (Schönheit, Eleganz, Exklusivität, Härte, Glanz) sowie kollektive Bedeutungen, die dem Diamanten zugesprochen werden, wie Reinheit, Unzerstörbarkeit, Liebe, Reichtum und Glaubhaftigkeit.

Herr M. fand bei eigenen Recherchen heraus, dass es solche gelb-orange Diamanten tatsächlich gibt und sie weltweit nur in zwei Ländern zu finden sind: in Südafrika und in Australien. Als er dies erfuhr, erlebte er abermals eine Wende in der Sinnzuschreibung des Diamanten: er selbst hatte in der Vergangenheit eine für ihn beruflich wichtige Zeit in Südafrika verbracht und immer davon geträumt, noch einmal außerhalb Europas und bevorzugt in Australien zu leben und zu arbeiten. Das Sinnbild des Diamanten erweiterte sich somit zu einem visionären Bild des zukünftigen Arbeitsplatzes.

Auch nach weiteren persönlichen Veränderungen blieb das Bild des gelb-orangen Diamanten ein wichtiges Sinnbild für Herrn M., das für ihn eine Wende im Blick auf sich selbst und auf seine Zukunft eingeleitet hatte.

**Methodische Anmerkung**

Es gibt zwei Aspekte, die bezogen auf die Arbeit mit Sprachbildern bemerkenswert an diesem Praxisbeispiel sind.

*Erstens* zeigt der geschilderte Prozess, dass einige innere Bilder auftauchen und sich im Laufe der Zeit verfestigen können, ohne dass die zu beratenden Personen diese direkt verstehen oder interpretieren können. Anstatt diese Bilder direkt zu verwerfen oder als irrelevant zu deklarieren, ist es ratsam, der zu beratenden Person Zeit zu geben, damit das Bild an innerer Gestalt und Bedeutung gewinnen kann. Im Kontext von Beratung ist dies ein idealer Anlass für Beobachtungs- und Handlungsaufgaben (Lindemann, 2016a, S. 199–204). Diese können beispielsweise darin bestehen, das imaginierte Objekt zu zeichnen oder zu modellieren, Bilder davon im Internet zu suchen, oder sich über das Dargestellte zu informieren. Diese Auseinandersetzung mit der Imagination unterstützt die Sinnfindung und kann zu einer tieferen Verankerung des Bildes führen.

*Zweitens* wird deutlich, dass Bedeutung und Sinnhaftigkeit der inneren Bilder auch mit verschiedenen Anforderungen und Weiterentwicklungen wachsen und sich verändern können. Dabei ist dem Arbeitsprozess mit einem zuerst »aktiv imaginierten« Bild, das zu einem Sprachbild und schließlich zu einem langfristigen Sinnbild weiterentwickelt wird, Zeit einzuräumen, um die Verbindung von bewussten und unbewussten Prozessen in der Bearbeitung von Anliegen zu fördern und das eigene Potenzial zur nachhaltigen Lösung von Herausforderungen grundlegend einzubeziehen.

## 1.4 L'état c'est moi! – Innere Anteile und äußere Helfer als Staatengebilde

Holger Lindemann

■ Die Ausgangssituation

Herr W., ein Regierungsbeamter mittleren Alters, nimmt wegen einiger Umbrüche in seinem Leben ein Coaching in Anspruch. Auf die Frage nach den Prinzipien, nach denen er sein Leben nun ausrichten möchte, antwortet er spaßhaft: »Dazu hat meine Legislative noch keine Gesetze erlassen!«

■ Die Intervention

Die Metapher der »Gewaltenteilung« oder des »Gesellschaftssystems« passt zum Arbeitskontext des Klienten und ist damit sehr anschlussfähig. Sie bietet zudem spannende Differenzierungsmöglichkeiten. Ich entschließe mich, die Metapher, bezogen auf die Situation des Klienten, durch Fragen auszuweiten. Über mehrere Sitzungen entwickeln und visualisieren wir sein »persönliches Staatengebilde«:

»Ich schlage vor, dass wir uns die Gewaltenteilung in Ihrer Lebensführung einmal genauer anschauen, um ein Bild der Zusammenhänge zu bekommen: …«
»Welche inneren und äußeren Personen sind denn in Ihrer Gesetzgebung (Legislative) stimmberechtigt?«
»Ist das Bundes- oder Landesrecht?«
»Wer sitzt in der Opposition?«
»Welche inneren und äußeren Personen gehören zur Rechtsprechung (Judikative)? Wer entscheidet und urteilt darüber, ob die Gesetze eingehalten werden?«
»Welche inneren und äußeren Personen führen das dann aus? Wer arbeitet alles in Ihrem individual-öffentlichen Dienst?«
»Wer sind Ihre inneren und äußeren Verwaltungsangestellten, Polizisten, Feuerwehr, Gesundheitsdienst, Zoll?«
»Haben Sie ein Militär? Was soll es schützen und wann erhält es einen Einsatzbefehl? Wie sehen die militärischen Übungen aus? Welche Bündnisse gibt es?«
»Wer ist für die Vierte Gewalt zuständig? Wer sorgt für Presse und Öffentlichkeitsarbeit?«
»Wer ist Ihr Regierungssprecher?«
»Welche Ministerien gibt es? Wer ist Ihr Außenminister, wer ist für Gesundheit, wer für Umwelt zuständig?«

»Wie sieht es mit der ›fünften Gewalt‹ aus? Welche Wirtschaftsbereiche nehmen Einfluss auf Ihre Lebensführung? Gibt es in ihnen Gewerkschaften? Welche inneren und äußeren Lobbygruppen, Aktivisten und Funktionäre versuchen Einfluss zu nehmen?«
» Gibt es außerparlamentarische Protest- oder Unterstützungsgruppen?«

Anhand der Fragen entwickelt Herr W. eine erste grobe Skizze der Gewaltenteilung (Abbildung 5), die er im weiteren Verlauf des Coachings personalisiert und sogar mithilfe eines Grafikprogramms am Computer darstellt und weiterentwickelt.

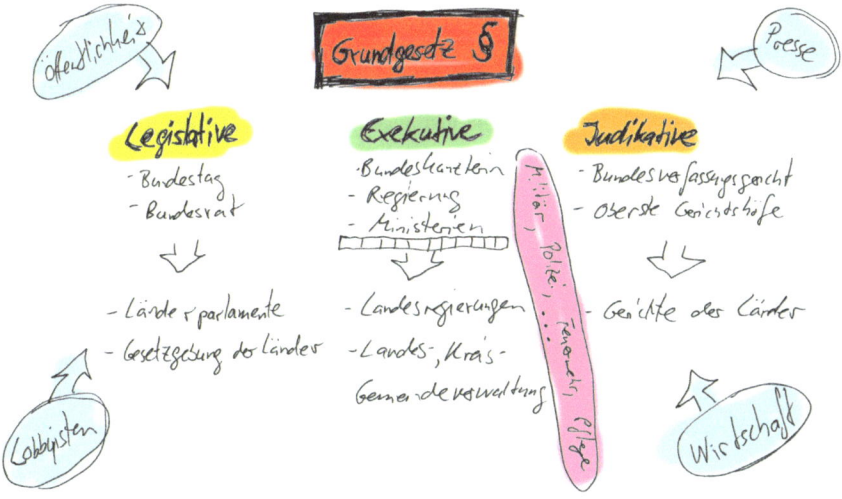

**Abbildung 5:** Die erste, allgemeine Skizze der Gewaltenteilung

■ Reflexion

Aus einer Situation, in der sich der Klient vor unüberwindbaren Schwierigkeiten sah, sein Leben »in den Griff zu bekommen«, entwickelte sich eine spielerische und kreative Form der Strukturierung. In Folge der zweijährigen Begleitung des Klienten war die Metapher der Gewaltenteilung ein durchgängiger roter Faden in der Auseinandersetzung mit persönlichen Themen. Hierbei entstanden feststehende Begriffe wie die »Lex Lehmann« oder die Idee zur Gründung einer »Partei zur Erotisierung des Alltags«. Es musste auch ein Pressesprecher ernannt und geschult werden, der öffentlich über die neuesten Entwicklungen im »Freistaat Wagner« berichtet. Ein guter Freund wurde als »oberster Richter« ernannt, um darüber zu wachen, dass Herr W. seine Gesetze auch einhält. Für schwer fassbare Abläufe und Entscheidungen seines Lebens standen dem Klienten nun ein Erklärungsmodell und ein Vokabular zur Verfügung, die es ihm ermöglichten, seine Situation zu reflektieren und Handlungsentscheidungen zu treffen.

**Methodische Anmerkung**
Eine kleine Äußerung von der zu beratenden Person aufzugreifen und als Metapher auszuweiten, stellt in Therapie, Beratung und Coaching wohl die einfachste und auch wirkungsvollste Methode der Metaphernarbeit dar (Lindemann, 2016a, S. 49–60). Das liegt vor allem daran, dass hiervon ausgehend weitere Möglichkeiten der Bearbeitung anschließen können: Geschichte, Bilder, Figuren- und Stellvertreteraufstellungen, um nur einige Stichworte zu nennen. Ein entscheider Vorteil des induktiven Vorgehens beim Aufgreifen von Sprachbildern, die durch Klientinnen und Klienten verwendet werden, ist die hohe Anschlussfähigkeit der damit verbundenen Vorstellungen, Visualisierungen und Strukturen.

## 1.5 Eine aussichtslose Situation mit Ausblick

Holger Lindemann und Detlef Sauthoff

■ Die Ausgangssituation

Ein hochstrittiges Paar nimmt eine Trennungs- und Scheidungsmediation in Anspruch: er, 28 Jahre, Metallbauer, sie, 29 Jahre, Krankenschwester, eine gemeinsame Tochter, 9 Jahre, die nach der Trennung bei der Mutter lebt. Die Mediation wird von zwei Mediatoren durchgeführt. Der Eskalationsgrad ist hoch, die Sitzungen verlaufen sehr angespannt. Zentrale Punkte in der Mediation betreffen die Umgangsregelung und der Unterhalt. Die Umgangsregelung funktioniert sehr gut. Der Vater kommt zuverlässig allen Verpflichtungen nach und zeigt sich sehr kompromissbereit. In der dritten Sitzung verschärft sich die Situation unerwartet: Sie hatte ihm kurz zuvor mitgeteilt, dass sie plant, mit der Tochter von Bremen nach Berlin zu ihrem neuen Lebensgefährten zu ziehen.

■ Die Mediationssitzung

Die Mutter trägt in der dritten Sitzung zunächst die neue Situation vor. Er kontert die Ankündigung seiner Exfrau mit der Ansage, er würde dem Umzug nicht zustimmen und das alleinige Sorgerecht für die Tochter beantragen. Zur Untermauerung führt er allerlei Situationen auf, in denen sie als Mutter versagt habe und sich unfähig zeige, für die Tochter zu sorgen, Er berichtet aufgebracht davon, dass eine ihrer Freundinnen bei der Aufsicht über das Kind vor dem Fernseher eingeschlafen ist und die Tochter sich daher telefonisch an ihn gewendet hat. Außerdem sei ihr Umgang mit Geld verantwortungslos, wirft er seiner Exfrau vor. Sie sei zum Ende des Monats immer schon sehr knapp bei Kasse.

Sie erwidert, dass er als Vater gar nicht für die Erziehung der Tochter zur Verfügung stehen müsse. Wichtig sei nur eine männliche Bezugsperson, und ihr neuer Partner könne diese Rolle viel besser übernehmen als er. Er überschätze seine Vaterrolle.

Ein Gespräch, geschweige denn eine Interessenklärung, ist in dieser Situation nicht mehr möglich. Es werden Vorwürfe und Kränkungen ausgetauscht. Nach mehreren Unterbrechungen will das Paar die Mediation abbrechen und »das Ganze mal gerichtlich klären lassen«. Sie fasst die Situation mit den Worten zusammen: »Das ist hier ja alles völlig aussichtslos!«

Die Mediatoren versuchen eine Intervention: Sie schreiben das Wort »aussichtslos« auf einen Flipchart und bitten das Paar, zu benennen, was aus ihrer Perspektive alles aussichtslos ist. Nach einer ersten Verwunderung der beiden beginnt ein Brainstorming zu der Frage: »Was ist für Sie alles aussichtslos?« Die Aufmerksamkeit der beiden richtet sich auf das Flipchart. Die Stimmung beruhigt sich.

Unter der Perspektive, dass die Tochter in Berlin ist, ist es für ihn aussichtslos:
- ein guter Vater zu sein,
- den Alltag des Kindes mitzubekommen,
- in unvorhergesehenen Situationen, wie Krankheit, spontan für das Kind da sein zu können,
- Schulveranstaltungen, Elternabende oder Aufführungen des Sportvereins zu besuchen,
- einen guten Elternkontakt zu pflegen, um die Erziehung abzustimmen,
- gute, wenn auch getrennte, Eltern zu sein.

Unter der Perspektive, dass sie mit der Tochter in ihrer alten Umgebung bleibt, ist es für sie aussichtslos:
- sich weiterzuentwickeln,
- eine freie Zukunftsperspektive zu entwickeln,
- ihre neue Liebe zu leben,
- Eigenständigkeit zu beweisen,
- gute, wenn auch getrennte, Eltern zu sein.

In dem letzten Punkt sind sich beide einig. Aber die Aussicht auf Wochenendvaterschaft oder Wochenendpartnerschaft stehen sich scheinbar unversöhnlich gegenüber und versperren Ideen, wie gute Elternschaft unter diesen Bedingungen gelingen kann.

### ■ Reflexion

Wenn auch aus dieser Sammlung keine Einigung erkennbar wurde, so wurden die beiden doch ruhiger, leiser und besonnener. Sie zeigten sich in der eigenen Verletztheit und Verletzbarkeit mit einer weiteren Gemeinsamkeit: gute Eltern sein zu wollen.

### ■ Zurück zur Mediationssitzung

Hieran setzt die anschließende Intervention an. Die Mediatoren fragen: »Was, denken Sie, ist aus der Perspektive Ihrer gemeinsamen Tochter alles aussichtslos?«

Beide sammelten gemeinsam, es sei für die Tochter aussichtslos:
- dass ihre Eltern gut miteinander auskommen,

- genug Zeit mit ihrem Vater zu verbringen,
- genug Zeit mit ihrer Mutter zu verbringen,
- es beiden Eltern recht machen zu können und niemanden zu enttäuschen,
- sich einmal frei zu entscheiden, wo, bei wem und wie sie leben möchte,
- die gerade geknüpften Schulfreundschaften weiterzuführen.

Die Perspektive der Tochter als »Alltagstochter« oder »Wochenendtochter« machte den Eltern deutlich, dass sie beide am gleichen Ort bleiben müssten, um die Situation für die Tochter »aussichtsreicher« zu machen, sei dieser Ort nun Bremen oder Berlin.

Letztlich findet sich eine Lösung dadurch, dass der neue Lebensgefährte der Frau bereit ist, nach Bremen zu ziehen. Beide Elternteile nutzen noch einige Termine, um ihr Bedürfnis, »gute Eltern zu sein«, in Form von Regelungen und Absprachen zu konkretisieren. Im Blick haben sie hierbei, dass die Situation für ihre Tochter nicht »aussichtslos« wird. Ausgesprochen wird auch die Möglichkeit, dass dies zu einem späteren Zeitpunkt mit dem Umzug in eine andere Stadt dennoch eintreten könnte.

### Methodische Anmerkung

Durch die Fokussierung auf den Begriff »aussichtslos« wurde eine Besinnung auf die Bedürfnisse möglich. Dies wendete letztlich den Mediationsverlauf. Die Visualisierung und Externalisierung des Begriffs »aussichtslos« führte zu einer dreifachen Fokusverschiebung:
1. Vom Blick auf die Mängel und Fehler des jeweiligen Ex-Partners zur eigenen inneren Aussichtslosigkeit.
2. Vom inneren Zustand der Aussichtslosigkeit auf eine visualisierte Sammlung am Flipchart.
3. Von der jeweils eigenen Perspektive zur Perspektive der Tochter.

Die Intervention folgt dem Muster von »Verschlimmerungsfragen« und »Kopfstand-Brainstorming«. Wenn beschrieben wird, was die Situation verschlimmert oder »aussichtslos« macht, kann überlegt werden, was sie verbessern würde, was man vermeiden oder »stattdessen« tun könnte. So kann es gelingen, von Kränkungen und unerfüllten Bedürfnissen zu Beschreibungen der Bedürfnisse zu gelangen, die erfüllt werden sollen, und Ideen zu entwickeln, wie dies möglich ist.

Aussichtslosigkeit war etwas, das beide Elternteile empfanden. Eben hierdurch konnten sie eine Gemeinsamkeit entdecken. Von den Forderungen und Vorwürfen an das Gegenüber gelang es, den Blick jeweils nach innen zu richten und die hinter der empfundenen Aussichtlosigkeit liegenden eigenen Bedürfnisse zu benennen.

# 2 Arbeiten mit komplexen Erzählformen

Komplexe Erzählformen unterscheiden sich von einfachen sprachlichen Metaphern dadurch, dass sie nicht aus einer sprachlichen Metapher bestehen, sondern mehrere beinhalten. Sie stellen quasi eine Aneinanderreihung von Bildern dar. Zu diesen Formen von Metaphern zählen (Lindemann, 2016a, S. 67–94):
- Geschichten und Erzählungen,
- Märchen,
- Sagen, Mythen und Legenden,
- Gleichnisse und Parabeln,
- Anekdoten,
- Gedankenexperimente,
- Dilemmata und Paradoxien,
- Witze.

Die Arbeit mit komplexen Erzählformen reicht in der beratenden bzw. therapeutischen Praxis vom Einbringen »therapeutischer Geschichten« durch die beratende Person, über Erzählungen von Klientinnen und Klienten bis zum gemeinsamen Entwerfen von Geschichten. Es könnte auch unterschieden werden zwischen:

- *Geschichten als Intervention* im Sinne eines Perspektivenwechsels oder Reframings, als Bestätigung oder Provokation: Diese Form bedarf der weiten Kenntnis und Auswahl solcher Geschichten (bzw. Anekdoten, Gleichnisse, Witze etc.) bei den Beratenden. Es gibt zahlreiche Sammlungen und auch Anleitungen zum Verfassen therapeutischer Geschichten (z. B. Mohl, 1998, 2001; Langton u. Langton, 2008; Hammel, 2009).

- *Geschichtenerzählen als Intervention* im Sinne eines gemeinsamen narrativen Prozesses zwischen Klientin bzw. Klient und beratender Person, in dem eine Geschichte entworfen wird: Das Erzählen der Geschichte bezieht sich aber nicht nur auf die verschiedenen Erzählungen der »wirklichen Welt«, sondern auch auf Metapherngeschichten (vgl. auch White, 2010; Denborough, 2017). Hierzu können viele Elemente der Metaphernarbeit genutzt werden, wie das freie Erzählen oder die Verwendung von Symbolwürfeln und Bildkarten (Lindemann, 2016a, S. 89–94). Auch komplexere Strukturmodelle des »Storytelling« wie die Heldenreise gehören in diesen Bereich. Der Heldenreise widmet sich ausführlich der zweite Teil dieses Buchs.

In dem ersten hier vorgestellten Fallbeispiel (2.1) wird ein Witz als Intervention genutzt. In den weiteren Fallvignetten wird das Erzählen und Entwickeln von Geschichten als Element der Beratung eingesetzt, sei es über eine Zufallsgeschichte mit Symbolwürfeln (2.2), eine einleitende Geschichte über ein Ufo (2.3) oder über das Schreiben von Weihnachtsgeschichten (2.4).

## 2.1 Nur ein Witz

Holger Lindemann

■ Die Ausgangssituation

Eine Klientin klagt im Coaching wiederholt über zahlreiche Aspekte ihrer beruflichen Arbeit, für die sie sich Besserung wünscht. Während sie die Beschwerden detailliert ausführt und die Ursachen für Missstände benennt, sind alle Antworten auf Fragen nach Ausnahmen von der Misere, Veränderungen, Copingstrategien oder Wünschen sehr vage. Auch eine Verschlimmerungsfrage bringt nur eine Vertiefung der Problembeschreibung, führt bei der Klientin aber nicht zu einem Perspektivenwechsel. »Eigentlich will sie ihre Arbeit auch gar nicht zum Thema machen«, dennoch nehmen ihre Erzählungen der chaotischen und demotivierenden Zustände an ihrem Arbeitsplatz einen gewissen – wenn auch immer begrenzten – Raum in der Beratung ein.

■ Die Intervention

Bei einer weiteren »Klagerunde« zu Beginn einer Sitzung unterbreche ich die Klientin: »Entschuldigen Sie, wenn ich Sie unterbreche. Aber Sie haben bisher immer begonnen, von Ihrer Arbeit zu sprechen, obwohl Sie gesagt haben, dass Sie gar nicht darüber sprechen wollen. Auch haben Sie sich jedes Mal eine Verbesserung gewünscht. Und mir fiel dazu ein Witz ein, den ich einmal gehört habe. Möchten Sie, dass ich Ihnen den erzähle?«

Nach einem ersten Erstaunen erwidert sie in ihrer resoluten Art: »Na, dann mal raus damit!«

»Eine arme, gläubige Frau betet jeden Abend zu Gott: ›Lieber Gott, bitte, lass mich im Lotto gewinnen. Ich will auch viel Gutes mit dem Gewinn anfangen!‹ So betet sie auch am kommenden Abend und am Abend darauf, ein ganzes Jahr lang. Aber nichts geschieht. Der Gewinn bleibt aus. Eines Abends erscheint ihr Gott: ›Liebe Frau, jetzt betest du schon seit über einem Jahr jeden Abend zu mir und bittest darum, im Lotto zu gewinnen. Gib mir doch nur einmal eine Chance und kauf dir einen Lottoschein!‹«

Zunächst ist die Klientin irritiert.
Wir schweigen eine Weile.

Ich erläutere: »Mit Ihrem Wunsch nach einer Verbesserung Ihrer Arbeitssituation scheint es mir ähnlich zu sein. Sie wollen gerne ein Ergebnis haben und bitten um eine Veränderung. Aber wie diese Veränderung genau aussehen könnte, wissen Sie nicht. Auch nicht, was Sie genau tun könnten, um die Veränderung zu ermöglichen, was Ihr Wetteinsatz hierfür sein könnte. Auch die Frau in dem Witz will ›Gutes tun‹, sagt aber nicht genau, was sie zu tun gedenkt. Sie will einen hohen Wettgewinn erzielen, schließt aber gar keine Wette ab.«

Wir schweigen eine Weile.

»Es müssen ja vielleicht auch nicht gleich sechs Richtige mit Zusatzzahl sein«, fahre ich fort, »mit einer Gewinnchance von 1 zu 139.838.160. Aber angenommen die Frau würde irgendeinen Gewinn erhalten. Was täte sie damit?«

Wir schweigen eine Weile.

»Die erste Frage, die die Frau beantworten müsste, ist die Frage nach ihrem Wetteinsatz. Was möchte sie in die Chance einer möglichen Veränderung investieren? Wie viel wäre sie bereit zu verlieren, ob sie nun gewinnt oder nicht?«

Wir schweigen eine Weile.

»Puhh …«, sagt die Klientin, offensichtlich sehr nachdenklich und bewegt. »So richtig witzig ist mir jetzt aber nicht zumute … Ich habe das immer so weggeschoben und gejammert. Es waren immer die anderen, die etwas tun sollten und die meinem Glück im Wege stehen. Die Idee, auf etwas zu wetten und dafür einen Einsatz festzulegen, ohne zu wissen, ob es Früchte trägt, gefällt mir. Das hat etwas Spielerisches und etwas Draufgängerisches. Das Bild möchte ich gerne mitnehmen, um mir darüber Gedanken zu machen.«

### ▪ Reflexion und Feedback

Einen Monat später berichtet die Klientin, dass sie mit ihrer Lebensgefährtin und einigen weiteren Freundinnen über den Witz gesprochen hat. Die Idee, »einen Einsatz zu leisten, damit man dem Glück eine Chance geben kann, zu geschehen« – so ihre Formulierung – fand großen Anklang. Sie hätten viel gelacht und verrückte Vorschläge gesammelt, wie man »einfach mal so etwas einsetzen kann, etwas riskiert und eine Wette eingeht, um überhaupt die Chance zu haben, etwas zu gewinnen«.

**Methodische Anmerkung**
Dieses Fallbeispiel zeigt, dass ein kleiner Perspektivenwechsel, der über eine Geschichte – oder einen Witz – angeboten wird, ausreichen kann, um eingespielte Denk- und Interpretationsmuster aufzuweichen.

Dem vagen Wunsch nach Verbesserung, den die Klientin hegt, entspricht in dem Witz ein Gewinn in unbekannter Höhe. Dem aktiven Herbeiführen einer Veränderung, gegen das sich die Klientin sträubt, wird in dem Witz ein Zwischenschritt hinzugefügt: der Wetteinsatz auf ein mögliches, aber ungewisses Glück. Die Logik: »Ist-Zustand → Gewinn« wird ersetzt durch: »Ist-Zustand → Wetteinsatz → Gewinn«, genau genommen sogar durch: »Ist-Zustand → Wetteinsatz → Gewinn → damit Gutes tun«.

Der Rückgriff auf Geschichten oder Witze ist immer mit einer mehr oder minder impliziten oder expliziten Botschaft verbunden. Durch solche Interventionen kann die beratende Person Muster verstärken oder unterbrechen. Während eine Bestätigung und Musterverstärkung meist als wertschätzend und unterstützend erlebt wird, ist eine Musterunterbrechung immer auch provokativ, deshalb sollte ein gutes Vertrauensverhältnis und eine gute Beziehung zwischen beratender Person und Klientin bzw. Klient bestehen, bevor sie eingesetzt wird.

## 2.2 Würfelspiele für Gefangene

Holger Lindemann

■ Die Ausgangssituation

Mein Klient Herr T. arbeitet im Maschinenbau. Seine berufliche und private Situation sind angespannt. Im Coaching äußert er: »Das ist immer dieselbe Leier, immer das Gejammer und die ewig gleichen Geschichten, nicht nur von mir, auch von den Kollegen.«

■ Die Intervention

Diese Äußerung greife ich auf und biete ihm ein anderes Vorgehen an: »Wenn Sie es leid sind, immer dieselbe Leier zu hören und auch zu erzählen, könnten wir direkt einmal etwas anderes versuchen. Das ist möglicherweise etwas ungewöhnlich. Aber vielleicht führt es zu einer neuen Geschichte, die Ihnen eine Anregung geben kann. Wollen Sie das ausprobieren?« Herr T. stimmt spontan zu.

Ich erläutere die Methode: »Es funktioniert so, dass Sie Symbolwürfel werfen. Dann ordnen Sie die gefallenen Würfel spontan in einer Reihenfolge und erzählen dazu irgendeine Geschichte. Machen Sie dabei Ihren Kopf frei von dem Anliegen, das Sie hierher geführt hat. Wie viele Würfel, denken Sie, braucht die Geschichte, die Sie erzählen wollen? Drei? Vier? Oder mehr?«

Herr T. ist sich sicher: »Sechs Würfel.« »Okay. Sollte Ihnen im Verlauf der Geschichte auffallen, dass es eine Lücke gibt, oder dass am Anfang oder am Ende noch etwas fehlt, können Sie gerne einen weiteren Würfel hinzunehmen, als Joker, sozusagen.«

Herr T. nimmt sechs Würfel und wirft sie. Nachdem sie gefallen sind, bildet er schnell und intuitiv eine Reihenfolge und betrachtet sie (Abbildung 6).

**Abbildung 6:** Die Symbolwürfel (mit freundlicher Genehmigung von Rory O'Connor, The Creativity Hub Ltd.)

Nach einer kurzen Pause erzählt Herr T. folgende Geschichte:

> »Ein Mann ist gefangen, in einem Käfig. In seinem Kopf kreisen die Gedanken wie in einem Labyrinth, aus dem es kein Entkommen gibt. Aber da draußen gibt es einen Ausgang. Vielleicht würde der Mann ihn finden, wenn er ein Narr wäre, oder ein Ritter, oder eine Prinzessin.«
> Wir schweigen eine Weile.

Es stellen sich nun die Fragen, wie die Geschichte wirkt und was sie bedeutet, auch muss erkundet werden, ob und wie damit weitergearbeitet werden soll:

> »Was denken Sie, welche Erkenntnis diese Geschichte für Sie bereithalten könnte?« –»Vielleicht, dass der Ausweg nicht da draußen liegt, sondern in mir selbst. Nicht: Wie müsste die Welt sein, damit ich einen Weg finde, sondern: Was gibt es in mir, das den Weg schon kennt.«
> »Auf einer Skala von ›1‹ bis ›10‹, wobei ›1‹ bedeutet ›gar nicht‹ und ›10‹ ›absolut‹, wie weit hat Sie das Erzählen dieser Geschichte und die Erkenntnis, die Sie daraus gezogen haben, einer Lösung nähergebracht?« –»Hm. Vielleicht eine ›4‹.« – »Okay. Was könnten wir hier und jetzt tun, damit Sie auf eine ›5‹ oder ›6‹ kommen?« – »Ich müsste mir diese inneren Rollen mal genauer anschauen, Ordnung hineinbringen.«

Wir folgen diesem Impuls und sammeln die beruflichen und privaten Ich-Zustände[1] von Herrn T. Diese werden nach und nach durch einfaches und zirkuläres Nachfragen von mir erweitert. Es tauchen Persönlichkeitsaspekte auf, die Herr T. lange nicht mehr wahrgenommen hat oder die ihm gar nicht bewusst waren.

In der anschließenden Sortierung mithilfe weiterer Skalierungsfragen zeigen sich einige Anteile, die sich eher »gefangen fühlen«, andere, die einen »Weg der Freiheit« gehen. Eine wichtige Feststellung trifft Herr T., als ihm auffällt, dass einige seiner Teile die »Gefangenschaft« als »Geborgenheit« empfinden. Analog dazu gibt es Anteile, die sich nach »Freiheit« sehnen und welche, die das als »Bedrohung« empfinden.

---

1 Ich verwende die Begriffe »Ich-Zustände«, »Ego States«, »Innere Rollen«, »Rollenmodelle«, »Inneres Team«, «Persönlichkeitsanteile«, »Anteile« und »Teile« weitgehend synonym. Ich richte mich hierbei eher nach dem Sprachgebrauch der Klientinnen und Klienten als nach theoretischen Gesichtspunkten.

Ausgehend von dieser Sortierung entwerfen wir ein Koordinatensystem mit vier Feldern: »Gefangenschaft« und »Geborgenheit«, »Freiheit« und »Bedrohung« (Abbildung 7; vgl. Lindemann, 2018, S. 232 ff.).

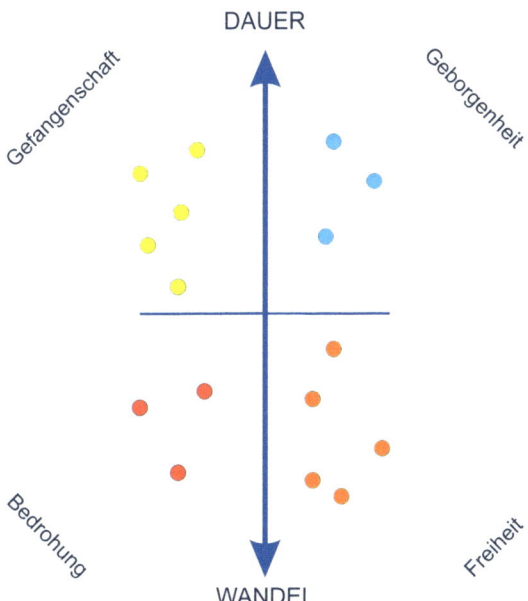

**Abbildung 7:** Das Koordinatensystem der Ich-Zustände

Diese Ordnung der Ich-Zustände gibt der Situation von Herrn T. eine Struktur. Auf eine erneute Nachfrage von mir, wie nah er einer Lösung ist, skaliert er eine »7«. Da die Sitzung sich dem Ende nähert, leite ich den Abschluss ein:

> »Es könnte sich lohnen, zu erkunden, wie diese Gruppen in einen guten Kontakt miteinander kommen können. Vielleicht können sie Teams und Allianzen bilden. Vielleicht können einige der Gefangenen entlassen werden … Wer wären Sie dann, wenn Sie frei sind? Wo sollen Sie hin? Wie können sich die Geborgenen und die Freien zusammentun, sodass beide zu ihrem Recht kommen? Was könnten Sie tun, um die Bedrohten zu beruhigen und ihnen Sicherheit zu geben? Was halten Sie davon, bis zum nächsten Mal über solche ›Sowohl-als-auch-Optionen‹ nachzudenken? Darüber, wie all diese Anteile gut zusammenarbeiten können wie eine gut laufende Maschine, in der es feste und bewegliche Teile gibt, die gut aufeinander abgestimmt sind.«

■ **Ergebnisse**

Nach dieser Sitzung beginnt Herr T., sich, seine Umgebung, seine Kolleginnen und Kollegen und auch Freunde und Familie differenzierter wahrzunehmen. Er identifiziert zunehmend die Kontexte, in denen er die von ihm erwünschten Rollen einnehmen kann. Auch gelingt es ihm, diese Kontexte zu erweitern und andere Personen in seinem Umfeld auf das »Vorhandensein erwünschter Ich-Zustände« und auf Optionen der Veränderung aufmerksam zu machen.

**Methodische Anmerkung**
Das Erzählen einer Geschichte kann implizit wirken, ohne dass die in ihr liegenden Bedeutungen näher betrachtet werden müssen (Lindemann, 2016a, S. 92). In diesem Praxisbeispiel war es dem Klienten jedoch wichtig, die genaue Bedeutung für sich zu konkretisieren, also eine Rekontextualisierung durchzuführen (Lindemann, 2016a, S. 34 f., S. 213 f., S. 220).

Das Erzählen einer Geschichte mithilfe von Symbolwürfeln bildet hier den Einstieg, das Anliegen des Klienten zu erkunden und zu bearbeiten. Diese Herangehensweise wäre sicherlich nicht zwingend erforderlich gewesen, um mit einer Differenzierung von Ich-Zuständen arbeiten zu können. Das freie Erzählen einer Geschichte stellte aber für diesen Klienten – der es beruflich und von seinem Selbstverständnis aus gewohnt ist, sehr strukturiert und »mechanistisch« vorzugehen – eine Musterunterbrechung dar, die ihm einen freieren und intuitiveren Zugang zur Wahrnehmung seiner Wirklichkeit und zu seinem Anliegen ermöglichte.

Auch wenn Herr T. diesen »Ausflug in die Metaphernwelt«, die geworfenen Symbolwürfel, nachfolgend wieder in der für ihn gewohnten Weise sortiert, strukturiert und in Schaubildern und Tabellen geordnet hat, so hat die gewählte Methode dennoch das Tor zu einer anderen Sichtweise seiner Situation geöffnet, einen Perspektivenwechsel eingeleitet, den er in seine »gewohnte Welt« mitnehmen konnte.

## 2.3 Stell dir vor, es kommt ein Ufo …
## Eine Methode zur Arbeit an Werten

Rita Freitag

Vor 20 Jahren setzte ich das »Ufo« in der Arbeit mit Familien, Jugendlichen und in Weiterbildungen zur Systemischen Beratung und Familientherapie zum ersten Mal ein. Und: Es fliegt noch immer, mehr denn je!

Diese Methode ist einfach durchzuführen. Damit sie in ihrem Kern, ihrer Aussage gelingt, sind bestimmte Vorgehensweisen verantwortungsvoll einzuhalten. Deshalb werde ich die einzelnen Schritte beschreiben und dazu Hinweise aus meinen Erfahrungen ergänzen. Besonders bei Jugendlichen ab 13 Jahren und jungen Erwachsenen zeigt sich die Vorgehensweise besonders motivierend und nachhaltig.

**1. Schritt** – Ein Stift und ein DIN-A4-Blatt im Querformat werden bereitgelegt. Die Methode wird von der beratenden Person mit einer Erlaubnisfrage eingeleitet: »Bist du damit einverstanden, eine besondere, vielleicht auch außergewöhnliche Übung, die Ufo genannt wird, durchzuführen?«

Die beratende Person geht zum Fenster, öffnet es und sagt: »Stell dir vor, hier kommt ein kleines Ufo hereingeflogen und landet genau vor dir auf dem Tisch oder vor deinen Füßen. Tschschsch! Das Ufo kann sprechen und sagt zu dir mit tiefer Stimme: ›In 15 Minuten wird es die Erde nicht mehr geben. Sobald du mich berührst, wirst du ganz klein werden und einsteigen. Du hast die Chance, dich von mir gemeinsam mit allen anderen Menschen in ihren Ufos auf einen schönen Planeten in einem weit entfernten Sonnensystem fliegen zu lassen. Vorher bringe ich dich nach Hause, in deine Wohnung, in dein Zimmer. Dort nimmst du 16 dir bisher in deinem Leben liebgewonnene Gegenstände oder Dinge mit.‹«

**2. Schritt** – Die Klientin oder der Klient beginnt, 16 Dinge bzw. Substantive (Hauptwort) untereinander zu schreiben, bis sie oder er die vorgegebene Anzahl erreicht hat.

*Für viele Klientinnen und Klienten sind die ersten Nennungen einfach wie z. B. Fotoalbum, Smartphone, Kuscheltier. Manche benötigen hierbei kleine Hinweise. Es entsteht ein Gespräch über Ressourcen aus der Vergangenheit und der Gegenwart. Anhand von Gegenständen und den damit verbundenen Erinnerungen gehen die Jugendlichen auf eine innere Suche nach Bedürfnissen und Ressourcen. Die beratende Person kann auch Vorschläge machen und ihr Gegenüber entscheidet selbst, inwieweit er diese aufnehmen möchte, so werden Entscheidungsmöglichkeiten und Selbstwirksamkeit erlebt.*

**3. Schritt** – Nachdem 16 verschiedene Substantive untereinander aufgeführt sind, kommt die nächste Anweisung von der beratenden Person: »Bitte bilde in der nächsten Spalte aus den ersten beiden Begriffen – also 1 und 2 – ein neues Substantiv. Es kann ein Überbegriff, eine Gemeinsamkeit oder auch eine Bedeutungsgebung sein. Fahre so weiter mit 3 und 4, 5 und 6 usw. fort, bis acht neue Substantive gebildet sind. Keines darf sich wiederholen.«

*Vielen Klientinnen und Klienten mag dieser Auftrag komisch erscheinen. Auch hier sind kleine Hinweise und Vorschläge sinnvoll. Die Klientinnen und Klienten sind nun aufgefordert, etwas zu produzieren oder zu kreieren, was nicht vorgegeben ist, denn Reproduktionen sind nicht möglich und auch nicht gefragt. Die freie Auswahl, die von ihnen selbst als Eigenschöpfung erlebt wird, setzt weitere Denkvorgänge in Bewegung. Das wird in den meisten Fällen als motivierend erlebt, Spaß und Freude können entstehen.*

**4. Schritt** – »In der dritten Spalte nimmst du die ersten beiden Wörter aus der zweiten Spalte und verfährst in der gleichen Weise wie vorher. Es entstehen vier neue Wörter. Achte darauf, dass sich kein Wort wiederholt.«

*Die Zuschreibungen werden nun immer abstrakter. Fast automatisch bilden sich Werte, Einstellungen und Bedürfnisse.*

**5. Schritt** – »Aus den vier Wörtern der dritten Spalte mache in der nächsten, vierten Spalte zwei. Achte wieder darauf, dass du neue Wörter findest.«

**6. Schritt** – »Nun kommt das Finale. Sobald du aus den beiden letzten Wörtern der vierten Spalte das letzte Wort in Spalte fünf gefunden hast, habe ich eine Überraschung.«

**7. Schritt** – »Dein Wort, das in Spalte fünf allein dasteht, ist ein sehr wichtiges. Dieses Wort gibt den Hinweis auf ein konkretes Thema, das aktuell in deinem Leben von großer Bedeutung ist, das ›obenauf liegt‹. Kannst du da mitgehen? Wie siehst du das?«

*In den meisten Fällen bejahen die Klienten diese Frage überrascht.*

Tabelle 1 und Abbildung 8 zeigen jeweils Beispiele für von Schritt 1 bis Schritt 7 gefundene Wörter.

Stell dir vor, es kommt ein Ufo ...

Tabelle 1: Beispiel einer 17-Jährigen

| 1 | Kuscheltiere | Kindheit | Unbeschwert-heit | Glück | Unendlichkeit |
|---|---|---|---|---|---|
| 2 | Fotoalbum | | | | |
| 3 | Lieblingspulli | Zeitvertreib | | | |
| 4 | Smartphone | | | | |
| 5 | Lieblingstasse | Wohlgefühl | Schönheit | | |
| 6 | Schlafsack | | | | |
| 7 | Wohnmobil | Erinnerungen | | | |
| 8 | Querflöte | | | | |
| 9 | Kopfhörer (die guten) | Glücksgefühl | Sommer | Freiheit | |
| 10 | Kölsch | | | | |
| 11 | Sonnenblume | Jahreszeiten | | | |
| 12 | Daunenjacke | | | | |
| 13 | Mütze | Eigenmerkmal | Identität | | |
| 14 | Erdbeeren | | | | |
| 15 | Bademantel | Sicherheit | | | |
| 16 | Rucksack | | | | |

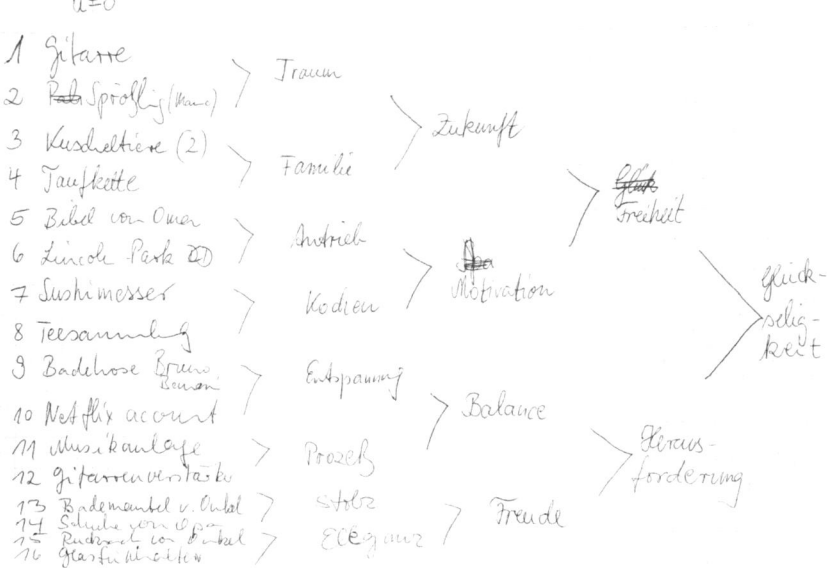

Abbildung 8: Beispiel eines 18-Jährigen

Besonders Jugendliche wissen häufig nicht, wie sie Schwierigkeiten und Problemen in ihrem Leben benennen sollen, oder wie sie sagen können, was ihnen gerade wichtig ist. Die hier vorgestellte Methode öffnet ihnen einen Zugang zu diesen Themen, sie ist ein Türöffner und eignet sich als eine gute Basis für weitere Vorgehensweisen in der Beratung.

Beispielsweise kann das letzte Wort lauten: Zukunft, Entwicklung, Identität, Ich, Liebe, Angst, Hoffnung, Freude, Stress usw. Einmal stand bei einem 15-Jährigen Selbstmord am Ende. Er bejahte meine Frage, dass dieses Thema aktuell »obenauf liege«. Im Gespräch offenbarte sich die genaue Planung für sein Vorgehen. Schon am nächsten Tag sollte es geschehen. Er lebt heute noch. Die Methode ermöglichte mir ein Gespräch über ein schwieriges, tabuisiertes Thema. An die etwa zwanzigminütige Ufo-Übung können weitere Methoden anschließen:

- Arbeit mit Bodenankern im Raum;
  Die drei letzten Wörter und der Name des Klienten können als Fokus auf je ein Blatt Papier oder eine Moderationskarte geschrieben werden und als Grundlage einer Aufstellung dienen:
  »Was erlebst du, wenn du auf ›Sinn‹ stehst?«
- Aufstellung als Figuren auf dem Familienbrett;
- einen Dialog mit den drei letzten Wörtern führen;
- Bilder für die letzten Begriffe suchen;
- Bilder malen;
- Geschichten erzählen.

**Methodische Anmerkung**
Die Begriffe, die im ersten Durchgang genannt werden, sind Externalisationen von Bedürfnissen und Werten (Lindemann, 2016a, S. 49–52). Dass dies den Klientinnen und Klienten zunächst gar nicht bewusst ist, ist das Besondere an der Ufo-Methode, Sie wählen Dinge aus, »die ihnen wichtig sind«, die es sich lohnt, mit auf die Ufo-Reise zu nehmen, wenn die Erde zugrunde geht. In den genannten Objekten steckt also aufgrund der Auswahlbedingungen ein tieferer Sinn verborgen, der aber erst durch eine zunehmende Verdichtung bewusstgemacht wird.

In vielen Beratungen zeigt sich ein umgekehrter Weg: für Bedürfnisse, Stärken, Werte oder andere abstrakte Begriffe werden Symbole und »Anker« gesucht, die als sinnlich erfahrbare und begreifbare Erinnerungshilfen genutzt werden können (Lindemann, 2016a, S. 41 f.). In der Ufo-Methode werden sinnlich erfahrbare und begreifbare Gegenstände ausgewählt, die Anker für etwas sind, was den Klientinnen und Klienten noch gar nicht bewusst ist. In dieser Umkehr unterstützt die Methode eine Sinnsuche, die gerade für Jugendliche äußerst spannend und attraktiv ist.

Die gleiche Übung kann auch mit einer Geschichte über eine einsame Insel durchgeführt werden, auf der die Klientin oder der Klient strandet. Die Ufo-Methode bietet viele Variationsmöglichkeiten, mit denen die beratende Person kreativ spielen kann.

## 2.4 Zusammengewürfelte Weihnachtserzählungen: Die Papphelden schreiben Geschichte(n)

Jens Postinett

Die Papphelden sind wieder los! Vor kurzem noch bekannt durch ihre Auftritte auf der Leinwand (Postinett, 2016), tauchen sie seit geraumer Zeit jedes Jahr zur Adventszeit wieder auf, um Geschichten zu entwickeln, Bilder zu malen, Rätsel zu erstellen. Die Jugendlichen unserer stationären Einrichtung nutzen diese hochsensible und emotionale Jahreszeit, um sich kreativ mit ihren Wünschen, ihrer Geschichte, ihrer Herkunft und Zukunft auseinanderzusetzen.

Die Kinder und Jugendlichen befinden sich bei uns in einem »besonderen« Kontext: in einer psychiatrischen Station der St. Lukas-Klinik, Stiftung Liebenau, eine »besondere« Klinik für »besondere Menschen«: eine Einrichtung für Menschen mit geistigen oder mehrfachen Behinderungen. Ein besonderes Augenmerk liegt bei uns auf den Jugendlichen, die zudem auch noch psychisch belastet oder erkrankt sind. Sie befinden sich zum Teil in einem unbekannten Umfeld mit fremden Menschen und wenig vertrauten Strukturen. Sie sind fort von zu Hause, ihr Familiensystem wirkt aber trotzdem in ihr neues Umfeld hinein. Alle Jugendlichen sind von zahlreichen, nichtanwesenden Familienmitgliedern und ehemaligen Bezugspersonen innerlich umgeben, stehen uns in unserer Arbeit jedoch nur als einzelne Personen gegenüber.

In der Weihnachtszeit erstellen wir Hefte mit erfundenen Geschichten, Rätseln und Bildern der Jugendlichen. Dafür können zahlreiche Medien genutzt werden (Story Cubes, Bilder, Figuren, Legosteine usw.). Ohne anfängliche therapeutische Intention erfinden wir Geschichten, nutzen das Fantasieren und freie Erzählen oder den Zufall von Symbolwürfeln oder zufällig gezogenen Bildkarten (Lindemann, 2016a, S. 89–93, S. 126 ff.). Diese Medien beeinflussen die Geschichten, zeigen neue Wege auf und regen zum Umdenken an. Weihnachten ist eine emotional hochsensible Zeit (ebenso wie Geburtstag, Einschulung oder der Verlust von Anvertrauten). Die Auseinandersetzung mit den eigenen Gefühlen wird in diesen Zeiten oft eine Herausforderung, in der Copingstrategien (oder Abwehrmechanismen) wie Verdrängung oder Vermeidung nicht mehr funktionieren. Die Haut der Jugendlichen wird dünner. Die Erzählungen bieten den Jugendlichen eine Metaebene, auf der sie eigene, selbst definierte Heldinnen und Helden in ein Abenteuer schicken und schauen können, was diesen alles passiert und welche Lösungen sie finden. Zunächst haben diese Geschichten nicht direkt etwas mit den Jugendlichen zu tun: Es sind dissoziierte Erzählungen über andere Menschen. Weder mit diesen Personen noch mit deren Erlebnissen werden anfangs assoziierte Erlebnisse verbunden (Lindemann, 2016a, S. 35–41).

In der assoziierten Lebenswirklichkeit der Jugendlichen stehen Wünsche und Enttäuschungen, Freude und Trauer, Träume und Sehnsüchte oft nah beieinander, sodass sie ein emotionales Feuerwerk entfachen. Vor allem in unserem Kontext der Klinik stehen sie der Herausforderung gegenüber, »mit sich selbst und den anderen klarzukommen«. Unbegleitet können solche Situationen eskalieren. Daher ist eine achtsame Planung und Strukturierung des Alltags stützend und notwendig. Als Möglichkeiten, Ordnung in dieses System zu bringen, bewähren sich immer wieder die Arbeit mit Erzählungen und mit der systemischen Heldenreise (Lindemann, 2016b).

Zur Deeskalation greifen wir auf die Schritte Kontaktaufnahme, Beziehungsaufbau, Konkretisierungsphase und Lösungsphase des Professionellen Deeskalationsmanagements (ProDeMa) zurück. In die verbalen Deeskalationsphasen lassen sich gut alle möglichen Elemente des Storytelling einbetten, da man mit ihnen konkret das assoziierte Energieniveau des Gegenübers wertschätzend akzeptiert, ihm dissoziierte Formen der Gesprächsführung anbietet und so langsam zu eigenen Lösungen heranführt. Dabei geht man zunächst indirekt und implizit auf den Klienten mit seinen konkreten Problemen ein, was zu einer spürbaren emotionalen Entlastung führt. Storytelling – sei es mit Würfeln, Bildkarten oder der Heldenreise – ermöglicht es dabei, eine Metaebene zu bilden, von der eigenen Person »Abstand zu nehmen« und durch Sprachbilder und Geschichten zu den unmittelbaren Problemen »Distanz zu gewinnen«. Da kann auch mal eine Handpuppe (z. B. der »Jammerlappen«) sehr unterstützend sein (Lindemann, 2016a, S. 189 ff.).

Die Energie der Jugendlichen wird umgelenkt. Wir führen spielerische, kreative und fantastische Elemente ein, die zunächst sinn- und zielfrei um die unterschiedlichsten Geschichten kreisen. Die Jugendlichen versetzen sich erst im weiteren Verlauf, in dem mit den Geschichten gearbeitet wird, in die Figuren und identifizieren sich mit ihnen. Im Gegensatz zu einer »Arbeit an ihrer eigenen Geschichte« sind sie hoch motiviert, die Lebenswelt ihrer Erfindungen auszumalen und Herausforderungen an sie zu stellen. Da die Erzählungen im Dialog mit dem Therapeuten bzw. der Therapeutin erfunden werden, erkennt man sehr schnell, mit welch großer emotionaler Beteiligung dies geschieht und in welchem Bezug sie zum Lebensumfeld und der Lebenswirklichkeit der Jugendlichen stehen. Die Erzählungen entstehen in ähnlicher Weise wie die Geschichten zu den gefilmten Papphelden-Abenteuern und orientieren sich am Strukturschema der Heldenreise (Postinett, 2016; Lindemann, 2016b).

Das Genre ist durch die Weihnachtszeit oft schon festgelegt. Doch können die Erzählungen auch in verschiedene davon abweichende Kontexte eingebettet sein. Magisches vermischt sich mit Zukünftigem, Fantasy mit Realität, eigene Ideen mit bekannter Literatur. Jede und jeder findet einen Weg der Erarbeitung und Verarbeitung.

Nachdem das Genre feststeht, wird die Heldinnen- oder Heldenfigur definiert:

»Wie sieht die Heldenfigur aus? Woran kann man sie erkennen?«
»Welche Fähigkeiten und Stärken hat sie?«
»Was ist ihr Problem? Welche Macken, Ecken und Kanten hat sie?«
»Was braucht sie an Hilfsmitteln, Werkzeugen, Zaubertränken und Wissen?«
»Wie geht es ihr überhaupt?«
»Ist sie traurig und zurückgezogen oder strotzt sie nur so vor Tatendrang und übermäßigen Kräften?«
»Warum sollte sie etwas tun und nicht einfach nur sitzen bleiben und abwarten?«

Und dann kommt auch schon die Herausforderung:

»Auf welches Abenteuer begibt sie sich?«
»Welche Steine liegen im Weg?«
»Welche Lösungsideen stehen den Aufgaben gegenüber?«

Der ganze Erzählprozess wird mit verschiedenen Medien festgehalten: Notizen auf Klebezetteln, seitenlang vollgeschriebene Blätter, Collagen oder gar detailliert gemalte Bilder. Die Möglichkeiten, sich auf verschiedene Weise auszudrücken, werden genutzt. Dabei greife ich auch gerne auf Methoden der unterstützten Kommunikation zurück, da viele Jugendliche sprachlich nicht alles, was sie bewegt, formulieren können. Mit Piktogrammen und Symbolen können sich die Jugendlichen ausdrücken, ohne gesprochene Sprache zu verwenden. Auch dies ist eine Möglichkeit, auf die Metaebene einer dissoziierten erfundenen Geschichte auszuweichen. Die Entwicklung der Geschichten kann sich über mehrere Tage hinziehen, da die Aufmerksamkeitsspanne unserer Klientinnen und Klienten oft recht gering ist oder – und das ist nicht zu unterschätzen – vieles bei diesem Prozess an die Oberfläche kommt, das erst einmal verarbeitet werden muss.

Erst im weiteren Verlauf oder nachdem die Geschichte fertiggestellt ist, entstehen Gespräche darüber, was die Heldenfigur oder die Geschichte mit der eigenen Persönlichkeit zu tun haben könnte:

»Kann ich mich mit der Heldenfigur identifizieren? Und: warum?«

Oft bleibt diese Rekontextualisierung aber auch unausgesprochen und wirkt implizit (Lindemann, 2016a, S. 34). In solchen Fällen lässt sich eine »heilende Wirkung« möglicherweise nur beobachten oder vermuten, oder sie kommt über kurze Rückmeldungen der Jugendlichen zum Vorschein.

Am Ende hat man eine fertige, idealerweise bebilderte Geschichte, die zusammen mit den Werken anderer Autorinnen und Autoren in ein gemeinsames Weihnachtsbuch einfließt. Traditionell werden diese Bücher broschiert ausgedruckt und als kleine Weihnachtsüberraschung in der Klinik verteilt. Die Autorinnen und Autoren erhalten dafür durchweg positive Rückmeldungen, was ihr Selbstwertgefühl stärkt und sie durch diese oft schwierige Zeit begleitet. Häufig findet man die Bücher als Geschenk unterm familiären Weihnachtsbaum wieder, wo sie eine positive Reaktion in dem oft hochbelasteten Familienkontext bewirken.

In künftigen Krisen kann die Geschichte hervorgeholt werden, um zu zeigen, »dass es doch geht« und dass den Lebensaufgaben Lösungsideen gegenüberstehen. Dies kann ein Anlass sein, eine neue Geschichte zu erfinden.

Abschließend möchte ich eine der Geschichten präsentieren, die in der Weihnachtszeit bei uns entstanden ist, ohne Interpretation, ohne Rekontextualisierung, nur um sie für sich wirken zu lassen.

**Pirat Trofti und der Weihnachtsgeist**

Ein Pirat lebte auf der Insel Pata. Diese Insel war sehr grün und hatte einen schönen Strand mit viel Sand und einer wunderschönen Bucht. In dieser Bucht wohnte Trofti, der Pirat, in einer Höhle (Abbildung 9).

Aber es gab noch mehr auf dieser Insel, denn er lebte nicht allein. Es gab noch Räuber, die mit ihm in der Höhle lebten. Viele Räume gab es dort: Ein großer Raum, wo der Pirat mit seinen Räubern Feste feierte, mehrere Zimmer zum Schlafen und eine große Schatzkammer mit ganz viel Gold und Schmuck. Die Räuber fuhren mit Trofti das ganze Jahr über die Meere und beraubten andere Schiffe mit Gold und anderen Schätzen.

Auf einem hohen Berg mit einer tollen Aussicht befand sich auch ein Schloss. Dort lebte ein König namens Alois, der Viertelvorzwölfte, denn er war um Viertel vor Zwölf geboren (Abbildung 10). Die Bewohner der Insel sagten aber immer Dreiviertelzwölf zu ihm, denn sie waren Südländer. An schönen sonnigen Tagen lief ein hübsches Mädchen durch den Garten des Schlosses. Das war die Tochter vom König, die Prinzessin Lissy (Abbildung 11). Die Inselbewohner bekamen ihren König und seine Tochter aber kaum zu sehen, denn sie lebten in den Tälern der Insel.

**Abbildung 9:** Die Insel mit Höhle und Schloss

**Abbildung 10 und 11:** Der König und die Prinzessin

Der Pirat Trofti war sehr neidisch auf den König, weil dieser über einen sehr großen Schatz verfügte und damit mehr besaß als Trofti. Da schmiedete Trofti mit seinen Räubern einen Plan. Sie mussten ja irgendwie an den Schatz herankommen – aber nur wie? »Da habe ich eine gute Idee«, sagte der erste Räuber namens DollKlauer: »Es gibt einen Weinkeller im Schloss!« Da stutzte Trofti: »Wieso Wein? Wir haben doch genug Schnaps in unserer Höhle. Wir brauchen das Gold!« »Das stimmt«, erwiderte DollKlauer, »das bekommen wir dann auch.« KlauKlaus, der andere Räuber, pflaumte DollKlauer an: »Ich glaube, da hast du wohl zu viel von unserem Schnaps erwischt!« (Abbildung 12 und 13).

»Jetzt hört mir doch mal zu!«, wurde DollKlauer langsam ungeduldig: »Denn neben dem Weinkeller sitzen die Wachen!« »Na toll, dann können wir ja gleich

**Abbildung 12 und 13:** Pirat Trofti, DollKlauer und KlauKlaus

den Kerker stürmen und uns selber fesseln«, patzte KlauKlaus dagegen. »Nein, nein, überleg mal!«, Räuber DollKlauer versuchte wieder einmal, seinen Plan zu erzählen. »Ich kann es kaum erwarten!«, sagte Trofti. »Nun schieß los!« »Also«, begann DollKlauer, seine Idee zu erläutern, »zwar ist die Schatzkammer gut verschlossen, aber der Weinkeller wird oft offengelassen. Wenn wir es hinbekommen, dass die Wachen den Wein trinken, schlafen sie ein und wir kommen an die Schlüssel der Schatzkammer.« KlauKlaus hatte da aber einen Einwand: »So viel ich weiß, dürfen die Wachen nichts trinken, sonst können sie ja nicht das Schloss bewachen.« »Siehe da, KlauKlaus kann doch denken«, lachte DollKlauer lauthals, »auch das habe ich berücksichtigt! Wir haben doch noch den leckeren Waldhonig von den Bienen. Damit versüßen wir den Wein – die Wächter merken gar nicht, was sie trinken!« »Das ist ja eine tolle Idee, wie bist du denn darauf gekommen?« DollKlauer erzählte von einem Abenteuer auf dem Festland, wo er mal eine Disco besucht hatte und dort Menschen sah, die komische Getränke zu sich nahmen und immer lustiger wurden, aber auch mal davon einschliefen, das war dann weniger lustig und ganz schön gefährlich. Pirat Trofti fand DollKlauers Plan eine gute Idee und zog sich in sein Zimmer zurück. Noch nie hatte Trofti so gut geschlafen wie in dieser Nacht, und gut gelaunt stärkte er sich mit seinen Räubern bei einem ausgiebigen Frühstück. »So Jungs, es geht gleich los …«

Nun machte sich Trofti mit DollKlauer und KlauKlaus auf den Weg zum Schloss. Sie mussten durch einen Wald und steil den Berg hochklettern. KlauKlaus sang laut sein Lieblingslied: »Wir soffen drei Tage, how how, der Schnaps war der schönste auf der ganzen Welt …«. Trofti war ganz genervt vom lauten Gesang: »Sei still, sonst verraten wir uns!« »Ist ja gut!« KlauKlaus hörte auf und

**Abbildung 14:** Die Wachen

sie schlichen weiter zum Schloss. Noch einmal um die Ecke und schon standen sie vor dem Eingang des Weinkellers. »Oh je, der ist ja ganz schön bewacht!«, sagte DollKlauer. »Aber was ist denn das? Die Wachen schlafen ja.« »Dann lass uns schnell an ihnen vorbeischleichen«, sagte Trofti und ging voraus. Und schon standen sie vor dem Weinkeller. Dieser war jedoch abgeschlossen. Klau-Klaus machte einen Vorschlag: »Dann brechen wir leise die Tür auf!« »Ach«, erwiderte DollKlauer, »wie willst du denn sowas leise machen?« »Lass uns den Wachen die Schlüssel abnehmen«, konterte KlauKlaus mit einem neuen Vorschlag. Trofti gab zu bedenken: »Die Wachen dürfen aber nicht aufwachen! Wir mischen jetzt unseren Schnaps mit Honig, damit er ganz süß schmeckt und geben das den Wachen zum Trinken.«

Die Räuber und der Pirat versteckten sich im Gang des Schlosses und warteten, bis die Wachen sich räkelten und aufwachten (Abbildung 14). Das geschah dann auch schon nach kurzer Zeit. Die Wachen des Königs sahen das Getränk der Räuber. Die erste Wache wunderte sich: »Was ist das denn?« »Da hat uns wohl der König eine Überraschung bereitet.« »Dann lass uns mal probieren und uns für die nächste Schicht stärken!« Sie nahmen die Becher mit dem Honigschnaps, nippten daran und siehe da, es schmeckte ihnen so gut, dass sie es in einem Zug austranken. »Hey Diddi, du bist ja doppelt zu sehen!« Die Wachen können sich kaum auf den Beinen halten. Auch Diddi sah seinen Kumpel Doddo doppelt, bevor beide zusammensackten und in einen Tiefschlaf versanken. »Hey sieh mal, DollKlauer!«, freute sich KlauKlaus. »Es klappt! Sie schlafen tief und fest!« Trofti riet zur Eile: »Dann lasst uns schnell die Schlüssel nehmen und den Schatz holen!« Alle drei holten große Säcke und stürmten die Schatzkammer. Sie trauten kaum ihren Augen. Eine riesengroße Kammer, viel größer als ihre gesamte Höhle, voll mit Gold und Schmuck. »Das hätte ich nie gedacht«, staunte Trofti, »so viel Reichtum ist ja unvorstellbar!«

Doch dann schepperte die Tür mit einem lauten Rums zu und ein ohrenbetäubendes Geräusch erklang. Die Räuber bibberten und Trofti schaute ängstlich drein. Nur die Wachen schliefen weiter tief und fest. Das Geräusch wurde immer lauter. Es klang nach: »Huuuh!« und Kettengerassel. Es wurde immer lauter und unerträglicher. »Oh je, was hab' ich für eine Angst«, sagte KlauKlaus. Auch DollKlauer konnte seine Furcht nicht verbergen. Sie nahmen die Säcke und rannten zur Tür, prallten aber dagegen und kamen nicht mehr weiter. Das Geräusch kam immer näher und man hörte eine Stimme: »Lasst sofort die Säcke fallen!« Als das Geräusch sehr nah klang, erkannten sie, was sein Urheber war: Es sah aus wie ein Geist, fast durchsichtig aber mit einer roten Mütze auf dem Kopf. »Was ist das denn?«, Trofti versuchte zu erkennen, was er sah. »Das scheint ein Geist zu sein«, sagte DollKlauer. »Lass meine Kumpels in Ruhe«, wehrte KlauKlaus die Erscheinung ab, zog seinen Säbel, »sonst bekommst du es mir zu tun!« »Dann versuch es doch mal«, lachte der Geist. KlauKlaus stach zu und sah, wie der Geist kurz in Rauch aufging, um anschließend wieder an einer anderen Stelle zu erscheinen. KlauKlaus gab so schnell nicht auf. Er versuchte, mit seinem Säbel den Geist zu verjagen. Immer wieder verschwand der Geist und auf einmal sah man ihn gar nicht mehr. Nun schnappten sie sich die Säcke, nahmen den Schlüssel und schlossen die Tür auf. Ein kurzer Blick zurück bestätigte, der Geist war weg. »Das ist ja noch mal gut gegangen!«, freute sich Trofti. »Nun aber schnell zurück zur Höhle, die Wachen werden auch bald wieder aufwachen!« Die Räuber rannten mit Trofti den Berg runter und brachten die Säcke mit dem Schatz in ihre Höhle.

Dort angekommen packten sie die Schätze in ihre eigene Kammer, hängten ein großes Schloss davor und machten sich auf den Weg zur Speisekammer. Sie bereiteten gerade ein festliches Mahl, als sie wieder von einem unheimlichen Geräusch aufgeschreckt wurden. »Was ist denn das wie-

**Abbildung 15:** Der Weihnachtsgeist

der für ein lautes Geräusch?«, sagte DollKlauer mit aufgerissenen Augen. »Hilfe, unsere Höhle bricht zusammen!«, ängstigte sich KlauKlaus. Trofti schrie laut: »Schnell, wir müssen fliehen, sonst erschlägt uns die Höhle.« Alle drei wollten gerade aus der Höhle rennen, als das Geräusch aufhörte und eine Stimme erklang. In Erscheinung trat der Geist mit der roten Mütze aus dem Schloss: »Wartet, lauft nicht weg, euch passiert nichts!« Trofti war sich da aber nicht ganz so sicher: »Das ist doch eine Falle. Du willst uns ja nur aufhalten und dir einen Spaß mit deinem schrecklichen Getöse machen!« »Nein, nein«, beruhigte der Geist, »ich muss euch was sagen.« Trofti war schon ganz ungeduldig: »Dann schieß mal los!«

»Ich bin ein besonderer Geist«, begann er zu berichten, »denn ich bin ein Weihnachtsgeist!« »Ein Weihnachtsgeist?«, staunten alle drei, »was ist denn das?« Der Weihnachtsgeist (Abbildung 15) erzählte nun Trofti und den Räubern, was ein Weihnachtsgeist so alles macht. Geister, so ist allen Kindern bekannt, können überall hin. Nichts hindert sie daran, durch geschlossene Türen und Wände zu kommen. Dadurch kann der Geist, insbesondere der Weihnachtsgeist, die Schätze aller Reichen erkunden.

Und warum macht er das? Will er sich damit bereichern? Nein! Er möchte, dass es allen Menschen gut geht auf der Welt, zumindest an Weihnachten. Da er zwar in die Schatzkammern kommt, jedoch nicht die Schätze mitnehmen kann – dafür ist er einfach zu schwach – braucht er Gehilfen. Und wer kann da am besten helfen? Natürlich diejenigen, die die Schatzkammern aufbrechen und die Schätze mitnehmen. »Aber was haben wir damit zu tun? Wir sind doch Räuber und wollen den Schatz! Der ist doch nicht für dich!«, sagte KlauKlaus empört. »Das weiß ich, aber ich brauche eure Hilfe – sonst funktioniert das nicht«, versuchte der Weihnachtsgeist zu erklären. »Von uns bekommst du keine Hilfe!«, lachte DollKlauer und zog seinen Säbel. »Lass deinen Säbel stecken. Das bringt nichts. Das weißt du doch schon!«

Der Weihnachtsgeist sprach zu Trofti: »Meinst du nicht, dass du als Pirat nicht mal berühmt werden möchtest?« Trofti strahlte: »Natürlich möchte ich ein berühmt-berüchtigter Pirat auf dieser Erde sein. Aber hier auf der kleinen Insel, die ja kaum jemand kennt, ist das nicht möglich.« Der Weihnachtsgeist machte Trofti Hoffnung: »Dafür habe ich aber eine Lösung«, sagte der, »wenn du mir dabei hilfst!« »Und wie sollen wir dir helfen?« Der Weihnachtsgeist setzte sich auf ein Sofa und begann zu berichten: »Euch geht es doch soweit ganz gut in dieser Höhle, ihr habt genügend zu essen, eine warme Höhle mit vielen Räumen, dazu noch jede Menge Schätze. Möchtet ihr denn nicht auch, dass es anderen auch besser geht?« »Ja«, sagte KlauKlaus, »da habe ich nichts dagegen, aber trotzdem soll es mir gut gehen.« »Wie ich schon sagte«, antwortete der

**Abbildung 16:** Das Armenhaus

Geist, »ich möchte ja, dass es allen gut geht. Dir, KlauKlaus, deinem Kumpel DollKlauer und auch Trofti. Ihr kennt doch eure Insel. Ihr beraubt den König, es gibt aber noch andere auf dieser Insel.« »Na klar«, funkte DollKlauer dazwischen, »es gibt ja noch die Untertanen und das Armenhaus. Der König kümmert sich kaum um diese Menschen.« »Und gefällt euch das?«, fragte der Geist. »Nein, natürlich nicht«, bestätigte Trofti, »wir sind vom König ganz schön enttäuscht. Er sitzt am reich gedeckten Tisch und lässt die Armen hungern. Eigentlich machen wir das ja auch«, sagte Trofti und wirkte nachdenklich.

**Abbildung 17:** Trofti und die Räuber als Weihnachtsmänner

»Und gefällt euch das?« »Nein!«, erwiderten alle drei. »Dann müssen wir was ändern«, rief KlauKlaus. »Das darf so nicht sein!«, bestätigte DollKlauer. Und Trofti wendete sich an den Weihnachtsgeist: »Und wie können wir dir dabei helfen?« Der Weihnachtsgeist saß zufrieden und lächelnd auf dem Sofa und erklärte seine Idee. Trofti und die Räuber hörten gespannt zu und es wurde bis tief in die Nacht ein Plan geschmiedet.

**Abbildung 18:** Die armen Menschen mit den warmen Mänteln

Am nächsten Tag, es begann die Adventszeit, änderte sich das Leben für den Piraten Trofti und die Räuber DollKlauer und KlauKlaus. Und sie waren zufrieden damit, denn ihre Arbeit hatte von nun an einen Sinn!

Von nun an horteten sie nicht mehr die Schätze, sondern nahmen sie, kauften davon Betten, warme Kleidung, Schuhe und natürlich Essen und Trinken, damit niemand mehr frieren und hungern musste. So zogen sie vollgepackt mit Geschenken ins Armenhaus (Abbildung 16) und machten den Armen eine große Freude. Damit niemand vor ihnen Angst bekam, verkleideten sie sich als Weihnachtsmänner mit langen Bärten und schönen roten Umhängen (Abbildung 17).

Trofti bekam den größten Bart, weil er ja der Chef war, und fühlte sich pudelwohl. DollKlauer und KlauKlaus trugen die Betten und Kleider und Trofti bestückte einen riesigen Korb mit Essen und Trinken. Große Freude herrschte im Armenhaus! Die Armen konnten es kaum glauben. Gerade ging ihr Feuer mit dem letzten Scheit Holz aus und sie begannen zu frieren. So freuten sie sich über die warmen Mäntel (Abbildung 18).

DollKlauer und KlauKlaus nahmen ihre Säbel, gingen in den Wald und holten Holz für das wärmende Feuer im Armenhaus im bitterkalten Winter. Lange blieben sie noch im Armenhaus und feierten den Weihnachtsabend. »So schön hatten wir es noch nie!«, sagte KlauKlaus. »Das stimmt«, antwortete Dollklauer, »wir feierten immer alleine und das war ganz schön langweilig!« Von weitem schaute der Weihnachtsgeist zu und winkte den dreien zu, die gerade aus dem Fenster des Armenhauses schauten. »Wir sehen uns bald wieder auf der Jagd nach neuen Schätzen für die Armen!«, rief der Geist und flog davon. Zufrieden nickte Trofti seinen Räubern zu: »Ja, wir werden uns wiedersehen – bei neuen Abenteuern, die endlich mal so richtig Spaß machen!!!«

# 3 Arbeiten mit Bildern

Die Arbeit mit Bildern als »Trägermedium von Metaphern« bietet viele Möglichkeiten, die sich in zwei Kategorien unterscheiden lassen:
- Bilder werden selbst gemalt, als Collage erstellt oder als Foto aufgenommen. Hierbei können innere Bilder oder auch nichtmaterielle Aspekte des Anliegens externalisiert und als Objektivation oder Personifikation sichtbar gemacht werden (Lindemann, 2016a, S. 99–114).
- Bildkarten, Cartoons oder Bilderrätsel können als Impulse für einen Perspektivenwechsel genutzt werden. Hierbei bietet die beratende Person etwas an, von dem sie denkt, dass es als Impuls geeignet ist; Klientinnen und Klienten wählen etwas aus, das sie anspricht oder es wird zufällig ein Bild gezogen, das dann hinsichtlich Aussage und Bedeutung betrachtet wird (Lindemann, 2016a, S. 122–128).

Das erste der folgenden Praxisbeispiele nutzt selbst Fotografiertes aus der Vergangenheit einer Klientin, um Sinn und Bedeutung in ihrer aktuellen Lebenswirklichkeit zu finden. Zwei weitere Beispiele gehen auf die Arbeit mit Bildkarten ein. Abschnitt 3.2 zeigt, wie die aktive Auswahl eines Bildkartenmotivs im Beratungsprozess genutzt werden kann, Abschnitt 3.3 veranschaulicht, wie das zufällige Ziehen von Bildkarten als Strukturelement und Impuls in der Beratung dienen kann. In Abschnitt 3.4 wird das Malen von Bildern im Rahmen der Gestaltung eines therapeutischen Tagebuchs vorgestellt. Abschnitt 3.5 befasst sich mit dem Nutzen von Visualisierungen und Storytelling für den Beratungsprozess.

## 3.1 Zehn Bilder der Freude. Die Nutzung von Bildern als Ressourcenanker in der Therapie

Ursula Geisler

In meinen Therapien und Beratungen arbeite ich neben bewährten verhaltenstherapeutischen Methoden auch häufig mit Bildern und anderen Visualisierungen. In diesem Praxisbeispiel beschreibe ich die Arbeit mit Bildern, die eine Klientin in die Therapie mitbringt.

■ Die Ausgangssituation

Eine 20-jährige Jura-Studentin kommt zu mir in die Therapie, weil sie unter rezidivierenden Depressionen leidet. Gegenwärtig zeigt sich eine mittelgradige Episode. Sie schildert Symptome von Interessen- und Freudeverlust, traurige Stimmung und häufiges Weinen, wenig Antrieb und häufige Müdigkeit, geringes Selbstwertgefühl, Unentschlossenheit, ob sie ihr Studium weiterführen solle, sie schlafe schlecht, habe wenig Appetit und ziehe sich von anderen Menschen zurück. Neben den »klassischen« verhaltenstherapeutischen Methoden bei der Behandlung von Depressionen arbeiteten wir auch mit Bildern.

Ich bitte die Klientin am Ende einer Sitzung, sie möge Bilder sammeln von Dingen oder Aktivitäten, mit denen sie etwas Positives verbindet oder die ihr »früher Freude gemacht« haben. Beim nächsten Termin, zwei Wochen später, bringt die Klientin insgesamt zehn Bilder mit, deren Einsatz in der Therapie eine überaus positive Entwicklung unterstützt.

**Methodische Anmerkung**
Durch diese Form der Beobachtungsaufgabe wird der Fokus auf die Ressourcen der Klientin gelenkt. Durch die Bilder hat sie die Möglichkeit, über den visuellen Eindruck Ressourcenanker für die Emotion »Freude« zu etablieren, weil die Bilder etwas zeigen, was ihr in der Vergangenheit Freude bereitet hat. (vgl. Lindemann, 2016a, S. 41 f., S. 199 ff.). Nachfolgend werden diese Ressourcenanker genutzt, um die Klientin für Aktivitäten zu motivieren, also Handlungsaufgaben zu entwickeln.

■ Die Bilder[2]

**Abbildung 19:** Kunstinstallation

**Bild 1:** Zu diesem Bild erläutert die Klientin, früher habe ihr der Besuch von Kunstausstellungen viel Freude gemacht. Sie stamme aus einer kunstinteressierten Familie und male auch selbst gern.

Tatsächlich motiviert diese Erinnerung sie, nach aktuellen Ausstellungen zu recherchieren und sie nimmt den baldigen Besuch einer Ausstellung oder Galerie in ihren Aktivitätenplan auf.

In der nachfolgenden Zeit setzte sie diese Aktivität auch um und erzählte bei einem Folgetermin lebhaft von einer Ausstellung, die sie mit einer Mitbewohnerin des Studentenwohnheims besucht hat.

**Abbildung 20:** Ein See

**Bild 2:** Die Klientin schildert, dass sie in der Natur immer gut »auftanken« konnte, und es selbst sehr bedaure, dass sie schon lange keine »richtigen Spaziergänge im Grünen« mehr gemacht habe.

Sie plant diese Aktivität für das kommende Wochenende.

**Abbildung 21:** Das Lieblings-Café

**Bild 3:** Mit Wehmut berichtet die Klientin zu diesem Bild, dies sei lange ihr Lieblings-Café gewesen, wo sie sich immer sehr wohlgefühlt habe. Am neuen Studienort habe sie noch nichts dergleichen gefunden. Es zeigte sich rasch, dass sie auch nicht danach gesucht hatte – was sie nun alsbald ändern wolle.

Auch diese Aktivität kann sie umsetzen: Sie findet ein Café, das sie jetzt häufiger besuchen möchte.

---

2  Der Abdruck der Fotos erfolgt mit freundlicher Genehmigung der Klientin.

**Abbildung 22:** Selbstgekochtes, gesundes Essen

**Bild 4:** Die Klientin erzählt, dass ihr Appetitmangel dazu geführt hat, dass sie kaum mehr für sich kocht, sondern oft nur »was vom Bäcker« aß. Sie wisse jedoch, dass das »eigentlich nicht gesund« sei, weil ihr »Vitamine fehlen«

Aus dieser Erkenntnis heraus »verordnet« sie sich nun selbst, sich einmal am Tag ein Essen frisch zuzubereiten.

Der Ermunterung, andere zu dieser Mahlzeit einzuladen, kommt sie ebenfalls nach, obwohl ihr das anfangs schwerfällt.

**Abbildung 23:** Rausgehen

**Bild 5:** Die Klientin berichtet zu diesem Bild, dass sie über mehrere Wochen kaum noch aus dem Haus gegangen sei. Nun plant sie, an vorlesungsfreien Tagen zumindest einmal »rauszugehen«.

Sie nimmt die Information darüber, wie hilfreich Bewegung gegen Depressionen ist, sehr interessiert auf. Hieraus entsteht die Idee, sich über Sportmöglichkeiten in der Nähe zu informieren.

Zwei Monate später hat sie sich tatsächlich in einem Fitnessstudio angemeldet.

**Abbildung 24:** Tisch mit Vase

**Bild 6:** Zu diesem Bild erzählte die Klientin, es habe ihr immer gut getan, einen »aufgeräumten Platz« zu haben. Derzeit sei ihr Zimmer sehr unordentlich und vollgestopft; sie wolle sich nun eine »Wohlfühlecke« schaffen, wo sie einen leeren Tisch habe. Sie erläutert, auf dem Bild seien auch zwei Vasen zu sehen. Diese sollen sie daran erinnern, auch mal für sich selbst Blumen zu kaufen. Damit diese »einen schönen Platz« haben, müsse sie nun vorher ihr Zimmer aufräumen – und mit den Blumen wolle sie sich dann selbst dafür belohnen.

**Abbildung 25:** Urlaub und meditatives Gehen

**Bild 7:** Von einem früheren Urlaub am Meer brachte die Klientin dieses Bild mit. An Urlaub habe sie lange nicht mehr gedacht, sie habe auch keine Zeit und kein Geld dafür.

Wir erarbeiteten, dass man sich auch im Alltag kleine »Erholungsinseln« einbauen kann. Die Klientin fand zudem Gefallen an Achtsamkeitsübungen wie etwa dem meditativen Gehen (»Kinhin«), wobei sie üben konnte, bewusst zu gehen, das Abrollen des Fußes zu spüren und dies mit Atemübungen zu kombinieren.

**Abbildung 26:** Ein Stillleben als Beispiel fürs Fotografieren

**Bild 8:** Mithilfe dieses Bildes berichtete sie über ihre Freude am Fotografieren. Sie habe früher sehr gern »einfach schöne Motive« fotografiert. Dies sei eines ihrer Lieblingsbilder, das sie jedoch bisher weder ausgedruckt noch aufgehängt habe, was sie nun jedoch tun möchte.

Das Hobby Fotografieren wolle sie nun wieder etwas mehr pflegen – dies kann sie zugleich mit ihrem Vorhaben kombinieren, rauszugehen und die Welt bewusst wahrzunehmen. Dies ist auch sehr hilfreich, um der »Grübelspirale« entgegenzuwirken, in die sie oft gerate.

**Abbildung 27:** Schmökerecke

**Bild 9:** Bei diesem Bild erzählt die Klientin seufzend, sie habe lange nicht mehr »geschmökert« und es fehle ihr sehr, keine Bücher »nur zum Spaß« lesen zu können, da sie ihre gesamte Zeit über den Jura-Lehrbüchern verbringe und sich eine andere Lektüre nicht zugestehe. Dabei habe sie immer sehr gern und viel gelesen, bis ihr im Studium die Zeit dafür gefehlt habe.

Als ihr die Bedeutung dieses Verlustes klar wird, baut sie gezielt »Schmökerstunden ohne schlechtes Gewissen« in ihren wöchentlichen Aktivitätenplan ein.

# Zehn Bilder der Freude

**Abbildung 28:** Am Meer

**Bild 10:** Da wir in den vorigen Therapiestunden mehrmals über den wechselseitigen Zusammenhang von Gedanken, Gefühlen und Körperempfindungen gesprochen hatten, gewinnt die Klientin Interesse für das Konzept des »Embodiment«. Sie will versuchen, »sich selbst öfter mal zuzulächeln« und auch den Widrigkeiten des Lebens mal mit einem Lächeln zu begegnen.

Nicht ohne Humor erwähnte sie, ansonsten würden ihre Backenmuskeln wohl einrosten, da sie sich nicht erinnern könne, wann sie das letzte Mal gelacht habe. Sie übt nun, sich morgens vor dem Spiegel eine aufmunternde Selbstinstruktion zu geben und mit einem Lächeln in den Tag zu starten. Dieses Bild diente ihr dazu als Erinnerungsanker.

**Methodische Anmerkung**

Die Bilder der Klientin stehen als Externalisierungen für früher erlebte Momente der Freude. Sie ermöglichen der Klientin zunächst einen dissoziierten Zugang zu früheren Aktivitäten. Durch die Handlungsverschreibung in Form eines Aktivitätenplans werden diese visuellen Anker mit aktuellen assoziierten Erfahrungen verknüpft, die Freude direkt erlebbar machen. So wird eine Internalisierung der Emotion Freude möglich. Neben dem erlebten positiven Gefühl stehen die Bilder weiterhin als visuelle Anker und Erinnerungshilfen zur Verfügung.

## 3.2 Türen, Schuhe und Stühle. Die Nutzung von Bildkarten in Workshops und Seminaren

Susanne Strobach

Bildkartensets gibt es in vielen verschiedenen Größen, mit den unterschiedlichsten Motiven und in einer fast unüberschaubaren Vielfalt. Die meisten Sets vereinen sehr unterschiedliche Motive, wie Landschaften, Gegenstände, Lebensmittel, Fahrzeuge, Stillleben, Alltagsszenen und Personen. Sie bieten in ihrer Vielfalt zahlreiche Themenbereiche oder »Metaphernwelten« an, die bei jedem Motiv eigene Vertiefungen und Verknüpfungen erlauben (Lindemann, 2016a, S. 12 ff.).

**Abbildung 29 bis 33:** Beispiele für das Bildkartenmotiv »Tür«[3]

Wählt eine Klientin eine Bildkarte mit einer Straße, können alle damit zusammenhängenden Bilder und Begriffe zur Vertiefung in Beratung und Coaching genutzt werden: Reise, Fahrzeuge, Orte, Haupt- und Nebenstraßen, Stau und vieles mehr. Gerade in Gruppensituationen bedeutet dies, dass man zwischen sehr unterschiedlichen Bild- und Metaphernwelten wechseln kann.

In Seminaren und Workshops kann es sich, je nach Thema und Fragestellung, daher anbieten, die Auswahl der zur Verfügung gestellten Bilder auf bestimmte Motive zu reduzieren. Stehen ausreichend Bildkartensets zur Verfügung, können die entsprechenden Motive aus mehreren Sets zusammengestellt werden. Ich selbst arbeite mit eigenen Fotos, die auch auf einer DVD erhältlich sind (Strobach u. Zenner, 2011).

**Abbildung 30**

Nachfolgend beschreibe ich drei Gruppensettings, in denen ich mit einer Auswahl von Motiven arbeite: Türen, Schuhe und Stühle.

---

3   Alle Fotos in diesem Beitrag stammen aus Strobach und Zenner (2011).

## Türen öffnen Türen

»Durch eine Tür sind Sie heute hier hereingekommen. Durch eine Tür werden Sie das Seminar/den Workshop am Ende des Tages/nach drei Tagen wieder verlassen. Was möchten Sie hinter dieser Tür finden, damit Sie am Ende sagen können: ›Es war gut, dass ich dabei war!‹ Was darf unter keinen Umständen hinter der Tür passieren?«

So beginne ich viele meiner Seminare und lade die Teilnehmerinnen und Teilnehmer ein, sich aus einer großen Zahl verschiedener Bildkarten mit Türen (einige Beispiele: Abbildung 29 bis 33), die im Format 10 × 15 cm oder DIN A6 an einer Pinnwand hängen oder auf einem Tisch liegen, sich diejenige auszusuchen, die sie am meisten anspricht.

Die Türen habe ich auf unzähligen Urlaubsreisen in verschiedene Länder (mit dieser Übung im Hinterkopf) selbst fotografiert, und fast immer wählen die Teilnehmenden Türen, die sie an eigene Urlaubsreisen erinnern, womit sie bereits in eine entspannte Stimmung kommen. Teilnehmerinnen und Teilnehmer aus anderen Kulturen fühlen sich hierbei – so deren Rückmeldung – gleich gut aufgenommen.

Die Gründe für die Auswahl eines bestimmten Türbildes sind sehr unterschiedlich:

»Weil sie ins Grüne führt.«

»Weil sie keine Tür im eigentlichen Sinn ist, sondern ein Durchgang, der auf das dahinter Liegende blicken lässt.«

»Weil ich hinter der Garagentür ein Auto vermute und das für mich Freiheit darstellt.«

»Weil auf dem Bild zwei Türen nebeneinander sind, da vermute ich gute Nachbarschaft und Austausch.«

Abbildung 31

Abbildung 32

Abbildung 33

Darüber, dass »die Kollegin mir *meine* Tür weggeschnappt hat« oder »warum es fast nur geschlossene Türen gibt« oder in welchem Land die Tür fotografiert wurde, kommt die Gruppe dann gleich ins Gespräch und das atmosphärische Feld ist vorbereitet für tiefer gehende Themen.

Wer möchte, kann *seine Tür* auch als »Anker« für zu Hause mitnehmen.

**In deinen Schuhen**

Ein weiterer Seminareinstieg gelingt mittels der Metapher von Schuhen. Diese Übung benötigt mehr Zeit als der Einstieg mit den Türen, sie ist deshalb besser für kleine Gruppen (bis maximal 10 Personen) geeignet bzw. für Gruppen, die länger zusammenarbeiten werden. Hier lege oder hänge ich Fotos von Kinder-, Frauen-, Männerschuhen auf, Sandalen, Stiefel, Sneaker, Sportschuhe und originelle Designerschuhe (einige Beispiele: Abbildung 34 bis 40). Die Teilnehmenden sollen sich aus der Auswahl ein Bild aussuchen.

**Abbildung 34 bis 40:** Beispiele für das Bildkartenmotiv »Schuhe«

Folgende Fragen stehen auf dem Flipchart und sollen mit Bezug zu den ausgewählten Schuhen beantwortet werden:
- Warum diese Schuhe?
- Was hat mich hergeführt?
- Wie möchte ich heute Abend/morgen/am letzten Tag hier weggehen?
- Wie passen mir meine Schuhe?
- Sind sie mir noch zu groß?
- Sind sie mir schon zu klein?
- Möchte ich einmal in anderen Schuhen gehen?
- Möchte ich einmal die Schuhe eines anderen tragen?
- In wessen Schuhen möchte ich nie gehen?

**Abbildung 35**

Während die Teilnehmerinnen und Teilnehmer bei den Bildkarten mit Türen häufig nach »Wohlfühlfaktoren« entscheiden, wie die »Er-

**Abbildung 36**

innerung an einen Urlaub« oder »die schönen Pflanzen rund um die Tür«, ist die Auswahl eines Schuhbildes häufig mit Werten und starken persönlichen Bezügen verknüpft.

Würde ein Mann Frauenschuhe auswählen? Und wenn er es tut, warum? Was sagt er damit über sich aus? Was gibt er schon zu Beginn eines Seminars preis? Oder will er nur provozieren?

Es gibt auch ein Bild von Schuhen, die aus Brot gemacht sind. Lebensmittel als Schuhe? Ist das vertretbar und politisch korrekt? Wer wagt es, diese zu nehmen? Welche Glaubenssätze aus der Kindheit halten uns davon ab? (»Schuhe aus Brot sind eine Sünde«, »Mit Essen spielt man nicht«)

Einmal wählte ich diesen Einstieg für eine Gruppe in einer ländlicheren Gegend und wirklich alle Teilnehmerinnen und Teilnehmer nahmen die Frage: »Möchte ich einmal in den Schuhen eines anderen gehen?« wörtlich und nicht im übertragenen Sinn, und meinten einhellig: »Nie und nimmer die Schuhe eines anderen! Ich habe nämlich als Kind immer die ausgetragenen Schuhe meiner Geschwister bekommen!«

Als Einstimmung passt sehr gut das Lied »Die Schuhe« von Reinhard Mey, es hat mich vor Jahren zu dieser Methode inspiriert. Je nach Kontext könnten auch folgende Musikstücke passen: »Schuhe« (Ina Müller), »These boots are made for walkin'« (Nancy Sinatra), »Hit the road Jack!« (Ray Charles), »Blue Suede Shoes« (Elvis Presley), »Walking in my shoes« (Depeche Mode), »Footloose« (Kenny Loggins).

Auch hier überlasse ich es den Teilnehmenden, ob sie mir das Bild am Ende zurückgeben oder ob sie es als Anker und Erinnerung behalten wollen.

Abbildung 37

Abbildung 38

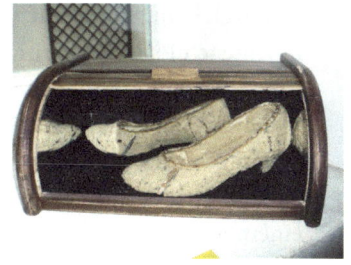

Abbildung 39

Abbildung 40

**Komm, setz dich zu mir**

Die meisten Menschen verbringen sehr viel Zeit sitzend. Stühle (in Österreich: »Sessel«) eignen sich daher hervorragend als Metapher, um ein Gespräch in Gang zu bringen, zum Philosophieren anzuregen, das »Eis zu brechen« oder zum Nachspüren einzuladen. Der Fokus kann hierbei ein privater Stuhl im eigenen Zuhause sein oder der Bürostuhl, eine Bank, ein Gartenstuhl oder ein Hocker.

**Abbildung 41 bis 46:** Beispiele für das Bildkartenmotiv »Stuhl«

Auch hier sind die Teilnehmerinnen und Teilnehmer wieder aufgefordert, sich einen Lieblingsplatz aus einer Reihe von Bildern auszusuchen (einige Beispiele: Abbildung 41 bis 46).

Folgende Fragen eignen sich zur Reflexion:
- Auf welchem Stuhl, auf welcher Bank möchte ich Platz nehmen?

**Abbildung 42**

- Sitze ich lieber inmitten einer Fußgängerzone und beobachte Menschen oder in einem geschützten Raum?
- Sitze ich lieber auf einem Sofa oder auf einem Klappstuhl?
- Sitze ich lieber auf einem Thron oder einer Hollywoodschaukel?
- Sitze ich lieber auf einem lustigen, bunten Sessel oder auf einem Baum mit großem Weitblick?
- Sitze ich lieber auf einer Bank mit Blick aufs endlose Meer oder in einer Boutique und schaue Menschen beim Anprobieren zu?
- Wie fühlt es sich an auf diesem Stuhl?
- Steht er sicher oder wackelt er?
- Sitze ich gerade, aufrecht, würdevoll?
- Versinke ich gemütlich ins Sofa gekuschelt?
- Was nehme ich wahr, wenn ich hier sitze?

**Abbildung 43**

- Was sehe, rieche, höre ich, wenn ich hier sitze?
- Wie sitze ich jetzt gerade auf meinem Stuhl?
- Wo möchte ich lieber sitzen?
- Was möchte ich wahrnehmen?
- Was fehlt mir noch, um so zu sitzen, wie ich es mir wünsche?
- Wo in meinem Leben wünsche ich mir eine andere Sitzgelegenheit? Und wie kann ich sie bekommen?

Am Ende dieser Übung steht immer die Einladung, die Stühle zu tauschen – in Form der Bilder und später auch im »echten Leben« und die Welt einmal wirklich aus der Perspektive des oder der anderen wahrzunehmen.

Nehmen Sie nur das Beispiel des Esstisches im eigenen Zuhause. Hier hat jedes Familienmitglied »seinen« Platz. Wechseln Sie die Plätze immer wieder, z. B. mit dem Gegenüber oder wöchentlich im Uhrzeigersinn und Sie nehmen »eine andere Welt« wahr; Sie sehen die Wohnung aus einer anderen Perspektive, Sie sitzen vielleicht neben einem anderen Familienmitglied. Auf jeden Fall trainieren Sie Ihr Gehirn darin, mit Veränderungen umzugehen.

**Abbildung 44**

**Abbildung 45**

**Abbildung 46**

## 3.3 Was soll ich tun? Wo soll ich hin? Ein Bildkarten-Quadriptychon plus vier

Holger Lindemann

■ Die Ausgangssituation

Ein promovierter Akademiker kommt zu einem Coachingtermin. Er lebt mit seiner Frau und drei Kindern (2, 3 und 5 Jahre alt) an seinem früheren Studienort. Jetzt habe er ein Angebot für eine Vertretungsprofessur in Süddeutschland, er müsse aber auch seine beiden Forschungsprojekte, die er eingeworben habe, weiterführen, schließlich dienen diese seiner Habilitation. An dieser Stelle seiner Karriere stellt sich ihm die Frage, wie es mit ihm weitergehen soll. Diese Entscheidung fällt ihm vor allem deswegen schwer, da jeder Schritt, um seine akademische Karriere weiter auszubauen, damit verbunden sei, dass er viel unterwegs sein und an anderen Universitäten lehren müsse. Diese Phase würde dann anhalten, bis er sich als habilitierter Doktor um eine Professur bewerben und – bei erfolgreichem Verfahren – dem Ruf auf eine feste Stelle folgen könne. Dann könne er ein (relativ) geregeltes Berufs- und Familienleben führen, voraussichtlich in vier bis fünf Jahren. Seine Frau würde ihn zwar dabei unterstützen, auch wenn sie dadurch auf die Wiederaufnahme ihrer Tätigkeit in einem Verlag verzichten müsse. Derzeit ist sie (neben der Kinderbetreuung) zu Hause lediglich in geringem Umfang als Lektorin tätig.

Mein Klient stellt seinen gewählten Karriereweg immer wieder infrage. Er schläft schlecht, ist auch tagsüber oft unruhig und kann sich nicht dafür entscheiden, diesen Weg weiter zu beschreiten. Außerdem glaubt er, sich zwischen Beruf und Familie entscheiden zu müssen. Er hat ausführliche Pro- und Kontra-Listen für seine akademische Karriere erstellt, die er gern mit mir durchgehen würde.

■ Der Beratungsverlauf

Aufgrund seiner Erzählung bin ich versucht, meinem Klienten eine andere Herangehensweise als die »rationale Analyse« vorzuschlagen. Auch wird mir bei Pro- und Kontra-Listen immer unwohl, da diese lediglich beleuchten, was für und was gegen eine bestimmte Sicht- oder Vorgehensweise spricht. Was diese Listen ausblenden, ist die Suche nach anderen Sicht- oder Vorgehensweisen und die Beantwortung der Frage, was für diese sprechen könnte. Mein Impuls ist es, den Klienten zuerst dabei zu unterstützen, herauszufinden, was er »stattdessen« noch alles tun könnte: »Wie ich sehe, haben Sie bereits sehr intensiv und gründlich über Ihre Situation nachgedacht und auch mit Ihrer Frau darüber gesprochen. Mit Ihren analytischen Fähigkeiten haben Sie bisher keine Antwort gefunden, daher glaube ich nicht, dass es Sie weiterbringt, wenn wir Ihre Listen gemeinsam durchgehen. Während Sie erzählt haben, was Sie tun müssten, um Ihre akademische Karriere voranzutreiben und was dagegensprechen könnte, dies zu tun, stellte sich mir eine ganz andere Frage. Vielleicht könnte es hilfreich sein, dieser Frage nachzugehen. Würde Sie das interessieren?«

Nach seiner Zustimmung fahre ich fort: »Während ein bestimmter Weg Ihrer Karriere schon sehr klar vor Ihnen liegt, scheinen alle Alternativen dazu noch unklar zu sein, als wären sie in einem Nebel verborgen. Ich würde daher gerne zunächst schauen, ob es gelingen kann, diesen Nebel zu lichten. Ob in Ihnen greifbarere Bilder davon entstehen können, welche Wege Sie noch beschreiten könnten. Um hierbei einen Unterschied zu dem rationalen Vorgehen zu erzeugen, das Sie als Akademiker ja exzellent beherrschen, kann es hilfreich sein, den Zufall zu Hilfe zu bitten. Ich möchte Sie daher bitten, auch wenn das auf den ersten Blick ungewöhnlich klingen mag, von diesem Kartenstapel (die Karten stammen aus dem Erzähl- und Ratespiel ›Dixit‹) vier Karten zu ziehen und diese verdeckt vor sich auszulegen. Die erste Karte soll für ›den Karriereweg beschreiten‹ stehen. Die zweite Karte für ›diesen Karriereweg nicht beschreiten‹. Die dritte Karte – und das könnte schon knifflig, aber auch spannend werden – soll stehen für ›weder noch‹. Und die vierte Karte – ebenfalls knifflig und spannend – für ›sowohl als auch‹.«

### Methodische Anmerkung

In diesem Vorgehen verbinde ich die Arbeit mit Bildkarten in Form eines Quadriptychons mit der Tetralemma-Aufstellung (Varga von Kibéd u. Sparrer, 2005, S. 75–98; Daimler, 2008, S. 110–128).

Hierbei wird zur Entscheidungsfindung zwischen zwei vorliegenden Alternativen mit Bodenankern gearbeitet, die stellvertretend für vier Positionen stehen: »das eine«, »das andere«, »weder-noch« und »sowohl-als-auch«. Der Klient wird gebeten, sich hintereinander auf die vier verschiedenen Positionen zu stellen, um dann assoziiert zu spüren, wie es wäre, sich für die jeweilige Wahl bzw. Position entschieden zu haben. Anstelle rationaler Abwägungen erhält er somit die Möglichkeit, seine körperlichen Signale bezüglich der verschiedenen Entscheidungen zu erkunden. Die dritte und vierte Position (in der erweiterten Form des Tetralemmas auch noch eine fünfte) dienen dann dazu, mögliche bisher vielleicht nicht beachtete Alternativen kennenzulernen.

In dieser ersten Phase des Coachings verfügt mein Klient aber nur über die Unterscheidung »das eine« und »nicht das eine«. Er hat also keine zwei Alternativen vorliegen. Bevor ich ihn zu einer assoziierten Annäherung an eine Entscheidung einlade, will ich ihm ermöglichen, Bilder von Alternativen zu seinem Karriereweg als »Anwesenheit von etwas« zu entwickeln. Daher greife ich zu einer dissoziierten Methode des Betrachtens von Bildern. Diese rezeptiv-metaphorische Dissoziation soll zunächst eine andere Wahrnehmung ermöglichen. Darauf aufbauend kann dann eine transformativ-metaphorische Dissoziation ermöglichen, diese Bilder umzuformen und zu erweitern (Lindemann, 2016a, S. 36 f., S. 214–220).

Zunächst eine dissoziierte Annäherung zu versuchen halte ich für angemessen, da der Klient emotional stark beteiligt erscheint und über körperliche Symptome berichtet (Schlaflosigkeit, Unruhe). Es könnte helfen, wenn es ihm gelingt, unbeteiligter, »von außen« auf seine Situation zu schauen. Erst anschließend will ich gegebenenfalls auf ein assoziiertes Verfahren zurückgreifen.

Nacheinander zieht der Klient die folgenden vier Karten (Abbildung 47 bis 50) und ich fordere ihn bei jeder Karte dazu auf, zu beschreiben, was ihm dabei »durch den Kopf« und »durch den Magen« geht.

»Die Spinne bin wohl ich. Ich habe alle Hände voll zu tun. Vor allem mit dem Navigieren. Aber ich muss auch Essen besorgen mit der Angel. Das Wasser sieht sehr rau aus und ich sitze nur in einer Nussschale. Das ist ziemlich genau das, was ich gerade empfinde: Ich halte mich über Wasser, sehe aber nicht richtig, wo es hingeht. Und vielleicht bin ich auch eher ein Land- als ein Wassertier. Immerhin gibt es da einen Rettungsring! Aber es fehlt definitiv das Land. Irgendeine Heimat! Ein Hafen, den man ansteuern könnte.«

**Abbildung 47:** Die Karte für »den Karriereweg beschreiben« (mit freundlicher Genehmigung der Libellud GmbH)

**Abbildung 48:** Die Karte für »diesen Karriereweg nicht beschreiten« (mit freundlicher Genehmigung der Libellud GmbH)

»Ja, und wenn ich das nicht mache? Werde ich zum Fisch und schnappe mir die Fische, die vorbeispringen, oder auch mal einen unvorsichtigen Seemann. Aber dann würde ich im Wasser bleiben. Aber eigentlich will ich ja an Land! Ich weiß auch gar nicht, was das sein soll … vielleicht immer so einzelne Forschungsprojekte und Auftragsarbeiten.«

**Abbildung 49:** Die Karte für »weder-noch« (mit freundlicher Genehmigung der Libellud GmbH)

»Wenn ich das alles nicht mache, bin ich zwar an Land, aber so richtig bewegen tut sich dann nichts. Das wäre … schon ganz schön lahm. Aber wenn das dafür stünde, nur für die Familie da zu sein … das wäre ja eine trostlose Vorstellung. Oder ist es vielleicht doch gut so? So gelassen und das Haus immer auf dem Rücken und sich in den Wind drehen, damit sich das Windrad dreht. Ob meine Frau das so erlebt? Also zu diesem Bild gehen mir ganz viele Ideen und Fragen durch den Kopf …«

»Also, wenn ich beides machen würde, dann bräuchte ich eine Menge Orientierung. Viele Leuchttürme, die mir zeigen, wo ich hin muss. Vielleicht müssten das auch so feste und verlässliche Stützpfeiler sein. Ich müsste definieren, was an Land stabil und richtungweisend sein soll, also etwas, das von Bestand ist und Sicherheit bietet.«

**Abbildung 50:** Die Karte für »sowohl-als-auch« (mit freundlicher Genehmigung der Libellud GmbH)

Abschließend betrachtet er die vier ausgelegten Karten noch einmal zusammen (Abbildung 51): »Also, wenn ich die äußeren Karten so betrachte, dann liegt die Lösung vielleicht dazwischen. Ich müsste den ›Karriereweg beschreiten‹ und ›nicht beschreiten‹. Vielleicht eine abgespeckte Version der akademischen Laufbahn. Ich müsste Leuchttürme errichten. Mich irgendwie ›erden‹.«

**Abbildung 51:** Das Quadriptychon der beruflichen Karriere (mit freundlicher Genehmigung der Libellud GmbH)

Ich unterstütze diesen Interpretationsprozess nur mit gelegentlichen Fragen zu einzelnen Elementen in den Bildern. Etwa, wofür die Zähne im zweiten Bild stehen könnten. Oder ob es genau zehn Leuchttürme sein sollen, ob diese Namen haben und wer die Leuchtturmwärter sein könnten.

Da es sich nicht nur um ein Coachingthema handelt, das ihn betrifft, sondern auch die Kommunikation und Lebensplanung mit seiner Ehefrau, entschließe ich mich für eine Abschlussintervention und die Erteilung einer Handlungsaufgabe:

> »Ich fand es äußerst beeindruckend, wie mühelos Sie nur die Bilder wirken lassen konnten und wie intensiv Sie diese zum Anlass genommen haben, über Ihre Situation nachzudenken. Ich werde Ihnen daher vier weitere Karten in einem verschlossenen Briefumschlag mitgeben. Vielleicht gibt es, wenn Sie Ihrer Frau von diesem Termin erzählen, oder aus einem anderen Anlass, auch ein Thema, für das Sie beide gemeinsam Karten auslegen möchten. Sie müssen dabei nicht diesen vier Positionen folgen (›das eine‹, ›das andere‹, ›weder noch‹ und ›sowohl als auch‹). Es könnte auch sein ›als wir uns kennenlernten‹, ›wie es jetzt ist‹, ›wie es sein wird‹ und ›wie es gewesen sein wird, wenn wir steinalt sind‹. Vielleicht haben Sie auch nur ein ›Drei-Karten-Thema‹ und behalten die vierte Karte als ›Joker‹. Wann und warum auch immer Sie diesen Vorschlag nutzen möchten, entscheiden Sie immer zuerst, wie Sie die Positionen benennen wollen, für die Sie die Karten auslegen möchten, bevor Sie eine Karte ziehen. Schauen Sie die Karten auf gar keinen Fall vorher an!«

Diese Intervention zielt darauf ab, dem Paar eine andere, kreativere Kommunikation über seine gemeinsame Zukunft anzubieten, die das dichotome Muster von »Pro« und »Kontra« durchbricht, indem es viele Interpretationsmöglichkeiten und Perspektivenwechsel bereithält.

■ Weitere Beratungstermine

Den nachfolgenden Termin sagt mein Klient ab. Da er mich telefonisch nicht erreicht, schreibt er mir eine längere E-Mail, in der er erklärt:

> »Ich habe lange mit meiner Frau über meinen vier Karten gebrütet. Wir haben zwar (noch) keine Entscheidungen getroffen, aber das Gespräch, das wir hatten, war wohltuend anders, als unsere sonstigen Auseinandersetzungen über unsere Zukunft. Auch die Karten aus dem Umschlag haben wir mittlerweile verbraucht. Ein neues Set habe ich bereits bestellt. Wir sind gerade auf einem

so guten Weg, dass ich zunächst keine Beratung brauche. Unser letzter Termin hat viel in Bewegung gesetzt. Ich melde mich, wenn ich oder wir Unterstützung brauchen!«

Das Paar meldet sich tatsächlich vier Monate später wegen eines Beratungstermins bei mir. Hierbei geht es aber nicht direkt um ihre Zukunftsplanung als Paar, sondern um den schwer erkrankten Vater der Frau und um eine Reflexion der Unterstützungsmöglichkeiten, die man für ihn anbieten oder organisieren kann.

Zu Beginn der ersten gemeinsamen Sitzung geben beide eine Rückmeldung zu der Arbeit mit den Bildkarten: Für ihre Lebensplanung habe sie viele spannende Impulse und Möglichkeiten freigelegt. Leichtigkeit und Kreativität hätten das schwere Abwägen der Optionen ersetzt. Sie würden das Ziehen von Karten gelegentlich immer noch nutzen, um sich einen Impuls zu einem Thema zu holen. Beispielsweise auch, um zu überlegen, was sie an einem bestimmten Wochenende unternehmen oder im Urlaub beachten sollten. Der Klient beschreibt es so: »Um mal die scheinbare Eindeutigkeit der Worte aus dem Kopf zu bekommen und durch ein Bild zu ersetzen. Das schafft mehr Offenheit und Spielräume.«

**Methodische Anmerkung**
An diesem Praxisbeispiel ist der Wechsel von Kommunikationsmustern sehr gut zu erkennen, der durch den Einsatz bildhafter Methoden erreicht werden kann: von einer sprachlich-rationalen zu einer bildhaft-intuitiven Kommunikation. Beide Formen der Kommunikation sind dissoziativ, da sie – entweder als »Pro-Kontra-Liste« oder als »Bild« – »von außen« betrachtet werden. Sie lösen aber in ihrer Rückübertragung auf die Lebenswelt gänzlich andere Assoziationen aus. Das Bild und die Assoziationen, die es auslöst, sind vom realen Erleben der Klienten weiter entfernt. Vergrößert wird diese Entfernung zusätzlich durch den genutzten Zufall, indem die Bilder nicht imaginiert, sondern zufällig gezogen werden (siehe hierzu den Beitrag von Mayer in diesem Band). So können Ideen und Assoziationen angestoßen werden, auf die der Klient ansonsten keinen Zugriff hätte.

## 3.4 Gefühlsfische: Ein Emotionstagebuch in Bildern
Ursula Geisler

■ Die Ausgangssituation

Meine Klientin, eine 18-jährige Abiturientin, leidet stark unter der Erkrankung ihres Vaters (Bipolare Störung) sowie unter häufigen Selbstzweifeln und Existenzängsten. In sozialen Situationen fühle sie sich unsicher und schaffe es kaum, ihre Bedürfnisse zu äußern.

Häufig fällt es Klienten in belastenden Situationen nicht leicht, ihre Gefühle zu verbalisieren. Im nachfolgend geschilderten Fallbeispiel nutzt die Klientin ihre Freude am Malen, um ein »Emotionstagebuch« in Form von Bildern mit verschiedenen Fischen zu erstellen. Dabei kommt sie ihren Gefühlen äußerst nah und meint, allein mit Worten wäre ihr das nie gelungen.

Die Idee, Fische als Personifikationsfiguren zu wählen, entsteht, da die Klientin das Bilderbuch und Kartenset »Heute bin ich …« der niederländischen Illustratorin Mies van Hout kennt und sehr mag (van Hout, 2012, 2013). Das Material, in dem Fische in verschiedenen Gefühlsausdrücken dargestellt sind, findet breite Verwendung in der Emotionsarbeit mit Kindern. Die Klientin findet dies zwar sehr anregend, kann jedoch ihre eigenen Gefühle in den Fischbildern nicht wiederfinden und will stattdessen ihre individuellen Ausdrucksbilder gestalten.

■ Einige Bilder des Tagebuchs (Abbildung 52 bis 60)

Zu diesem Bild (Abbildung 52) äußert die Klientin, sie fühle sich häufig bewegungsunfähig, »wie plattgedrückt und schwer wie ein Stein« und würde sich am liebsten im »Schlamm verbuddeln«.

**Abbildung 52:** Der Schlammplattfisch

**Abbildung 53:** Der Zitronenfisch

**Abbildung 55:** Der fragmentierte Stressfisch

**Abbildung 54:** Der Hilflosfisch          **Abbildung 56:** Der Skorpionfisch

An anderen Tagen fühle sie sich »wie eine Zitrone«, irgendwie »innerlich zusammengezogen«, mit glatter Oberfläche, von der alles abprallt (Abbildung 53). Niemand könne dann ihre Gefühle erkennen, was sie auch als Schutz empfinde.

Nach einem Streit am Vorabend, bei dem sie ihrem Vater große Vorwürfe gemacht hatte, warum er sich immer bei ihr »ausheule«, wenn es ihm schlecht ginge, hat sie starke Schuldgefühle. Deshalb hat sie ihrem Vater einen Kuchen gebacken, womit sie sich entschuldigen will. Sie schildert, sie habe sich nach dem Streit klein und hilflos gefühlt. Beim Betrachten des Bildes (Abbildung 54) bemerkt sie, dass sie »wie flehentlich« die Arme reckte und um Zuwendung bittet.

Da sie sich sehr mit der Frage quält, welches Studium bzw. welche Ausbildung für sie das Richtige wäre, fühlte sie sich häufig »gestresst« und unter Zeitdruck, die richtige Entscheidung treffen zu müssen. In ihr seien so viele verschiedene Argumente, die mal für und mal gegen ein Studium oder eine bestimmte Ausbildung sprächen, dass sie sich innerlich »sehr unaufgeräumt« und wie fragmentiert fühle (Abbildung 55).

Dann wieder leidet sie darunter, dass sie sich selbst Vorwürfe mache und sich unter Druck setze. Bei der gemeinsamen Betrachtung des Skorpionfisch-Bildes

**Abbildung 57:** Der kriegerische Panzerfisch   **Abbildung 58:** Der lebendige, blühende Potenzialfisch

(Abbildung 56) äußert die Klientin, sie komme sich vor wie ein Skorpion, der seinen Stachel gegen sich selbst richte.

Immer wieder wird ihr bewusst, dass sie häufig Aggressionen und Wut unterdrücke, um nach außen nicht »anzuecken«. Sie fühle sich innerlich »kriegerisch« und habe »Schutzzacken« und einen Panzer, um weniger verletzbar zu sein (Abbildung 57).

In der gemeinsamen therapeutischen Arbeit kommt die Klientin ihren Bedürfnissen und Neigungen näher. In der Auseinandersetzung mit ihren Emotionsbildern werden für sie viele innere Aspekte sichtbar. Auch konkretisiert sich ihr Berufswunsch. Sie wolle gern in einem sozialen Beruf arbeiten, am liebsten mit Kindern. In einem Praktikum in einer Einrichtung mit geistig behinderten Kindern erprobt sie diese Berufsorientierung. Dort erlebt sie sich als sehr geschätzt und kann viele ihrer Fähigkeiten, ihre Empathie und Kreativität, gut einbringen. Das trägt dazu bei, dass sie sich »lebendig und aktiviert« fühlt. Sie schildert das Gefühl »aufzublühen« und spürt viel Potenzial in sich (Abbildung 58). Zugleich entsteht in ihr der Wunsch, die soziale Tätigkeit mit ihrer künstlerischen Ader zu verbinden.

Schließlich findet sie eine Hochschule, die das Studium der Heilpädagogik mit künstlerischen Elementen verknüpft. Nach einem Orientierungstag für Studieneinsteiger an dieser Hochschule kommt sie sehr beschwingt in die nächste Therapiestunde und bringt ein Bild mit, das ihr Gefühl von »Leichtigkeit und Freude« ausdrückt (Abbildung 59).

**Abbildung 59:** Der leichte Freudefisch

Zu ihrer großen Freude erhält sie kurz darauf die Nachricht, dass sie einen Studienplatz an der von ihr favorisierten Hochschule erhalten hat. Sie schildert, dass sie nun sehr glücklich sei, das Richtige für sich gefunden zu haben, und sich »im Einklang mit sich selbst« fühle (Abbildung 60).

**Abbildung 60:** Der Einklangfisch

**Methodische Anmerkung**
Die Fische stellen visualisierte Externalisationen dar: Gefühle werden in einer sichtbaren Form »nach außen« gebracht (Lindemann, 2016a, S. 33 f., S. 52 ff.). Die Personifikation in Form von Fischen bildet hierbei den roten Faden des Tagebuchs, der einige Implikationen beinhaltet:
- Alle Fische (Emotionen) leben in der gleichen Umgebung, im gleichen Milieu.
- Sie gehören aufgrund gemeinsamer Merkmale zur gleichen Gruppe, auch wenn es zahllose Gattungen und Arten gibt.
- Sie repräsentieren jeweils sehr unterschiedliche Strategien, um in ihrem Milieu zu überleben.

Die auf Gefühle bezogene Fischmetapher bietet viele Möglichkeiten der implizit therapeutischen Arbeit, wenn mit den begrifflichen Möglichkeiten dieser Bilderwelt gearbeitet wird:
- Wenn die Gefühle Fische sind, ist die Person dann das Meer oder der See oder das Aquarium?
- Welche Fische sind vielleicht vom Aussterben bedroht und sollten unter Schutz gestellt werden?
- Gibt es Raub- und Beutefische?
- Welche Fische sind Tiefseefische? Welche sind häufiger an der Oberfläche zu sehen?
- Wie vermehren sich die verschiedenen Fische?
- Wovon ernähren sie sich? Was nährt sie?

Wie bei jeder Arbeit mit Metaphern können die Bilder und die Gespräche über sie implizit wirken, ohne in »tatsächliche Aspekte der Lebenswelt« oder »konkrete Handlungsschritte« übertragen, also rekontextualisiert werden zu müssen (Lindemann, 2016a, S. 34 f.).

## 3.5 Visuelle Metaphern als Anker des Denkens und als Start zum Geschichtenerzählen

Daniel Osterwalder

Beim Visualisieren stoßen wir – oft ohne es zu merken – sehr schnell auf Metaphern, sehr einfache, beinahe reine Metaphern. Zum Verständnis dieser visuellen Metaphern muss das »Visualisieren« vom »Zeichnen« unterschieden werden. Beim Visualisieren arbeiten wir auf der Grundlage eines sehr einfachen visuellen Alphabets von zehn einzelnen grafischen Elementen und entwickeln damit sowohl einfache als auch komplexe Bildwelten, bei denen es in erster Linie darum geht, dass die Rezipienten die Visualisierung sofort »verstehen«. Anderenfalls würden wir nämlich von einem »Rätselbild« sprechen und dieses wäre vom eigentlichen Zweck des Visualisierens sehr weit entfernt. Das »Zeichnen« unterscheidet sich vom Visualisieren dadurch, dass es nicht den Kriterien der Formgebundenheit, Klarheit und Eindeutigkeit entsprechen muss.

**Das visuelle Alphabet – erste und einfache visuelle Metaphern**

Wirft man nun einen Blick auf die folgende visuelle Metapher (Abbildung 61), dann merken wir, was wir tatsächlich unter einer visuellen Metapher verstehen können.

Ein Punkt! Als Metapher steht er beispielsweise für das Ende, etwa am Ende eines Satzes: »Jetzt mach aber mal einen Punkt!«. Er steht aber auch für Eindeutigkeit: »Jetzt komm aber mal auf den Punkt!« oder dient als Zähleinheit: »Der Punkt geht an dich!«.

**Abbildung 61:** Ein Punkt

Weiterhin steht der Punkt – wie Wassily Kandinsky in seinem wunderschönen Buch »Punkt und Linie zu Fläche« treffend bemerkte – für einen Unterschied: Punkt und Nicht-Punkt (Kandinsky, 1926, S. 19). Er ist dadurch auch eine universelle Unterscheidung von Sein und Nicht-Sein, Reden und Schweigen. Er unterbricht, trennt, segmentiert, steht als Schlusspunkt und leitet etwas Neues ein.

**Abbildung 62:** Ein Kreis

Wenn wir den Punkt als Kreis vergrößern, steht er beispielsweise als Metapher für das Innen, das Außen und die Grenze dazwischen (Abbildung 62).

Wir erhalten durch die Vergrößerung zum Kreis eine Innen- und eine Außenperspektive und schaffen auf diese Weise einen weiteren Unterschied, der über »Sein« und »Nicht-Sein« des Punktes hinausgeht und Zugehörigkeit und Ausgeschlossenheit ermöglicht, beispielsweise

**Abbildung 63:** Das Token

im »Kreis der Familie«, im »inneren Zirkel« oder im »Landkreis«. Betrachten wir den Kreis als visuelle Metapher, so kann er beispielsweise für Ausgrenzung, für Ganzheit, Vollkommenheit, das Numinose und anderes mehr stehen.

Eine weitere Form hat George Spencer-Brown in seinem Buch »Gesetze der Form« genutzt, um die Tätigkeit des Unterscheidens (»draw a distinction«) zu visualisieren (Spencer-Brown, 1969, S. 25–30). Er nutzt einen Winkel (»das Token«) als visuelle Metapher für das Treffen einer Unterscheidung (Abbildung 63).

Neben Punkt, Kreis und Token – oder Winkel – gehören Linie, Dreieck und Rechteck (einschließlich Quadrat) zu den geometrischen Grundformen. Denkt man den dreidimensionalen Raum hinzu, ergeben sich die Formen Kugel, Zylinder, Kegel, Pyramide, Prisma, Quader und Würfel.

Wenn ich als Visualisierer bei und mit Klientinnen und Klienten unterwegs bin, dann mache ich nichts anderes als einen Unterschied: Mit wenigen Strichen, mit geometrischen Formen, mit etwas Farbe, ganz einfachen Figuren, einigen Begriffen gestalte ich aus den Gesprächen, aus den Beiträgen und Ideen der Beteiligten Bilderwelten. Diese einfachen Bilder und Visualisierungen können dann als Fenster zur Welt dienen, können den Beteiligten eine Hilfe sein, aus der Komplexität der Welt gemeinsam ihre Welt zu konstruieren und das Gedachte und Erlebte mittels visueller Metaphern zu verankern oder über die entstandenen Bilder Geschichten zu erzählen. Diese Bilder sind nicht »Spiegel«, da sie nicht nur wiedergeben, sondern tatsächlich mögliche »Fenster«, da sie den Blick erweitern.

Nachfolgend zeichne ich in einem ersten Schritt die Entwicklung und Verwendung visueller Metaphern nach, um im zweiten Schritt die Bedeutung von Metaphern für die Erzählung von Geschichten und das sogenannte Storyboarding herauszuarbeiten.

**Methodische Anmerkung**
Die Vorgehensweise bei der grafischen Umsetzung von Gesprächsbeiträgen in der Beratung ist hierbei ganz entscheidend. Es handelt sich immer um Externalisationen, also um die Umwandlung innerer Eindrücke in eine äußere Gestalt (Lindemann, 2016a, S. 33f., S. 49–58). Diese »Personifikationen« und »Objekti-

vationen« entstehen aber nicht durch die Eigenaktivität der Klientinnen und Klienten, sondern werden durch die beratende Person erstellt. Hierbei entsteht eine Form des Dialogs, in dem verbale Äußerungen eine visuelle Paraphrasierung oder auch Entgegnung erhalten.

**Visuelle Metaphern**

Beim Visualisieren brauchen wir sehr häufig visuelle Metaphern, die nicht einfach so aus dem Text heraus, sondern aus einer direkten »Vorstellung-Hand-Verbindung« entstehen. Hier ist ein erstes Beispiel, eine eher einfache Metapher, da sie sowohl sprachlich als auch visuell spielt: »Silo-Denken«. Diese Wortschöpfung ist ein im Geschäftskontext häufig verwendeter Begriff und bezeichnet den mangelnden Austausch zwischen Bereichen oder Abteilungen. Spontan, während eines »Graphic Recordings«[4], drängte sich diese Visualisierung in Abbildung 64 auf, die zwei Mitarbeitende des Unternehmens zeigt, wie sie mit ihren überdimensionierten Siloköpfen nicht wirklich in den Austausch gelangen.

**Abbildung 64:** Silo-Denken

---

4 »Graphic Recording« und der später noch verwendete Begriff »Visual Facilitation« bezeichnen Formen der Prozessbegleitung, in denen die beratende Person Elemente und Inhalte der Gespräche grafisch dokumentiert. Durch die so erzeugten visuellen Metaphern werden Themen verdichtet und weitere Anstöße für die Bearbeitung des Anliegens gegeben.

Die zweite visuelle Metapher, die als Beispiel dienen soll, ist etwas weniger simpel, denn sie stellt sprachlich zunächst keine Metapher dar. Erst durch die Visualisierung, und auch dann nur in dem spezifischen Kontext, kann sie eine übertragene Bedeutung erlangen. Aber zunächst der Blick auf die visuelle Metapher (Abbildung 65):

**Abbildung 65:** Eine Niere – visualisiert

Eine der wesentlichen Funktionen einer Niere besteht in der Reinigung. Deshalb zeichnet der »Graphic Recorder« in diesem Beispiel keine schöne Niere an die Tafel, sondern kann mit der Metapher des Putzeimers arbeiten. Wenn ich im O-Ton wiedergebe, dass die Niere reinigt und putzt, dann erhalte ich damit keine intensivere Beachtung. Wenn ich jedoch unter der schön gestalteten Titelzeile: »Eine Niere«, diesen Eimer samt Mopp visualisiere, merken die Zuschauenden auf, stutzen, sind etwas irritiert und reagieren oft mit befreiendem Lachen. Mit einer visuellen Metapher kann es gelingen, einen sehr starken Erinnerungsanker zu setzen, der noch weitaus stärker als die üblichen Icons, Symbole oder Visualisierungen wirkt.

Bei der visuellen Begleitung werden zwei Dinge realisiert:
Einerseits werden die Beteiligten oftmals von unseren Bildern berührt, erkennen sich selbst oder ihre Hinweise und Beiträge wieder und sehen auch einen visuellen Anker, der mit ihrer Information korrespondiert. Dadurch werden die Erinnerungsfähigkeit und auch das Lernen unterstützt. Andererseits ermög-

Visuelle Metaphern als Anker des Denkens

lichen visuelle Metaphern eine andere Art des Austausches, auch über schwierige Themen. Die Bilder werden zu Referenzpunkten, um die sich der Austausch dann dreht. Auf diese Weise können Prozesse und Austausch von ihren üblichen Einschränkungen befreit werden, womit der zweite Teil des »Visual Facilitation« (siehe Fußnote 4) zum Tragen kommt: Es geht ja um eine visuell erfahrbare Komplexitätsreduktion.

### »Dietro la casa« – die Bedeutung von Metaphern zur Entwicklung von Storyboards

Metaphern können auch als Auslöser für eine Geschichte eingesetzt werden. »Dietro la casa« ist so eine Metapher, die sehr gut als Anker für eine Geschichte und damit als Basis für ein Storyboard dienen kann. »Dietro la casa« oder »hinter dem Haus« kann als Startmetapher für sehr viele verschiedene Geschichten dienen, so beispielsweise als Startpunkt für die Heldenreise (Lindemann, 2016b). Beginnen wir mit einer solchen:

> »Pit fährt schon ziemlich zügig gen Osten, der Sonne entgegen. Am Horizont steigt leise ein heller Streifen Licht den Himmel empor und wird lichter und lichter. Fein kündet sich der Morgen an, fahren leise Schlieren übers Feld und zeichnet sich der Himmel leise dunkelrot-rosa an den Hintergrund – gegen die Mitte zu mit ersten Fingerzeigen gelb. Und einige vorwitzige Vögel turnen am Bildrand, dass es eine erste Freude ist, wie die frechen Dinger plärren und gieren, hey!
> Pit hat sich aufgemacht, auf den Spuren von Großmutter Lucille zu wandeln, die einst – nach ihrer großen Transformation – recht eigentlich verwirrt aus Siebenbürgen von Schloss Bran und ihrer langen Reise zurückgekehrt ist.
> Gerade noch stand er hinter dem Haus, machte sich an den wenigen alten Gegenständen zu schaffen, die ihm Lucille damals vermacht hatte.«

Beim Klassiker des Storytelling, der Heldengeschichte, kann die Metapher, wie bei diesem Beispiel, den Ausgangspunkt der Geschichte darstellen. Hinter dem Haus (»dietro la casa«) finden wir Unscheinbares, Ungewohntes, Überraschendes, alte Sachen, Gerümpel oder treffen auf überraschende Figuren und Wesen, die wir so nicht vermutet hätten.

Die Metapher »Hinter dem Haus« kann aber auch verwendet werden für einen intensiven Lernprozess zum Thema des visuellen Geschichtenerzählens.

Im Rahmen von Storytelling-Workshops verwende ich sehr sprechende Metaphern wie das »Dietro la casa«, um in das visuelle Geschichtenerzählen

**Abbildung 66:** Beginn mit einem visuellen Brainstorming

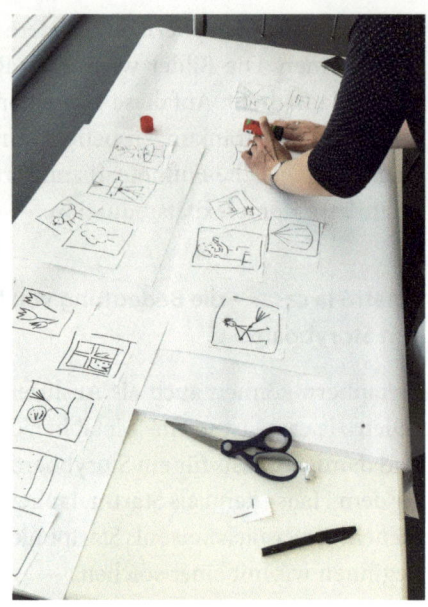

**Abbildung 67:** Die einzelnen Bilder aus dem visuellen Brainstorming werden neu gelegt und verleimt

**Abbildung 68:** Finalisierung der Geschichte mit Rahmen und Farbe

einzuführen. In einem ersten Schritt tragen die Teilnehmenden fortlaufend auf DIN-A4-Papier ihre Ideen zur Metapher zusammen, die ihnen rasch einfallen. Die so entstehenden Bilder werden gerahmt und ausgeschnitten (Abbildung 66). Danach werden sie in immer wieder neuen Varianten neu als Geschichten gelegt und auf Papier geleimt (Abbildung 67).

Bevor mit Leim und Kolorierung der letzte Schliff angebracht wird, wird die Story erzählt, damit klar wird, ob die gelegte Geschichte auch tatsächlich funktioniert. Mit verschiedenen Stiften werden die einzelnen Bilder danach koloriert und finalisiert (Abbildung 68).

**Abbildung 69:** »Dietro la casa« – im einfachen Stil eine Geschichte mit Tieren erzählt

**Abbildung 70:** Installationen und Gartenaktivitäten im Vordergrund

Die Endprodukte lassen sich sehen! Jeder Teilnehmende hat – ausgehend von derselben Metapher – eine sehr eigenwillige und individuelle Geschichte entwickelt und erzählen können.

Während einige Teilnehmende einen ganz eigenen Stil der Visualisierung von Tieren entwickelt haben (Abbildung 69), stehen bei anderen Outdoor-Aktivitäten und eher teure Installationen im Vordergrund dessen (Abbildung 70), »was sich hinter dem Haus abspielt«.

Ich nutze diese Art der Storyboard-Visualisierung in verschiedenen Formen von Veränderungen und beim Begleiten von Teams und Gruppen, insbesondere im Zusammenhang mit Service Design Projekten[5]. Die einzelnen Beteiligten werden dabei unterstützt, beispielsweise erste visuelle Prototypen einer Lösung zu erstellen. Für viele Teilnehmende ist es hilfreich, über diesen spielerischen Ansatz das Wesen von Iteration und Innovation kennenzulernen.

Diese Form des Visual Storytelling braucht nicht viel: Eine spannende, sprechende und viel Unruhe evozierende Ausgangsmetapher, einige Kenntnisse

---

5  In diesen Projekten geht es darum, Dienstleistungen (Services) so zu gestalten (Design), dass sie einerseits möglichst reibungslos ablaufen und andererseits für die Kundinnen und Kunden möglichst intuitiv nutzbar sind.

über Geschichten und wie diese funktionieren, Stift, Papier, Schere und Leim und schon entstehen neue und spannende visuelle Geschichten. Die Metapher dient dann als Tor zum Storytelling. Dafür braucht es vor allem aber Muße und Entspannung.

Walter Benjamin formulierte die Gefahren einer rein digitalen Medialisierung und deren fortwährenden Konsums folgendermaßen: »Damit verliert sich die Gabe des Lauschens, und es verschwindet die Gemeinschaft der Lauschenden. Geschichten erzählen ist ja immer die Kunst, sie weiter zu erzählen, und die verliert sich, wenn die Geschichten nicht mehr behalten werden« (Benjamin, 1991, S. 446 f.). Auch die Gabe des Sehens kann aus Mangel an Entspannung verschwinden und mit ihr die Gemeinschaft der Sehenden. Zum visuellen Geschichtenerzählen ist jedoch genau dies unabdingbar: das genaue und aktive Sehen und damit der erste Schritt hin zur Fähigkeit, Dinge und Geschichten sichtbar zu machen.

# 4 Arbeiten mit Skulpturen und Architektur

Skulpturen und Architekturen sind »Bilder im Raum«. Im Gegensatz zur zweidimensionalen Darstellung als gemaltes Bild, Bildkarte oder Foto bieten Skulpturen und Architekturen unterschiedliche Eindrücke, je nachdem, aus welchem Blickwinkel man sie betrachtet. Die aufgestellten Elemente können ergänzt und entfernt werden, ihre Relationen lassen sich verändern und es können Schritt für Schritt Veränderungen simuliert werden. Man könnte auch sagen, dass es hierbei um eine schrittweise Abfolge von Standbildern geht, die eine Veränderungsgeschichte entwerfen. Diese Geschichte muss aber nicht narrativ erzählt werden, sondern es werden die interne Konsistenz und Stimmigkeit überprüft und Unterschiede zum vorherigen Standbild herausgearbeitet. Wird hierbei der Fußboden als Stellfläche genutzt, können die aufgestellten Gegenstände als Bodenanker genutzt werden. Sie bieten so die Möglichkeit, zwischen dissoziierter Betrachtung und assoziiertem Erleben zu wechseln (Lindemann, 2016a, S. 35–41, S. 137 f.).

Das erste Praxisbeispiel für die Arbeit mit Skulpturen und Architektur zeigt, wie die unterschiedlichen Methoden verknüpft werden können: Symbolwürfel, verschiedenste Gegenstände, Storytelling, Figurenaufstellungen mit verschiedenen Gegenständen und mit Tierfiguren (4.1). Im zweiten Beispiel wird eine Variation der Aufstellung beschrieben: Die Aufstellung mit Schuhen und Stiefeln (4.2). Das dritte Beispiel zeigt die umfassenden und flexiblen Möglichkeiten der Arbeit mit Lego-Steinen im Format »Lego Serious Play« (4.3). Das vierte Beispiel stellt eine Timelinearbeit vor, bei der Gegenstände als Bodenanker genutzt werden (4.4).

## 4.1 Würfel, Steine, Tierfiguren. Beispiele für Figurenaufstellungen

Ursula Geisler

Für Aufstellungen im Rahmen von Therapie biete ich den Klientinnen und Klienten die unterschiedlichsten Materialien und Objekte an, wie Symbolwürfel, Steine oder Tierfiguren. Dieser Beitrag gibt einen Einblick in Aufstellungen innerhalb von verschiedenen Therapieprozessen.

**Praxisbeispiel 1: Aufstellung mit Symbolwürfeln und verschiedenen Gegenständen im Rahmen einer Traumatherapie**

■ Die Ausgangssituation

Ein 8-jähriges Mädchen kommt zur Behandlung einer Traumafolgestörung zu mir in die Therapie. Marlene war drei Monate vor Therapiebeginn beim Heimweg von der Ganztagsschule von einem Auto angefahren worden. Das Mädchen hatte zuvor auf der gegenüberliegenden Straßenseite drei Mitschülerinnen entdeckt. Als diese ihr zuwinkten, lief sie, ohne auf den Verkehr zu achten, auf die Fahrbahn. Ein Auto erfasste das Kind, schleuderte es durch die Luft und der Fahrer beging Fahrerflucht. Passanten kümmerten sich um Marlene, ein Krankenwagen brachte das Mädchen in die nächstgelegene Klinik. Nach drei Tagen konnte sie entlassen werden. Sie war mit einer Gehirnerschütterung, Prellungen und Schürfwunden davongekommen.

In der Folgezeit entwickelten sich bei Marlene ausgeprägte Symptome einer Traumafolgestörung. Marlene ist nach den Schilderungen der Mutter oft angespannt, unruhig und weinerlich, hat Ein- und Durchschlafstörungen, schreckt nachts hoch, weil sie Albträume über den Unfall plagen und ist dann kaum zu beruhigen. Sie weigert sich auch strikt, allein aus dem Haus zu gehen, trifft ihre Freundinnen nicht mehr und will auch nicht mehr ohne die Mutter im Hof spielen. Der Schulweg, bei dem Marlene die Straße überqueren muss, ist selbst an der Hand der Mutter kaum mehr zu bewältigen; sobald das Geräusch eines herannahenden Autos zu hören ist, beginnt Marlene zu zittern, klammert sich weinend und äußerst angstvoll an die Mutter und will nicht mehr weitergehen. Marlene klagt morgens vor dem Schulbesuch über Bauchschmerzen; einige Male hatte sie sich infolge starker Angst auf dem Schulweg übergeben müssen und will schließlich gar nicht mehr zur Schule gehen. Da sich die Symptome zunehmend verstärken, wird Marlene von ihrer Mutter zur Therapie angemeldet.

Auch in der Behandlung will Marlene zunächst nicht über das traumatische Erleben sprechen. Daher nähern wir uns dem Thema mit bildnerischen Mitteln. Mithilfe von Symbolwürfeln (»Rory's story cubes«) und unterschiedlichen Gegenständen aus einer bereitgestellten Objektekiste stellt Marlene schließlich die traumatische Situation dar (Abbildung 71).

■ Die Aufstellung

**Abbildung 71:** Die Aufstellung unter Einbeziehung von Symbolwürfeln

Mit den Würfeln und Gegenständen erzählt Marlene folgende Geschichte:
Es war ein Sommertag im Juni, die Blumen haben geblüht (Würfel: Blume). Ich war auf dem Heimweg von der Schule (Würfel: Buch, kleines Täschchen als Schulranzen). Es war 4 Uhr nachmittags (Würfel: Uhr). Ich hatte gerade ein Brötchen gegessen, das ich noch in der Pausenbox hatte (Spielstein: Semmel). Plötzlich sah ich gegenüber auf der anderen Straßenseite drei Schulfreundinnen (mit Filzkügelchen dargestellt). Ich wollte über die Straße laufen. Es standen Bäume an der Straße, deshalb habe ich das kommende Auto nicht gesehen (Würfel: Auge, links und rechts davon Spielsteine als Bäume). Für das Auto, von dem sie Farbe und Form nicht weiß, wählt Marlene ein Holzklötzchen, das sie mit Rädern aus Plastilin versieht.
Die Mutter ergänzt, dass die Passanten nach dem Zusammenstoß keine Bewusstlosigkeit wahrgenommen hatten. Marlene sei ansprechbar gewesen, hätte jedoch verwirrt geantwortet (Verdacht auf peritraumatische Dissoziation).

Marlene stellt dies durch einen Würfel mit einem Blitz-Symbol dar und beschreibt außerdem, ihr Kopf sei »wie versteinert« gewesen. Dies symbolisiert sie durch einen Stein.

Marlene erzählt weiter: Im Krankenhaus hatte ich ganz viel Angst und habe geweint, bis meine Mama gekommen ist (Würfel: trauriges Gesicht).

Die Mutter ergänzt, dass Marlene von niemandem über das Geschehen befragt werden wollte und auch bisher nicht darüber gesprochen habe. Marlene symbolisiert das durch einen Würfel, auf dem ein Vorhängeschloss abgebildet ist.

**Methodische Anmerkung**

Mit dieser Erzählung und Visualisierung war eine gute Grundlage gelegt, die unter anderem für eine Narrative Expositionstherapie (NET) hilfreich war (Schauer u. Neuner, 2011). Die NET stützt sich zum einen – wie die Verhaltenstherapie – darauf, dass die Betroffenen sich so lange den für sie belastenden Erinnerungen aussetzen (Exposition), bis diese erträglich geworden sind. Ferner werden Konzepte der Gedächtnisbildung herangezogen. Menschen speichern Erlebnisse in zwei verschiedenen Gedächtnissystemen: Das assoziative Gedächtnis registriert Sinneswahrnehmungen, Gedanken und Gefühle und verknüpft sie zu einer Netzwerkstruktur. Zeit und Ort und Ablauf der Erlebnisse werden dagegen im autobiografischen Gedächtnis gespeichert. Normalerweise arbeiten diese beiden Gedächtnissysteme eng zusammen; wenn wir uns an ein bestimmtes Ereignis erinnern, tauchen automatisch die dazugehörigen Gefühle und Gedanken auf. Bei einem traumatischen Ereignis kann dieses Zusammenspiel – bedingt durch die Stresshormone, die der Körper aufgrund der traumatisch bedrohlichen Situation ausschüttet – durcheinandergeraten. Die Hormonausschüttung bewirkt eine Mobilisierung des ganzen Körpers, sodass dieser auf eine schnelle Flucht oder auf Kampf eingestellt ist. Die Amygdala, die hauptsächlich für das assoziative Gedächtnis zuständig ist, arbeitet viel intensiver, Gefühle und Sinneswahrnehmungen werden enger miteinander verknüpft; es entsteht ein sogenanntes Furchtnetzwerk. Zudem wird der für die Verarbeitung von Informationen zu Raum und Zeit zuständige Hippocampus in seiner Aktivität blockiert. Das Gehirn kann dann nur schwer eine autobiografische Gedächtnisstruktur für den Zeitraum des traumatischen Erlebnisses bilden. Dieses Fehlen »der Geschichte« kann dazu führen, dass bestimmte Hinweisreize bewirken, dass die Gefühle und Körperempfindungen wieder neu erlebt werden (Flashbacks), diese aber nicht in einen erlebten Kontext eingeordnet werden können.

Neben der gewählten Visualisierung und Narration in dem hier aufgeführten Praxisbeispiel kann man Kinder bei der Traumabewältigung auch gut mit Methoden wie Zeichnen, Malen oder dem Nachspielen der Geschehnisse unterstützen. Im Fall von Marlene wurden auch Elemente der Imagery Rescripting and Reprocessing Therapy (IRRT) in die Behandlung integriert. Dies ist eine multimodale, auf Bewältigungsbildern basierende Therapie, die kognitive und expositionsbasierte Interventionen integriert (Schmucker u. Köster, 2014). Auch dafür war die Arbeit mit Gegenständen und Bildwürfeln hilfreich.

**Praxisbeispiel 2: Aufstellung mit Steinen in der Therapie einer Essstörung**

■ Die Ausgangssituation

Eine 16-jährige Klientin mit Anorexia nervosa nimmt Therapiestunden bei mir in Anspruch. Zu Beginn geht es um den Aufbau von Krankheitseinsicht und Veränderungsmotivation, was vielen Klientinnen und Klienten mit Essstörungen erfahrungsgemäß nicht leichtfällt. Relativ früh im Behandlungsprozess arbeiten wir mit der Visualisierung der positiven und anschließend auch der negativen Aspekte der Essstörung.

■ Die Aufstellung

Mithilfe von bunten Steinen stellt die Klientin zunächst die positiven Facetten dar, die die Essstörung in ihren Augen hat. Diese gruppiert sie ziemlich nah um das Zentrum ihres Ichs, für das sie ein rotes Herz als Symbol wählt. Es gelingt ihr rasch und leicht, viele Vorteile der Anorexie zu finden, die sie durch unterschiedliche Steine symbolisiert:
- Sie ist sehr schlank und würde sich mit etwas mehr Kilos auf der Waage »dick und hässlich« finden.
- Sie ist durch die Essstörung diszipliniert und willensstark geworden.
- Sie hat »alles unter Kontrolle«.
- Sie erhält viel Aufmerksamkeit und Zuwendung vonseiten der Eltern und Lehrer.
- Sie ist stolz auf ihr erfolgreiches Abnehmen.
- Sie hat viele (virtuelle) Freundschaften mit anderen Anorektikerinnen in Internetforen, erhält von ihnen Anerkennung.
- Durch die Essstörung kann sie sich von manchen lästigen Pflichten befreien und ihre Autonomie unter Beweis stellen.

Abbildung 72: Die Aufstellung einer anorektischen Klientin mit Steinen

Aus diesem Bild können wir zunächst ein Modell der aufrechterhaltenden Faktoren und des sekundären Krankheitsgewinns herleiten. Erst allmählich gelingt es der Klientin, auch Nachteile der Anorexie zu erkennen. In der Visualisierung wählt sie hierfür größere, dicke Steine, die sie zunächst am äußersten Rand der Blattfläche postiert (siehe Abbildung 72).

Im weiteren Verlauf der Behandlung wird immer mal wieder mit dieser Visualisierung gearbeitet, wobei die dicken Steine immer näher in die Mitte rücken, weil die Klientin zunehmend erkennt, welche gravierenden Einschränkungen die Anorexie mit sich bringt. Die Visualisierung des »Näherrückens der Nachteile« war sehr unterstützend für ihre Veränderungsmotivation. Nach gutem Behandlungserfolg berichtete die Klientin, das Visualisieren und Externalisieren der einzelnen Gefühle, der Vor- und Nachteile, die sie mit ihrer Essstörung verband, hätte ihr sehr weitergeholfen. Das Bild habe sie immer vor Augen gehabt.

**Methodische Anmerkung**
In diesem Beispiel ist ein entscheidender Schritt, den zuvor verleugneten Nachteilen einen Platz im Bild einzuräumen. In einem Gespräch oder einer Erzählung werden die einzelnen Aspekte der Anorexie nur »nacheinander« oder »im Für und Wider« erzählt. In einer Aufstellung können positive und negative Aspekte hingegen in ihrer Gleichzeitigkeit dargestellt werden. Auf diese Weise ist alles auf einmal sichtbar und die Positionierung der einzelnen Aspekte kann schrittweise verändert werden. Indem Veränderungen in der Aufstellung vorgenommen werden, also ein externalisiertes Erproben von Veränderungen in der Visualisierung stattfindet, werden die inneren Veränderungsprozesse unterstützt.

## Praxisbeispiel 3: Teile-Arbeit mit Tierfiguren

■ Die Ausgangssituation

Ein 18-jähriger Auszubildender kommt wegen gravierender Probleme im Berufsleben zur therapeutischen Behandlung. Er ist im zweiten Ausbildungsjahr zum Fachinformatiker und fürchtet, die Ausbildungsstelle zu verlieren. Der Leistungsdruck überfordere ihn; anstatt zu lernen, sitze er täglich nach der Arbeit bis zu acht Stunden am PC und verbringe die Zeit mit Internetspielen. In der Berufsschule hat er sehr schlechte Noten.

Über seine Lebenssituation macht er sich selbst heftige Vorwürfe. Er schaffe es oft nicht, pünktlich am Arbeitsplatz zu erscheinen, weil er einen großen Teil der Nacht mit Computerspielen verbringe und morgens dann zu müde zum Aufstehen sei. Wenn er von seinem Chef einen Programmierauftrag erhält, den er über mehrere Tage selbstständig bearbeiten soll, mache er tagelang »so gut wie nichts«, am Ende schaffe er dann die Aufgabe nicht, weil er alles vor sich hergeschoben hat, und melde sich am Tag der Abgabe krank. Auch im Privatleben schiebe er alles, was er erledigen soll, vor sich her. Er »verachtet« und schämt sich dafür.

■ Die Aufstellung

Zur Veranschaulichung seiner widersprüchlichen inneren Anteile wählt der Klient zehn verschiedene Tierfiguren aus. Diese stellt er folgendermaßen auf (Abbildung 73):

**Abbildung 73:** Die Tierfigurenaufstellung der Ausgangssituation

SCHWEIN: der Faule
NASHORN: der Verdränger und Aufschieber/Prokrastinierer (»hat einen Panzer, da kommt nichts durch«)
AFFE: der Spieler
HASE: der Feige, Ängstliche
MAUS: der sich Schämende (»manchmal möchte ich mich in der Arbeit am liebsten im Mauseloch verkriechen«)
SCHLANGE: der Schimpfende, Nörgelnde
TIGER: der Wütende (»oft bin ich auf mich selbst tierisch sauer«)
KRAKE: der Antreiber (»eigentlich sollte ich viel mehr schaffen – aber ich bin doch kein Krake, der acht Arme hat«)
DELFIN: der Hoffnungslose (»ich würde am liebsten abtauchen«)
FLAMINGO: der Optimist (»wird schon irgendwie weiterlaufen, hat ja bis jetzt auch geklappt«)

Wir nähern uns den von ihm aufgestellten Figuren mit verschiedenen Fragen, z. B.:

»Welche Eigenschaften hat jeder Anteil?«
»Welche Chancen, Ressourcen, Verbote, Grenzen weist der jeweilige Anteil auf?«
»Wie verhalten sich die Anteile untereinander?«
»Gibt es einen ›Chef‹? Gibt es einen ›verletzten‹ Anteil?«
»Wen möchte er als ›Chef‹ haben und warum?«
»Gibt es noch einen Anteil, der hilfreich wäre, aber den es im Moment noch nicht oder zu wenig gibt?«

Dem Klienten fällt schnell auf, dass die Tiere (inneren Anteile) nicht miteinander in Kontakt stehen. Jedes schaut vor sich hin, aber es gibt keinen wirklichen Blickkontakt. Einzig der Flamingo (Optimist) scheint einen Überblick zu haben, ist aber nur stiller Beobachter. Alle richten sich zum Affen (Spieler), der der einzige aktiv handelnde innere Anteil im Gesamtbild ist. Der Krake (Antreiber) ist gänzlich abgewandt und »spricht ins Leere«. Die anderen Tiere sind vor seinen Tentakel sicher.

Im anschließenden gemeinsamen Arbeitsprozess veränderte sich diese Ausgangsaufstellung mehrmals. Interessanterweise gibt der Klient dem Kraken eine weitere Attribution: nicht nur »Antreiber«, sondern auch »Anpacker«. In einem anschließenden Prozessschritt stellt der Auszubildende nun Krake und Affe einander frontal gegenüber und äußert dazu: »Ihr beide seid das Problem«; alle anderen Tierfiguren schiebt er in einem Halbkreis außen herum etwas entfernt. Nach einiger Überlegung kommt der Klient zu der Überzeugung, der Krake brauche Unterstützung und stellt ihm den Tiger und den Flamingo zur Seite. Im Gegenzug positioniert er Schwein und Nashorn hinter die Affenfigur. Die übrigen Tierfiguren empfindet er nun offenbar als dysfunktionale Anteile, denn er sagt, sie könnten an der Seite stehenbleiben und müssten nicht zu den anderen sechs Figuren ins Zentrum der Aufstellung vorrücken (Abbildung 74).

**Abbildung 74:** Die Tierfigurenaufstellung nach der Umstellung

Anhand der Aufstellung kommt der Klient zu der Erkenntnis, dass Affe und Krake nun auch in seinem realen Leben, ebenso wie in der Aufstellung, einander gleichberechtigt gegenüberstehen sollten, beide sollten »ihren Platz haben«, das Bewältigen des Arbeitspensums genauso wie der Spaß an PC-Spielen. Mithilfe von strukturierten Tages- und Wochenplänen kann dies im weiteren Therapieverlauf zunehmend erfolgreich umgesetzt werden.

Im Therapieprozess kommen wir immer wieder auf dieses Modell zurück und der Klient nimmt häufig darauf Bezug, wenn er Alltagssituationen und seine kognitiven und emotionalen Reaktionen schildert.

### Methodische Anmerkung
Die Aufstellung verschiedener Persönlichkeitsanteile unterstützt dabei, sich aus einer Metaebene zu betrachten und die unterschiedlichen Bedürfnisse, Antreiber und Motivationen differenziert wahrzunehmen. Zudem kann eine Verhaltensregulation und Verhaltensänderung gut mit der Entwicklung verschiedener Persönlichkeitsanteile verbunden werden. Eine Verbindung mit Konzepten der Schematherapie, Personalen Integration oder Voice Dialogue ist damit ebenso möglich wie eine vertiefende Arbeit mit Ego States.

## 4.2 Zeigt her eure Schuh ... – Systemaufstellungen mit Schuhen und Stiefeln

Björn Enno Hermans

■ Einführung: Aufstellung, Skulptur und Familienbrett

Die Aufstellungs- und Skulpturarbeit hat nicht nur eine lange Tradition, sondern gehört auch zu den zentralen Methoden der systemischen Therapie und Beratung in ganz unterschiedlichen Anwendungskontexten (von Schlippe u. Schweitzer, 2012). Dabei ist die methodische Bandbreite der Aufstellungsarbeit beachtlich. Grundsätzlich lassen sich Aufstellungen und Skulpturen darin unterscheiden, dass Skulpturen ein eher statisches Abbild des Systems visualisieren, während sich der Begriff Aufstellung auf mehrere Bestandteile bezieht, die zueinander in eine veränderbare Relation gebracht werden. Auch wird bei der Aufstellung der Prozess betont, während der Fokus bei der Skulptur auf dem Ergebnis liegt. Der methodische Übergang zwischen Skulptur- und Aufstellungsarbeit ist dennoch fließend.

Aufstellungen sind sowohl mit Menschen (zumeist als Stellvertreter für Personen aus einem relevanten Bezugssystem) als auch mit Gegenständen aller Art möglich und haben daher eine hohe Anwendungsbreite (Tillmetz, 2012).

Klassische Formen der Aufstellungsarbeit beziehen sich auf das Familienbrett (oder Systembrett), auf dem kleine Holzklötzchen als Stellvertreter für Personen aufgestellt werden, deren Beziehungen zueinander durch Nähe und Distanz oder auch Blickwinkel und Größe zum Ausdruck gebracht werden. Schon dabei gibt es je nach Beschaffenheit der Figuren und des Familienbretts eine ganze Reihe von Unterschieden (Lindemann, 2016a, S. 137–156). In der praktischen Anwendung wird das Brett häufig weggelassen und die Aufstellung erfolgt auf einem Tisch innerhalb einer nicht klar begrenzten Fläche. Somit wird es schwieriger, Grenzen zum Ausdruck zu bringen und Vergleiche diesbezüglich zwischen verschiedenen Aufstellern und Aufstellungen zu beobachten (Lindner, 2015).

Die Einschätzung, wie günstig oder weniger günstig Größenunterschiede und Varianten in der Form der aufzustellenden Figuren sind, und ob diese durch entsprechende Kennzeichnung eine Blickrichtung anzeigen sollten oder nicht, fällt je nach beratender Person anders aus. Auch Autoren und verschiedene Lehrbücher liefern dazu uneinheitliche Angaben und Hinweise (Schwing u. Fryszer, 2015, S. 200 ff.; Polt u. Rimser, 2006, S. 20 ff.; Lindemann, 2016a, S. 143–156). Das variantenreiche Aufstellungsmaterial gibt Hinweise darauf, dass sich in ihm eher so etwas wie Geschmack oder Vorliebe für ein bestimmtes technisches Vorgehen ausdrückt, das natürlich auch jeweils begründet werden kann, als um eindeutige Vorgaben oder Hinweise zur Methode.

■ Praxis der Figurenaufstellung

Durchaus unstrittiger ist die Unterscheidung, wie unabhängig vom Material ein konkretes Vorgehen mit Einzelnen oder einem System aussehen kann. Zu unterscheiden ist hier zunächst die Vorgehensweise »Inside-out« und »Outside-in«.

»Inside-out« als das sicher üblichere Vorgehen meint, dass eine Klientin oder ein Klient gebeten wird, ihre bzw. seine Familie oder ein anderes relevantes System aufzustellen, und zwar so, dass einem Betrachter auch ohne sprachliche Erklärungen die Beziehungen in diesem System deutlich werden (Lindner, 2015). Unter anderem bei Kindern und Jugendlichen bietet sich eine Version mit einer einleitenden Aufgabenstellung an. Eine Aufgabe wäre z. B., jemandem mit dem man nicht reden kann, etwa einem Außerirdischen, unbedingt erklären zu wollen, was da los ist in der Familie und wie es sich mit den Beziehungen zwischen den einzelnen Mitgliedern verhält, und dass nun die Figuren bzw. Materialien die einzige Möglichkeit seien, dies darzustellen und deutlich zu machen.

Hier kann nun noch unterschieden werden, ob die Aufstellung in einer Einzelsitzung und damit allein erfolgt oder in einer Familiensitzung bzw. mit mehreren anwesenden Mitgliedern des relevanten Systems. Für diesen Fall wäre das klassische Vorgehen, die Anwesenden möglichst gleichzeitig (simultanes Inside-out) aufstellen zu lassen – jedoch so, dass sie sich gegenseitig nicht beobachten können – und hinterher die unterschiedlichen Versionen miteinander anzusehen, zu vergleichen und vor allem Unterschiede zu fokussieren. Eine weitere Möglichkeit besteht darin, die Anwesenden zunächst über die Aufstellungen der anderen spekulieren zu lassen, z. B. bei welchem Klötzchen es sich wohl um welche Person handelt, oder auch eine Beschreibung abgeben zu lassen, was sie dort auf Beziehungsebene dargestellt sehen. Neben dieser simultanen Vorgehensweise ist es auch möglich, dass zunächst nur ein Mitglied des Systems eine Aufstellung vornimmt und diese die Grundlage für eine gemeinsame Betrachtung sowie entsprechende weiterführende Fragen bietet (von Schlippe u. Schweitzer, 2012).

Dies kommt häufiger zur Anwendung, wenn mit einem Systemmitglied in einem Einzelsetting schon mit der Methode gearbeitet wurde und es gemeinsam für wichtig befunden wird, dieses Bild anderen Mitgliedern des Systems zugänglich zu machen, z. B. in der Einzelarbeit mit einer Jugendlichen und der anschließenden Familiensitzung.

Abzugrenzen von dieser Art der Vorgehensweise ist die »Outside-in«-Variante, in der durch den Berater oder die Therapeutin ein erstes Bild aufgestellt wird, während die Klienten über das relevante System berichten. Der Berater macht mit der Aufstellung deutlich, was er glaubt, verstanden zu haben und bietet dies als Reflexionsmöglichkeit an (Lindner, 2015). Meist ergibt sich eine solche Vorgehensweise eher spontan durch das Bedürfnis der Beraterin nach Visualisierung der geschilderten Personen und deren Beziehungen.

Zu beiden Formen der Aufstellung, »Inside-out« und »Outside-in«, existieren einige Regeln, so z. B., dass Personen nicht ungefragt in Bilder und Aufstellungen anderer eingreifen dürfen. Neben der Aufstellung selbst kommen zirkuläre und zukunftsgerichtete Fragen, vor allem aber auch Skalierungsfragen (etwa zur Zufriedenheit), bei dieser Methode zum Einsatz. Zentral ist auch die Frage der beratenden Person nach einem ersten möglichen Schritt der Veränderung, der von der Klientin bzw. dem Klienten ausgehen kann. Oftmals fällt das besonders schwer, da es einen starken Impuls gibt, vor allem andere im aufgestellten Bild wunschgemäß zu verändern und nicht unbedingt sich selbst. Neben einem Wunsch- oder Zielbild können auch Bilder aus vergangenen Phasen aufgestellt werden.

Die hier geschilderten Vorgehensweisen sind, vor allem was die Weiterarbeit mit einem aufgestellten Bild angeht, beliebig erweiterbar. Ebenso bleiben die zur Aufstellung genutzten Materialien unbegrenzt. Neben den klassischen Klötzchen eignen sich analog eigentlich alle Gegenstände zur Aufstellung. So werden nicht nur Spielfiguren, sondern auch Stifte, Kaffeetassen und ähnliche Alltagsgegenstände spontan für Aufstellungen genutzt, vor allem dann, wenn anderes Material gerade nicht zur Verfügung steht (Lindemann, 2016a, S. 143–156).

Bezüglich der Größe der aufgestellten Gegenstände und der Nutzung des Raumes sind interessante Unterschiede festzustellen. Je kleiner das Aufstellungsmaterial ist, also z. B. die Holzklötzchen auf dem Familienbrett, desto leichter scheint es den Klientinnen und Klienten, sich davon räumlich und damit häufig auch emotional zu distanzieren. Die betrachtende Person kann ihre Perspektive verändern, um Brett oder Tisch herumgehen und auch räumliche Nähe und Distanz bei dieser Betrachtung variieren. Das kann vor allem dann sinnvoll sein, wenn es sich inhaltlich um sehr Belastendes handelt und die Distanzierungsmöglichkeiten notwendig und für die Aufstellenden unterstützend sind. Ein Nachteil von kleinformatigen Aufstellungen ist, dass assoziative Vorgehensweisen hierbei begrenzt sind, so z. B. die Möglichkeit, sich in aufgestellte Aspekte des Systems einzufühlen, indem deren Position auch räumlich eingenommen wird.

Die größten assoziativen Möglichkeiten bietet die Methode in ihrer Variante mit leibhaftigen Personen, die entweder als Stellvertreter für Systemmitglieder aufgestellt werden oder mit diesen selbst. Auf alle Besonderheiten dieses Vorgehens wird hier nicht näher eingegangen, jedoch evoziert es sicher den höchsten Grad emotionaler Beteiligung, gerade weil die Stellvertreter sich auch zu Wahrnehmungen und Affekten in der jeweiligen Position äußern können und es möglich ist, einzelne Positionen innerhalb der Aufstellung kurzzeitig auch selbst einzunehmen (Sparrer, 2006; Tillmetz, 2012).

Schließlich existieren Ideen, die Vorteile der klassischen Figurenaufstellung auf einem Tisch oder Familienbrett auf der einen Seite mit jenen der Aufstellung mit Personen im Raum auf der anderen Seite, zu vereinen (Lindner, 2015; Lindemann, 2016a, S. 157–176). Ein Beispiel: Um den Raum nutzen zu können, ohne auf eine gewisse Anzahl anwesender Personen angewiesen zu sein oder auch ohne die dadurch oft entstehende starke emotionale Beteiligung zu arbeiten, können stellvertretende Gegenstände, sogenannte »Bodenanker«, verwendet werden. Bekannt und häufig genutzt sind hier entsprechende große Holzfiguren oder auch Teppichfliesen, die eine Markierung aufgeklebt haben, um eine Blickrichtung darstellen zu können. Mit diesem Material lassen sich Aspekte aus unterschiedlichen Arten der Aufstellungsarbeit umsetzen: Der Wechsel zwischen dissoziierter Betrachtung von außen (wie z. B. beim Familienbrett) und assoziierter Einnahme einer Position im System (wie bei der Aufstellung mit Personen) kann kreativ variiert werden.

### ▪ Figurenaufstellung mit Schuhen und Stiefeln

Die Suche nach weiteren Möglichkeiten der Aufstellungsarbeit brachte mich auf die Idee, solche Bodenanker-Aufstellungen im Raum mit Schuhen oder Stiefeln durchzuführen (s. a. Abbildung 75 und 76), da dieses Material gleich mehrere Vorteile vereinigt:

1. Schuhe und Stiefel lösen eine unmittelbare personale Assoziation aus. Es fällt den Klientinnen und Klienten dadurch leichter, sich die zu den stellvertretenden Schuhen zugehörigen Personen vorzustellen und entsprechende Affekte zu spüren. Bezüglich der einzusetzenden Schuhe oder Stiefel ergeben sich einige Variationsmöglichkeiten. Falls es sich um Material handelt, das zur Verfügung gestellt wird, sind die Erfahrungen mit Stiefeln, die ähnlich wie große Holzfiguren im Raum stehen können, besonders gut, da sie sehr leicht als Stellvertreter für Personen zu identifizieren sind. Bewährt haben sich hier vor allem Gummistiefel, die dann in unterschiedlichen Größen und Farben vorhanden sein sollten, um einige Differenzierungsmöglichkeiten zu haben. Natürlich ist es auch möglich, andere Schuhe einzusetzen,

die dann in den Praxis- beziehungsweise Beratungsräumen vorhanden sein sollten.

Eine andere Variante besteht darin, jedes Systemmitglied zu bitten, ein zweites Paar Schuhe zur nächsten Sitzung mitzubringen. Hier kommt es dann weniger auf die Beschaffenheit an, als darauf, dass dieses Paar Schuhe unmittelbar mit der betreffenden Person verbunden ist, da es sich ja um deren eigene Schuhe handelt, die sie auch noch bewusst für diesen Zweck ausgewählt hat. Grundsätzlich wäre es im Einzelsetting natürlich auch möglich, eine Person zu bitten, für alle relevanten aufzustellenden Systemmitglieder entsprechende Schuhe mitzubringen, was jedoch oftmals logistisch zu aufwendig erscheint.

2. Neben der einfachen assoziativen Verbindung zu Personen bieten Schuhe und Stiefel eine Vielzahl von Differenzierungsmöglichkeiten, die mit anderen Gegenständen kaum zu erzielen sind. So können mit ihnen durch die paarweise Verwendung sehr differenzierte Blickwinkel, aber auch innere Ambivalenzen zum Ausdruck gebracht werden, wenn z. B. die beiden Schuhe in unterschiedliche Richtungen zeigen. Zudem ist es möglich, Dynamiken und Bewegungen auszudrücken, indem durch die Position der Schuhe ein Schritt oder eine Bewegung in eine Richtung angedeutet werden kann. Weitere Möglichkeiten ergeben sich durch die Höhe des Schuhs beziehungsweise Stiefels oder die Positionierung auf einer erhöhten Fläche. Auch die Auswahl des jeweiligen Schuhs für eine Person sowie deren Ausrichtung im Verhältnis zu den anderen mit Schuhen als Stellvertretern aufgestellten Personen bietet viele Variations- und Wahlmöglichkeiten, die als Informationen in die Hypothesenbildung einfließen können.

3. Durch die Nutzung eines ganzen Raumes für die Positionierung der Schuhe und Stiefel ergibt sich sowohl die Gelegenheit, im wörtlichen Sinn »in das Bild hineinzugehen«, als auch das Bild »von außen zu betrachten«. Vor allem ist es aber auch möglich, die Position einzelner Systemmitglieder aktiv einzunehmen und aus dieser heraus die anderen Schuhe und Stiefel als Stellvertreter von Personen zu betrachten, entsprechende Empfindungen und Affekte aufkommen zu lassen und zu verbalisieren. Die Erfahrung zeigt, dass gerade das besonders gut bei der Aufstellungsarbeit mit Schuhen und Stiefeln als Stellvertretern gelingt. Um in eine Position hineinzugehen, müssen die Stiefel auch nicht weggenommen werden, man kann sich, ohne sie wirklich anzuziehen, unmittelbar neben ihnen positionieren und somit die identische Position einnehmen. Das passt im übertragenen Sinn nicht nur zu dem häufig verwendeten Begriff »sich in die Schuhe des anderen stellen« oder »to walk in someones shoes«, sondern macht eine differenziertere

Wahrnehmungserfahrung der eingenommenen Position möglich. Durch die fein zu unterscheidenden Aufstellungsmöglichkeiten wird erfahrbar, dass eine bestimmte Position z. B. in besonderem Maße unbequem ist oder gar nicht lange in einer bestimmten, durch ein Paar Schuhe visualisierten Position verharrt werden kann. Es ergibt sich in der Aufstellung mit Schuhen oftmals ein körperlicher Impuls, wie eine erste Veränderung aussehen könnte und welche anderen Positionen bequemer sind.

Über diese sehr nützlichen Spezifika des Aufstellungsmaterials Schuhe und Stiefel hinaus lassen sich alle methodischen Vorgehensweisen der Aufstellungsarbeit hier zur Anwendung bringen.

**Abbildung 75 und 76:** Aufstellungen mit Schuhen und Stiefeln

Seit mehr als fünf Jahren nutze ich die Aufstellungsmethode mit Schuhen und Stiefeln selbst und lehre sie auch in Workshops und Seminaren in der Ausbildung von Psychotherapeutinnen und Psychotherapeuten und an Hochschulen. Die Rückmeldungen zur Methode sind nicht nur während der Demonstration und vor allem des eigenen Ausprobierens durchweg positiv, sondern auch nach der späteren Anwendung in der Praxis. So kann ich von einer Kollegin berichten, die diese Methode in ihrer aufsuchenden Arbeit nun fast standardmäßig zur Anwendung bringt. Da sie in den Wohnungen der Klientenfamilien berät, sind deren Schuhe dort ohnehin vorhanden, sodass es sogar einige Wahlmöglichkeiten gibt und keinerlei Material mehr mitgebracht werden muss. Ein anderer Kollege rief mich an, um über den Einsatz der Methode im Bereich der Teamentwicklung bei einem deutschen Großkonzern zu berichten. Allein die Intervention, alle Mitglieder eines Teams zu bitten, ein zweites Paar Schuhe zum Beratungstermin mitzubringen, löste eine gespannte, aber durchaus positiv konnotierte Irritation aus. Die dann durchgeführte Teamaufstellung mit Schuhen war nicht nur zur Visualisierung hilfreich, sondern konnte von den Teammitgliedern wegen der starken Verbildlichung effektiv genutzt und vor allem später auch noch gut erinnert werden. Diese und viele weitere Rückmeldungen zeigen, dass durch die Systemaufstellung mit Schuhen und Stiefeln eine kleine, aber durchaus relevante Erweiterung der klassischen Aufstellungsarbeit möglich ist.

## 4.3 Lego Serious Play[6]: haptische Metaphern und greifbares Storytelling

Daniel Osterwalder

Lego-Serious-Play-Facilitation oder kurz LSP ist »spielerisches Denken mit den Händen«, eine erweiterte Kommunikationsform und ein Problemlöse- bzw. Lösungsfindungsprozess gleichermaßen. Ich setze es in Organisationen und Unternehmen, in Teams und bei Einzelnen im Coachingprozess sowohl bei einfachen als auch komplexen Fragestellungen ein. Die Fragestellungen, die dem Bearbeitungsprozess zugrunde liegen sollen – sogenannte »Wicked Questions« –, kläre ich in einem ersten Schritt mit dem Auftraggeber, bevor ich dann beginne, mit Teams und Organisationen unter Einsatz der Lego-Materialien zu arbeiten.

**Die Ausgangssituation: Denken und Reden**

In Arbeitssitzungen und auf Teammeetings fällt es oft schwer, auf einfache, verständliche und vor allem nachhaltige Weise in schwierige oder komplexe Themen einzusteigen. In klassischen Meetings sichert man sich über intensive, schwergewichtige und oftmals unverständliche Analysen ab, um auf diese Weise die einen umgebende Komplexität handhabbar zu machen und den eigenen Argumenten mehr Gewicht zu verleihen. Derartige Kommunikationsformen ufern oftmals in unsäglichen Gefechten von mit Floskeln um sich werfenden Langzeitsprechern aus und enden in Pattsituationen oder tiefgreifenden Konflikten, bei denen die Rechthaber dazu bereit sind, alles zu geben, um Recht zu behalten.

**Eine Lösung: Mit den Händen denken**

Die im traditionellen Berufsleben gängige Unterscheidung besagt, dass die einen mit den Händen arbeiten, während die anderen alles aus dem Denken heraus erledigen. Diese Dichotomie ist nicht zwingend notwendig. Vielmehr bietet Lego-Serious-Play-Facilitation hier einen sehr interessanten Ausweg, indem es nicht nur Denken und Handeln miteinander verbindet, sondern auch die verschiedensten Wahrnehmungsebenen direkt anspricht. Alle Menschen denken, erkennen und begreifen mit den Händen.

---

6   »Lego®« und »Lego® Serious Play®« sind eingetragene Warenzeichen der Lego Group. Alle Abbildungen in diesem Beitrag mit freundlicher Genehmigung der LEGO GmbH.

Lego bietet als Ausgangsmaterial viele Möglichkeiten der Kombination einzelner Steine, wodurch ein spielerisches Zusammensetzen und Bauen auf einfache Art erfolgt und die meisten Menschen direkt anspricht. Acht 4 × 2-Legosteine lassen sich beispielsweise in mehr als 915 Millionen Möglichkeiten kombinieren.

Ein einfacher Test zeigt, wie rasch man »mit den Händen denken« kann, wenn man nicht zuerst den Umweg über die Abstraktion machen muss. Die meisten werden recht viel Zeit dafür brauchen, die hier in Abbildung 77 gezeigten zwei Beispiele dreier zusammengesteckter 4 × 2-Legosteine zu beschreiben und die Konstruktion zu erklären. Baut man diese jedoch direkt mit drei Legosteinen, und hat die Möglichkeit, es auszuprobieren, ist man sehr schnell am Ziel und kann das Resultat anderen zeigen.

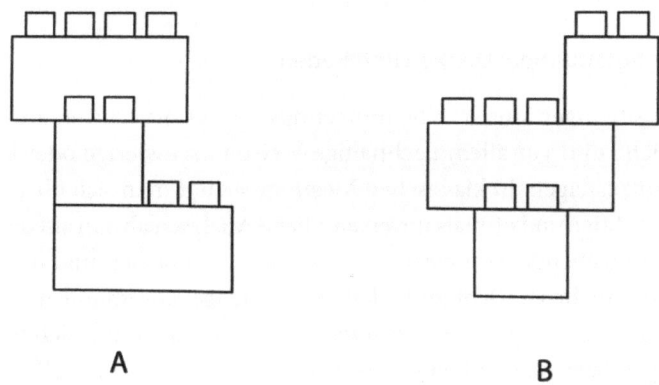

**Abbildung 77:** Zweidimensionale Visualisierung einfacher Lego-Modelle (aus: Kristiansen u. Rasmussen, 2014; mit freundlicher Genehmigung)

Ein anderes Beispiel, das zeigt, wie viel leichter es fällt, direkt mit den Händen zu gestalten: »Nehmen Sie eine Handvoll Legosteine und bauen Sie damit ein Modell, das wiedergibt, was in Ihrem Leben derzeit im Zentrum steht und was Sie antreibt. Innerhalb weniger Minuten werden Sie ein Modell entwickelt haben, das Sie Ihren Kolleginnen und Kollegen erläutern können. Auch jedes andere Thema lässt sich – mal abstrakter, mal konkreter – mit Legosteinen bauen. Müssten Sie die in diesem Modell visualisierten Aspekte als schriftliche Abhandlung verfassen, würden Sie sich sicher mehr Zeit dafür nehmen müssen, als Sie verwendet haben, um das Lego-Modell zu bauen und darüber zu erzählen.«

Der große Unterschied in der Herangehensweise besteht darin, einfach loszulegen und mit den Händen der zu lösenden Fragestellung eine Form zu geben, und zwar Stein für Stein – nicht mehr und nicht weniger.

Durch das intuitive Bauen von Objekten und Szenen werden verschiedene Wissensarten, wie implizites, explizites und prozedurales Wissen, miteinander verbunden. Teilnehmerinnen und Teilnehmer der Workshops berichten oft erstaunt, dass sie so Zugang zu Aspekten ihres Anliegens erhalten haben, die ihnen vorher weder bewusst noch zugänglich gewesen sind.

**Abbildung 78:** Beispiel aus einem Lego-Serious-Play-Training, Zürich 2018

**Metaphern bauen**

Damit kann ein Element von Lego-Serious-Play benannt werden, das sehr wichtig ist: Es erlaubt, Metaphern (also stellvertretende Modelle oder Gebilde) zur Visualisierung komplexer Zusammenhänge zu bauen und damit lebendige Geschichten zu erzählen (s. a. Abbildung 78). Und je vielfältiger die Lego-Metaphern ausfallen, desto bunter und reichhaltiger sind die Geschichten, und desto einfacher fällt es, diese mit anderen zu vergleichen, Gemeinsamkeiten und Unterschiede zu finden und all dies in ein gemeinsames Modell zu integrieren.

Je intensiver man sich beim Bau von Modellen komplexer Themen respektive ungelöster Fragestellungen auf die eigene Intuition, visuelle und räumliche Vorstellungskraft und Hände verlässt, desto kräftiger und deutlicher werden die daraus entstehenden Metaphern, die sich vor aller Augen entwickeln. Ohne einen konkreten Plan, nur durch das haptische Greifen und das intuitive Kombinieren von bunten Steinen, entstehen sehr spezielle »Wesen«: greifbare Metaphern.

Die nachfolgenden Praxisbeispiele geben einen kleinen Einblick, was mit dem Einsatz von Lego-Serious-Play-Facilitation entstehen kann.

Abbildung 79: »Mit dem Rücken zur Wand«

Abbildung 80: »Das Gleichgewicht im Auge behalten«

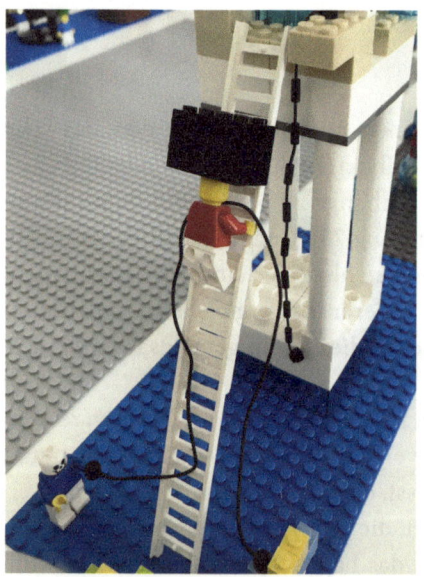
Abbildung 81: »Die Meinung aufdrücken«

Abbildung 82: »Sicher in der Veränderung«

**Abbildung 83:** Gemeinsames, geteiltes Modell

Die hier abgebildeten Modelle (Abbildung 79 bis 82) und die ihnen zugeschriebenen metaphorischen Bedeutungen entstanden alle im Rahmen einer Intervention auf der Basis einer im Voraus festgelegten Fragestellung. Die Teilnehmenden ließen dabei der »Fantasie und Kreativität ihrer Hände« freien Lauf. So entstanden viele Modelle und Metaphern, mit denen sie das jeweilige Thema besser und greifbarer erzählen konnten. Neben den hier abgebildeten Modellen wurden viele weitere entwickelt, mit deren Hilfe die Fragestellung in all ihren verschiedenen Facetten beleuchtet wurde. Diese »greifbaren Metaphern« bilden bei Lego-Serious-Play-Facilitation die Basis des daran anschließenden Storytelling. Abschließend werden alle einzelnen Elemente in ein Gesamtmodell zum Thema eingebaut (Abbildung 83).

**Der Ablauf der Arbeit mit Lego Serious Play**

Die Arbeit mit Lego Serious Play folgt – mit allen möglichen Variationen, die sich durch den Auftrag, die Gruppengröße und andere Faktoren ergeben – dem folgenden Schema:
- Es gibt eine grundlegende Fragestellung, die in der Regel im Rahmen der Auftragsklärung mit den Auftraggebern erarbeitet oder zu Beginn von den Teilnehmenden formuliert wurde. Daraufhin bauen alle Teilnehmenden ihr Modell einer möglichen Antwort.

- Im nächsten Schritt werden diese Modelle präsentiert, erläutert, erklärt; unter Verwendung der mit den Modellen verbundenen Metaphern werden Geschichten erzählt. Diese Metaphern kommen aus den unterschiedlichsten Bereichen (z. B. Business, Sport, Crime, Liebe, Freundschaft). Mit den greifbaren Modellen erschaffen die Teilnehmenden sichtbare und vor allem greifbare »Anker« für ihre Gedanken und Ideen. Die Visualisierung als Lego-Modell erleichtert es zudem, sich an eine präsentierte Lösung oder an einzelne Aspekte zu erinnern.
- Schließlich bauen die Teilnehmenden aus den einzelnen Modellen ein gemeinsames Modell, bei dem die Elemente in der gleichen Form verwendet werden wie im Einzelmodell. Auch die verschiedenen Metaphern werden miteinander kombiniert. Auf diese Weise entsteht nicht nur ein starkes, verbindendes und gemeinsames Modell, sondern auch ein Objekt, das die Möglichkeit bietet, eine verbindende gemeinsame Geschichte zu der ursprünglichen Fragestellung zu erzählen.

**Fazit**

Der Vorteil bei Lego-Serious-Play-Facilitation besteht darin, dass mithilfe der Legosteine und der damit gebauten Modelle eine Lösung zum Leben erweckt wird, mit der experimentiert werden kann, bevor irgendeine Veränderung im wirklichen Leben erprobt wird. Allen Beteiligten ist klar, dass es darum geht, eine Geschichte zu erzählen, in der alles auch ganz anders zusammengebaut werden könnte.

Silke Seemann beschreibt die Vielfalt der Interpretationsmöglichkeiten, die in Bildern stecken, am Beispiel von Filmen folgendermaßen:

»Es ist unmöglich etwas genau zu erzählen, denn nicht der Film, sondern der Zuschauer entscheidet, was die Bilder bedeuten. Es ist unmöglich, Übereinstimmung zu erreichen, denn es ist ausgeschlossen, das, was die Geschichte ist, mit dem zu vergleichen, was wir denken, was die Geschichte sei. Wir können nur den Film, den wir sehen, mit dem vergleichen, was wir denken, was erzählt wird, es ist unmöglich, etwas objektiv zu beschreiben, denn ohne die Fähigkeit der Beobachter, wahrzunehmen und zu beschreiben, gäbe es überhaupt keine Beschreibung. Unsere Filme sind Beschreibungen von Beobachtungen. Film lebt von Beobachtung« (Seemann, 2010, S. 185).

Die Modelle, Metaphern und Geschichten stellen in dieser Form der handlungsorientierten Kommunikation »Prototypen« dar, die die Beteiligten in verschiedensten Kombinationen und Variationen testen können. Auf diese Weise schaffen sie auch eine andere Kommunikationskultur, weil sie auf spielerische Weise lernen, sich mit komplexen Dingen und Fragestellungen ernsthaft (serious) und zugleich spielerisch (playful) auseinanderzusetzen.

**Methodische Anmerkung**
Die dargestellte Arbeitsweise bietet in besonderem Maße die Möglichkeit, auch hochkomplexe und abstrakte Ideen zu visualisieren. Die Externalisation gedanklicher Konstrukte in Form von Objektivationen und Personifikationen (Lindemann, 2016a, S. 49–54) als Lego-Modell greift hierbei nicht nur auf vorliegende Figuren zurück und setzt diese miteinander in Beziehung – wie etwa bei der Figurenaufstellung mit Tierfiguren oder anderen Gegenständen –, sondern erlaubt es, gänzlich neue Formen und Gebilde zu konstruieren. Ein weiterer Unterschied zu anderen Herangehensweisen besteht in der abschließenden Kombination aller Elemente zu einem gemeinsamen Modell.

Legosteine stehen in einem übertragenen Sinn im besonderen Maße dafür, dass jedes Modell (jedes System) aus Einzelteilen zusammengesetzt ist, deren Möglichkeiten zur Kombination, Erweiterung und Reduktion unendlich sind.

## 4.4 Eine haarige Angelegenheit – Beratung entlang der »Führungslinie«

Claudia Bauer

■ Die Ausgangssituation

Die Kinder- und Jugendhilfe Innsbruck-Land ermöglicht die Unterstützung von Familien in unterschiedlichen Notsituationen. Die Problematik erstreckt sich von der Sicherung des Lebensunterhaltes über die Unterstützung zu bedürfnisorientiertem und feinfühligem Umgang mit den Kindern bis hin zur Begleitung in Fragen der Schuldenberatung, Arbeits- und Wohnungssuche und vielen anderen Themenbereichen, die aktuell in den Familien zu bearbeiten sind.

Als Sozialarbeiterin übe ich diese aufsuchende Tätigkeit seit ca. zehn Jahren aus und arbeite aktuell mit sechs Familien. Angeregt durch die »Metaphern-Schatzkiste« begann ich, mehr auf Sprachbilder und Metaphern im Beratungsgespräch zu achten und diese aufzugreifen. Wie ich eine visualisierende und externalisierende Timeline im Zusammenhang mit Sprachbildern einsetze, zeigt das folgende Praxisbeispiel.

■ Der Kontext

Träger der »Freiwilligen Hilfe zur Erziehung« – wie die genaue Bezeichnung der ambulanten Familienhilfe lautet – ist die »Kinder- und Jugendhilfe der Bezirkshauptmannschaft Innsbruck«. Die Statistik zeigt den steigenden Bedarf an ambulanter Betreuung in deutlichen Zahlen: Zwischen 2003 und 2007 stieg die Anzahl der betreuten Familien von 186 auf 256. Die Tendenz ist steigend. Betreuungsindikationen wie psychische und physische Gewalt, Vernachlässigung, Schulprobleme, besonders auch Fragen der Integration, zeigen eine Steigerung von teilweise mehr als zweihundert Prozent. Die neueste Statistik befindet sich in Ausarbeitung – es steht außer Frage, dass wesentlich höhere Zahlen zutage treten werden.

Die Informationsbroschüre des Landes Tirol beschreibt die Ambulante Hilfe zur Erziehung wie folgt: »Ambulante Familienhilfe findet dort statt, wo sie gebraucht wird und richtet sich nach dem individuellen Bedarf der zu betreuenden Menschen (Betreuung, praktische Hilfe im Alltag, freizeitpädagogische Unternehmungen). Sie schränkt die Rechte der Eltern nicht ein und ist kostenlos.«

Indikationen für den Einsatz einer ambulanten Betreuerin können die Überforderung im (Familien-)Alltag, sein aber auch die Unterstützung der Familie in schwierigen Entwicklungsphasen des Kindes und andere Krisensituationen. Die Unterstützung durch eine außenstehende Bezugsperson soll für Stabilität und Entspannung im System sorgen. Die Betreuung läuft nach bestimmten Gesichtspunkten ab: Die Entscheidung zur Betreuung wird von der Familie gemeinsam mit der Kinder- und Jugendhilfe getroffen, eine geeignete und speziell ausgebildete Betreuungsperson wird beauftragt. Inhalte und Ziele der Betreuung werden gemeinsam mit der betreuten Familie besprochen und festgelegt. Regelmäßige Informationen über den Verlauf der Betreuung, in Form von schriftlichen, den Klientinnen und Klienten einsehbaren Berichten, ergehen an die Kinder- und Jugendhilfe. Die Betreuung wird in Absprache mit den Betroffenen beendet oder verlängert. Die einzelnen Betreuungsphasen erstrecken sich über einen Zeitraum von jeweils vier Monaten.

### ■ Das Fallbeispiel

Im Folgenden beschreibe ich in anonymisierter Form die Arbeit mit einer Klientin. Im Betreuungskontext setze ich unter anderem die Gestaltung einer Timeline ein, die durch die persönliche Bezeichnung der Klientin als »Führungslinie« zum Wegweiser für ihre Entwicklung und ihr Vorankommen in der damaligen Lebenssituation wird.

Ich arbeite mit Stefanie und ihrer sechsjährigen Tochter Amelie seit ca. drei Jahren. Neben verschiedenen anderen Themen sind der Umgang mit Geld und das Wahrnehmen von Zahlungsverpflichtungen für Stefanie immer wieder herausfordernd und schwierig. In einer finanziell engen Situation – und in einer solchen befindet sie sich häufig – zeigt sich immer wieder ihre starke Tendenz, die Problematik zu verleugnen und anstehende Zahlungen, insbesondere die Miete, nicht zu tätigen. In der Folge häufen sich Mietschulden an, Räumung und Obdachlosigkeit drohen. Damit verbunden ist der Verbleib ihrer Tochter bei Stefanie, als Inhaberin der Obsorge[7], gefährdet.

Während der Zeit, in der wir an ihrer, wie sie es nennt, »Kopf-in-den-Sand-Politik« arbeiten, fällt ein Begriff aus ihrem beruflichen Kontext, den ich aufgreife und nachfolgend als Metapher für ihre aktuelle Situation in die Beratung einbeziehe: die »Führungslinie«.

---

7   Die Obsorge ist ein Begriff aus dem Kindschaftsrecht, das Teil des österreichischen Familienrechts ist. Obsorge ist eine zentrale Verpflichtung der Eltern, »die Gesundheit des Kindes zu erhalten und zu fördern und es zu erziehen. Weiterhin kommt ihnen die Vertretung des, weil minderjährig, noch beschränkt geschäftsfähigen Kindes, sowie die Verwaltung seines Vermögens zu« (Wikipedia, 2018). Die Pflicht zur Obsorge endet mit der Volljährigkeit des Kindes.

Stefanie befindet sich in der Ausbildung zur Friseurin. Die Kompetenz einer Friseurin zeigt sich unter anderem darin, dass sie die »Führungslinie« – das heißt die gewünschte Länge der Haare der Kundin in gerader Linie – einhalten kann. In ihrer Ausbildung ist Stefanie immer wieder angehalten, diese Führungslinie nicht zu verlassen, um ein gutes Ergebnis zu erzielen. Ich werde als Kundin von Stefanie auf diesen Begriff aufmerksam, als sie mir – zum ersten Mal am »lebenden Objekt« und nicht an der Puppe – die Haare schneidet und eine ihrer Kolleginnen sie auf das Verlassen der Führungslinie hinweist. Ich greife die Metapher auf und arbeite mit ihr.

So leitete ich bei einem der kommenden Termine mit Stefanie die Arbeit mit der Timeline ein:

»Stefanie, erinnere dich an deine Führungslinie beim Arbeiten. Jetzt bist du in deinem Leben ziemlich weit von deiner ›Führungslinie‹ weg. Ich möchte dich bitten, dich an die Zeit vor ca. zwölf Monaten zu erinnern. Damals warst du von einer ähnlichen Situation bedroht. Bitte wähle aus meiner Kiste eine Schnur, die die Zeit symbolisiert und lege sie auf dem Boden aus. Markiere den Zeitpunkt in der Vergangenheit, an dem du auch weit weg warst von deiner ›Führungslinie‹. Versuche, darzustellen, wie weit du damals von ihr entfernt warst. Markiere auch den Zeitpunkt der Wende damals. Dann denk an deine momentane Situation und markiere in der Gegenwart die Abweichung von deiner ›Führungslinie‹. Suche dir Gegenstände aus der Kiste aus, die für dich gut zu den markierten Punkten passen.«

Stefanie lässt sich auf das Angebot ein und beginnt, ihr Leben unter dem Blickwinkel ihrer »Führungslinie« zu überdenken. Sie sagt: »Wenn ich beim Haareschneiden zu weit weg komme, muss ich alles kürzen und ich kriege ordentlich eine aufs Dach. Von der Kundin und von der Chefin. Jetzt muss ich auch alles kürzen, weil ich kein Geld mehr habe. Und der Vermieter macht voll Druck.«

Der Begriff der »Führungslinie« wird nun über mehrere Beratungseinheiten zur Metapher für die Bearbeitung der momentanen Situation in Stefanies Leben und zum Sinnbild für eine Richtlinie, an der sie sich orientieren kann.

Um sich ihre Lage mit allen bedrohlichen, aber auch positiven Seiten vor Augen zu führen, legt Stefanie eine blaue Schnur als »Führungslinie« für ihr Leben aus. Sie markiert einen Zeitpunkt in der Vergangenheit, an dem sie schon einmal in einer ähnlichen Lage war, der weit weg von der »Führungslinie« liegt, mit einer roten Schnur. Sie fixiert zunächst einen Zeitpunkt der Wende vor ca. einem Jahr, der in eine längere stabile Lebensphase mündete. Dann kennzeichnet sie die Gegenwart und wagt abschließend einen Ausblick in die nahe Zukunft.

Stefanie wählt für diese Zeitpunkte folgende Gegenstände:

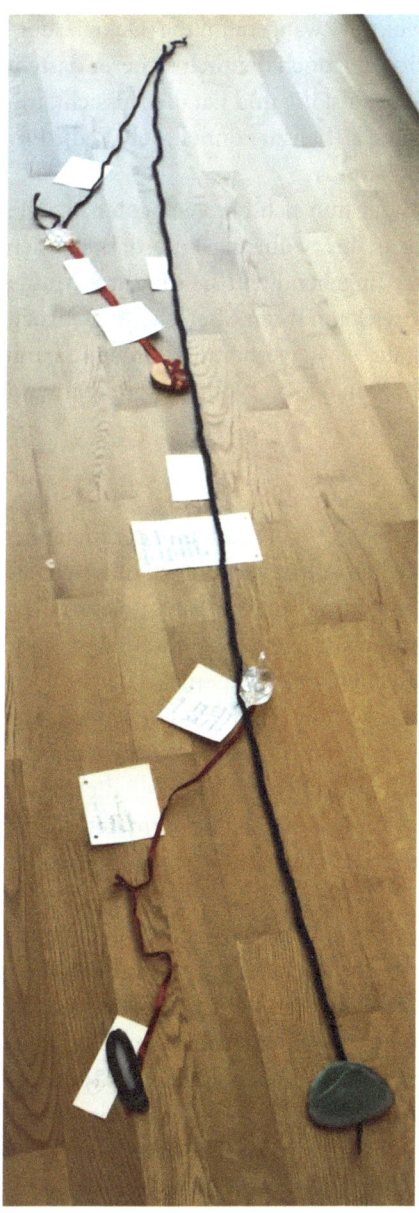

Als Symbol für die Wende zurück zur Führungslinie in einer damals sehr bedrohlichen Lebenslage (keine Arbeit, keine Beziehung, drohende Zwangsräumung [Delogierung], drohender Entzug der Obsorge ihrer Tochter) bestimmt Stefanie einen Kristallschwan. Der Schwan wies ihr damals den Weg in die richtige Richtung zurück zu und entlang ihrer persönlichen Führungslinie. Die darauffolgende ca. zehn Monate andauernde Zeit der Stabilität und Sicherheit symbolisiert sie mit einem kleinen Kamm, der ihre Berufstätigkeit als Friseurin und damit die Orientierung an der Führungslinie unterstreicht.

Für das neuerliche weite Abweichen von der Führungslinie wählt sie, wie schon für das Abweichen vor einem Jahr, ein rotes Band, das von ihrer Führungslinie fortweist. Sie markiert den erhofften Wendepunkt mit einem Kristallstern. Sie begründet ihre Wahl des glitzernden Sterns so: »Der Stern ist wertvoll und zerbrechlich. Auf den muss ich aufpassen. Der leuchtet und führt mich wieder zurück.«

So entsteht nach und nach ein sprechendes Bild von Stefanies vergangener Lage, ihrer stabilen Zeit und dem neuerlichen Zurückgleiten in vertraute – bedrohliche – Zustände (Abbildung 84).

**Abbildung 84:** Stefanies »Führungslinien«-Timeline

In der vertiefenden Bearbeitung werden die wesentlichen Aspekte der markierten Zeitpunkte in Stichworten verschriftlicht und an den entsprechenden Stellen der Timeline abgelegt.

Es zeigt sich, dass Stefanie zwar wieder von der Zwangsräumung (Delogierung) bedroht ist, in allen anderen Lebensbereichen jedoch deutlich sicherer dasteht als damals: sie lebt in einer Beziehung, ist berufstätig und hat die Aussicht, mit ihrem Partner in eine gemeinsame Wohnung ziehen zu können, sobald die Probleme mit ihrem jetzigen Vermieter gelöst sind.

Stefanie nimmt so viel Motivation aus der nun sichtbar gemachten, stabileren Lebenssituation und der Orientierung an ihrer Führungslinie, dass sie »den Kopf aus dem Sand holt« und aktiv wird. Umgehend tritt sie mit ihrer Mutter in Kontakt und bittet sie um Geld, um so viel von ihren Mietschulden zurückzahlen zu können, dass eine Beendigung ihres Mietverhältnisses möglich und ein neuer Lebensabschnitt mit ihrem Partner in dessen Wohnung greifbar wird.

■ Reflexion

Für Stefanie war besonders die Visualisierung in Verbindung mit der Metapher »Führungslinie«, die ihr aus ihrem beruflichen Alltag vertraut ist, hilfreich. Sie wurde durch die visualisierte Auseinandersetzung mit ihrer Situation aus ihrer, wie sie sagt, »Komfortzone geholt« und konnte die Augen – im wahrsten Sinne des Wortes – nicht mehr länger vor der Realität verschließen.

Die Visualisierung half ihr, die Sachlage zu erfassen und zu benennen. Der sichtbar gemachte und verschriftlichte Vergleich mit ähnlichen Gegebenheiten in der Vergangenheit ließ sie ihre aktuell aussichtsreicheren Möglichkeiten erkennen: Der Berg an Unannehmlichkeiten war kleiner als vermutet, sodass sie in der Lage war, sich den Anforderungen zu stellen und sich als handlungsfähig erlebte.

Stefanie beschreibt den Weg aus der Mietschuldenfalle nach der Gestaltung der Timeline so: »Nachdem ich mich verabschiedet hatte, gingen mir die Bilder der Timeline durch den Kopf. Ich konnte nicht mehr wegschauen und musste mir Gedanken machen, wie es weitergeht. Es war, wie auf eine Frisur zu schauen, bei der ich die Führungslinie verlassen habe. Mein Leben sah zwar aus, wie ein schlechter Haarschnitt, aber mir war auch klar, dass ich das korrigieren kann. Diese Bilder und Gedanken ließen sich nicht mehr verscheuchen. Dann kam mir die Idee, meine Mutter um Hilfe zu bitten, die vor kurzem Geld aus einer Versicherung bekommen hatte. Leicht war das nicht, weil ich mich vor ihren Vorwürfen, die ja auch kamen, fürchtete. Aber sie hat mir gleich geholfen, und das war mir dann wichtiger als mein Stolz.«

Stefanie lebt mittlerweile mit ihrem Partner zusammen, sie hat keine Schulden mehr bei ihrem Vermieter. Die Betreuung konnte beendet werden.

# 5 Arbeiten mit bewegungs- und handlungsorientierten Methoden

Im Gegensatz zu Skulpturen und Architekturen nutzen bewegungs- und handlungsorientierte Methoden nicht nur das Bild, den sinnlichen Eindruck oder die Gestalt, sondern basieren auf einer Handlungssequenz. Diese kann, wie im Psychodrama wiederholt, verändert und überzeichnet werden, um neue Erkenntnisse zu gewinnen (Lindemann, 2016a, S. 183–189).

Neben der körperlich-sinnlichen Erfahrung einer symbolischen Handlung oder Interaktion können Rituale entworfen werden, also Abfolgen symbolischer Handlungen, die mit symbolischen Gegenständen und Objekten (Artefakte, Talismane und Amulette) verbunden werden (Lindemann, 2016a, S. 193–199).

Hierbei kann eine Handlungssequenz direkt mit visuellen und haptischen Ankern verknüpft werden. Gegenstände als Objektivation der verschiedensten Aspekte eines Anliegens – auch für abstrakte oder ideelle Aspekte eines Anliegens – können »gehandhabt« werden.

Die in diesem Kapitel vorgestellten Praxisbeispiele verbinden auf unterschiedlichste Weise Bild, Geschichte, Skulptur, Handlung und Artefakt miteinander. Die ersten drei Praxisbeispiele widmen sich der Nutzung von »Artefakten, Talismanen und Amuletten«: Objekten, die als Anker dienen, um die Einnahme eines bestimmten Ich-Zustandes bzw. die Erfüllung eines bestimmten Bedürfnisses zu unterstützen (5.1 bis 5.3). Das vierte Beispiel startet mit der Erzählung eines Märchens und nutzt die daraus gewonnenen Erkenntnisse der Gruppe, um sie in Form eines Leitsatzes zu verdichten, der dann aufgestellt wird (5.4). Das fünfte Beispiel zeigt eine Verbindung von kreativen Methoden, Sprache und Poesie, Maskenbau und Maskenspiel (5.5). Das letzte Beispiel schildert die Entwicklung von Rollenbildern für Führung und Innovation in Unternehmen und geht der Frage nach, wie solche Rollenmodelle in Schulungen mit Leben gefüllt werden können (5.6).

## 5.1 Der Junge mit der Elefantenhaut

Holger Lindemann

■ Die Ausgangssituation

Der fünfjährige Aljoscha geht erst seit kurzem in den Kindergarten. Dort fällt er vor allem durch seinen starken Bewegungsdrang und seine Neugier auf. Er ist kaum zu halten, nimmt sehr schnell alles, was ihn interessiert in die Hände, um es genau zu untersuchen. Oft ist dies kein Problem, da sich die Kinder – außerhalb einiger feststehender Angebote – in dem Kindergarten aussuchen können, in welchem Raum sie sich aufhalten wollen. Dass die Ruhe-Oase kein Raum zum Toben ist, hat Aljoscha schnell verstanden und daher findet man ihn meistens im Bewegungsraum. Schwierigkeiten gibt es vor allem im Morgenkreis und bei den Mahlzeiten: Es gelingt Aljoscha nicht, bei der Sache zu bleiben, ruhig zu sein, zuzuhören und mit anderen Kindern in einen entspannten Kontakt zu treten. Vor allem im Morgenkreis, wenn es darum geht, gemeinsam ein Lied zu singen, die Aktivitäten des Tages vorzustellen und sich zu entscheiden, was man an diesem Tag in den Angebotszeiten machen möchte, scheint es Aljoscha kaum aushalten zu können.

■ Die Beratung

In einer Fallsupervision werden die Möglichkeiten besprochen, mit denen man Aljoscha dabei unterstützen könnte, in einigen Situationen ruhig dabei zu sein. Zunächst wird mit ihm über die Formulierungen »bei sich sein« und »außer sich sein« gesprochen. Schnell ist klar, dass diese Begriffe bei Aljoscha kopfstehen: Wenn er toben kann, ist er »bei sich«, auch wenn es von außen betrachtet aussehen mag, als sei er »außer sich«. Als Ziel wird zunächst formuliert, Aljoscha dabei zu unterstützen, auch einmal »bei anderen« sein zu können. Er soll seine stürmische und ausgelassene Art also nicht aufgeben oder unterdrücken, sondern für bestimmte Zeiten Ruhe und Gelassenheit zeigen. Die systemische »Frage nach Ausnahmen« zeigt tatsächlich einige kleine Augenblicke der Entspannung, Ruhe und des gelassenen Kontaktes mit anderen Kindern, etwa beim Vorlesen, im Bällchen-Bad oder noch besser: beim Vorlesen im Bällchen-Bad. Hier kann er auch sehr genau und konzentriert zuhören.

Nach der ersten spontanen Idee, den Morgenkreis kurzerhand in das – leider hierfür viel zu kleine – Bällchen-Bad zu verlegen, werden weitere Ideen gesammelt, wie Aljoscha unterstützt werden könnte, die für ihn als sinnvoll

erachtete Fähigkeit, »bei anderen« zu sein, zu erlernen. Als Anregung bringe ich Elemente des »Ich-schaffs-Trainings« von Ben Furman ein (Furman, 2005). Die Fähigkeit »bei anderen sein zu können«, die Aljoscha in einigen Situationen am Tag zeigen soll, wird zunächst auf den Morgenkreis bezogen. Hier soll er zuhören und sich anschließend auch für ein Angebot entscheiden können. Konkret beschrieben wird die Fähigkeit als »15 Minuten ruhig im Morgenkreis sitzen«. Es gäbe noch viele weitere Fähigkeiten, die eine »vollständige Teilnahme am Morgenkreis« erfordern würden:
- still und im Sitzen am Morgenkreis teilzunehmen
- ein Lied mitsingen,
- zuhören, welche Angebote es an diesem Tag gibt,
- wiedergeben, was er im Morgenkreis gehört und gesehen hat,
- sich entscheiden, woran er teilnehmen möchte,
- auch einmal die – unter den Kindern wechselnde – Begrüßung übernehmen.

### ■ Die Intervention

Mit Aljoscha wird – nach Rücksprache mit seinen Eltern – besprochen, dass die Erzieherinnen es für eine gute Idee halten würden, wenn er es schaffen könnte, »still und im Sitzen am Morgenkreis teilzunehmen«. Gemeinsam mit ihm wird geschaut, welche Vorteile das für ihn, für die anderen Kinder und für die Erzieherinnen hat (Furman, 2005, S. 38 ff.).

Aljoscha wird dann gefragt, ob er ein Tier oder eine Figur kennt, die das besonders gut hinbekommen könnten (Furman, 2005, S. 47 ff.). Seine spontane Antwort: »Ein Elefant! Der ist ganz gemütlich! Der kann so sitzen!« Und dann setzt er sich hin und wiegt den Kopf langsam hin und her, als hätte er einen langen Rüssel, den er gemächlich von einer Seite auf die andere schwingt. Dieses »Elefantsein« wird mit Aljoscha gelegentlich geübt, damit er es dann im Morgenkreis einmal ausprobieren kann. Mit den Eltern wird besprochen, dass Aljoscha diese Fähigkeit, ruhig und gemütlich wie ein Elefant zu sein, sicherlich auch zu Hause manchmal gut gebrauchen und üben kann. Vielleicht kann er auch ein Elefantenbild malen oder ein Stofftier von seinem Vorbild besorgen, um eine Erinnerungshilfe zu haben?

Nach dem darauffolgenden Wochenende kommt Aljoscha ganz stolz in den Kindergarten und zeigt den Erzieherinnen, was er am Wochenende mit seinen Eltern gebastelt hat: ein sehr großes, graues T-Shirt, auf das er einen Elefanten gemalt hat (Abbildung 85). Mit diesem T-Shirt entwickelt sich eine äußerst hilfreiche symbolische Interaktion: Wenn Aljoscha »ruhig und gemütlich, wie ein Elefant« sein soll, zieht er das T-Shirt über. Wenn er dann etwas anderes tun oder toben will, zieht er es wieder aus. An die Stelle der Ermahnungen durch die Erzieherinnen oder auch seine Eltern tritt die Bitte, dass Aljoscha seine »Elefantenhaut« anziehen soll. In die Entscheidung, ob und wann die Elefantenhaut sonst noch hilfreich ist, wird Aljoscha einbezogen. Letztlich nutzt er sie selbst als Hilfsmittel, um in einen seiner neuen Fähigkeit entsprechenden Ich-Zustand zu gelangen:

>»Gleich beginnt der Morgenkreis. Kannst du schon einmal deine Elefantenhaut überstreifen?«
>»Wenn wir gleich die Figuren basteln, kannst du das dann besser als Elefant?«
>»Halt! Zum Geschichte hören brauche ich noch meine Elefantenhaut!«
>»Aljoscha! Du hast ja deine Elefantenhaut noch an! Bevor du losrennst, musst du die erst noch abstreifen!«

**Abbildung 85:** Aljoschas Elefantenhaut

Aljoscha nutzt seine Elefantenhaut über einen langen Zeitraum selbstverständlich und zunehmend selbstständig, aus eigenem Antrieb. Es kommt sogar zu einer Situation, in der er einem anderen Kind, das gerade sehr unruhig ist, seine Haut anbietet. Geduldig erklärt er ihm, wie man das als Elefant macht.

> **Methodische Anmerkung**
> Die Fähigkeit, im Morgenkreis stillzusitzen, wurde in zwei Schritten externalisiert. Zunächst wurde sie personifiziert, indem nach einer »Kraftfigur« gefragt wurde: »Kennst du ein Tier oder eine andere Figur, die das besonders gut kann?« Dann wurde sie objektiviert, indem dem Krafttier ein Gegenstand zugeordnet wurde. Hierdurch wurde ein »Talisman« geschaffen, der – ebenso wie das Bild und die Vorstellung eines Elefanten – stellvertretend für die Fähigkeit steht (Lindemann, 2016a, S. 196–198).
> Es steht nun ein dissoziatives Objekt zur Verfügung, das dem Jungen dabei hilft, mit einem bestimmten Ich-Zustand und der dazugehörenden Fähigkeit zu assoziieren. Auf diese Weise kann das Objekt als Teil von Übergangsritualen Verwendung finden. Es symbolisiert den Wechsel von einem Ich-Zustand in einen anderen (Lindemann, 2016a, S. 193–195).

### ▪ Die Beendigung der Intervention

Als Aljoscha nach einiger Zeit darauf angesprochen wird, dass er die Haut ja nun gar nicht mehr braucht, weil er schon so gut gelernt hat, wie ein Elefant das hinbekommt, strahlt Aljoscha und sagt: »Ja! Und als nächstes werde ich ein Fisch!« Er hat sich fest vorgenommen, in diesem Sommer schwimmen zu lernen.

> **Methodische Anmerkung**
> Kinder, die die Fähigkeit besitzen, »so zu tun als ob«, verfügen über eine wichtige Ressource für ihre persönliche Entwicklung. Es ist daher ratsam, sie bei der Assoziation mit verschiedenen Rollen zu unterstützen. Hierzu bieten sich viele Spiele an, bei denen Kinder in andere Rollen schlüpfen, aber auch alle theaterpädagogischen Methoden. Kinder, die ihre Welt zunehmend passiv über visuelle Medien erfahren, verfügen über diese Ressource nur eingeschränkt. Auch ein späteres »sich in andere hineinversetzen« wird dadurch erschwert.

## 5.2 Ein kleiner Koffer voller Heimat
Holger Lindemann

■ Die Ausgangssituation

Herr Z., ein Handlungsreisender, berichtet mir im Coaching von seiner Arbeitssituation. Er ist ständig unterwegs, fühlt sich entwurzelt und heimatlos. Erst recht seit seiner Trennung. Er habe eine eigene Wohnung, seine Lebensgefährtin, die 300 Kilometer von ihm entfernt wohnt, hat ebenfalls eine eigene Wohnung, seine Tochter, die mittlerweile ausgezogen ist, ebenfalls – Entfernung 150 Kilometer. Wo auch immer er jetzt gerade sei, bei sich zu Hause, bei seiner Partnerin, bei seiner Tochter oder in einem Hotelzimmer: Er habe immer irgendwie Heimweh.

Es wird schnell deutlich, dass sich seine Heimatlosigkeit nicht ohne Weiteres beheben lassen wird. Es sei denn, er würde beruflich oder privat sesshaft. Das Leid des Heimatlosen scheint unabwendbar.

■ Die Intervention

Ich versuche genauer herauszubekommen, was »Heimat« für den Klienten bedeutet. Deshalb befrage ich ihn zu den Sinnesmodalitäten von »Heimat« und notiere seine Antworten einzeln auf Moderationskarten (für jeden Bereich eine eigene Farbe):

»Wenn Sie die Augen schließen und an Ihre Heimat denken. Wie sieht Ihre Heimat aus?« – »Wellen, Watt, Möwen, plattes Land, Leuchttürme. ... Und meine Familie natürlich. Vater und Mutter. Meine Tochter. Reetdachhäuser. Segelboote.«
»Welche Farbe hat Ihre Heimat?« – »Vor allem Blau. Und Grün. Und so Sand- und Schlickfarben.«
»Wenn Sie die Augen schließen und an Ihre Heimat denken. Wonach riecht Ihre Heimat?« – »Die riecht nach Heu und Gras. Auch nach Lavendel, den hatten wir immer im Garten. Nach frisch gebackenem Kuchen.«
»Wenn Sie die Augen schließen und an Ihre Heimat denken. Wonach schmeckt Ihre Heimat?« – »Nach schwarzem Tee mit Kluntje und Sahne. Und nach Krüllkuchen. Es gab auch immer diese Krabbentoasts, die mein Vater so mochte.«
»Wenn Sie die Augen schließen und an Ihre Heimat denken. Wie hört sich Ihre Heimat an?« – »Das sind vor allem Wind und Wellen. ... Ja. Wind und Wellen. Und der ganze Snack op Platt. Wenn die Leute im Dorf so loslegen und tratschen.«

»Wenn Sie die Augen schließen und an Ihre Heimat denken. Wie fühlt sich Ihre Heimat an?« – »Da fällt mir jetzt nichts zu ein …«
»Gibt es eine Kleidung, die für Sie Heimat ist?« – »Ja. Dieser Wollpulli und die Hausschuhe!«

Nachdem Herr Z. alles gesagt hat, was ihm zu Heimat eingefallen ist, breite ich die über zwei Dutzend Moderationskarten vor ihm aus. Seine erste Reaktion ist Rührung. Dann sagt er: »Ist das nicht auch total stereotyp?« Ich erwidere: »Und. Darf es das nicht sein? Heimat besteht doch auch zu einem guten Teil aus Vertrautem und Gewohntem.«

Ich schließe die Sitzung mit einer Handlungsaufgabe als Schlussintervention ab:

»Ich könnte mir vorstellen, dass all diese Dinge, oder zumindest die meisten, die Sie an Heimat erinnern, in einen kleinen Koffer oder eine kleine Tasche passen. Ich könnte mir auch vorstellen, dass Sie diese immer bei sich tragen können, wo auch immer Sie gerade sind. Wäre das nicht was, dann diesen Koffer zu öffnen? Sich einen kleinen ›Schrein der Heimat‹ aufzubauen? Den Pulli und die Hausschuhe zu tragen, Wind und Wellen zu hören, Krüllkuchen zu essen und sich eine Tasse schwarzen Tee mit Kluntje und Sahne zu machen? Vielleicht gibt es auch Romane oder Geschichten, die für Sie Heimat bedeuten und in die Sie dann immer ein paar Minuten hineinlesen können. Oder ein Gedicht oder ein Gebet? Sicherlich werden Ihnen noch viele Dinge zu Ihrer Heimat einfallen. Ich gebe Ihnen zu jedem Wahrnehmungsbereich noch einmal drei leere Moderationskarten mit. Wählen Sie Ihren ›Koffer voller Heimat‹ daher nicht zu klein!«

Herr Z. nimmt alle Moderationskarten und bedankt sich. Unser nächster Termin findet drei Monate später statt.

### Reflexion und Feedback

Zu Beginn der nächsten Sitzung erzählt Herr Z., dass er sich tatsächlich einen kleinen Koffer (»so ein Spielzeugkoffer«) zugelegt und begonnen hat, ihn zu füllen. Postkarten, Teebeutel, Kleidungsstücke, … es sei noch so viel hinzugekommen (Abbildung 86), ganz viele Muscheln zum Beispiel. Und seine Freundin habe den Koffer gesehen und gefragt, was das denn sei. Da habe er ihr davon erzählt. Und sie hat sofort gesagt: »Hier auf der Kommode könnte doch ein guter Platz sein, für ein bisschen von deiner Heimat.« Und da hätte er einige Sachen dortgelassen. Es habe ja sowieso nicht mehr alles in den Koffer gepasst.

Und bei seiner Tochter sei es so ähnlich gelaufen, als er zu Besuch bei ihr war. Bei sich zu Hause hat er jetzt auch eine Heimatecke. Als er dann letztens in der Dorfkneipe war, habe er einfach sein Smartphone auf Aufnahme gestellt. Eine Stunde lang. »Man versteht zwar von dem ganzen Gesabbel kein Wort. Aber das ist nun mal Heimat.« Neben einer CD mit Wind- und Wellengeräuschen würde er das zwischendurch hören. Beim Autofahren, im Zug oder zum Einschlafen.

»Es gibt ja diesen Spruch«, schließt er seinen Bericht: »›Wherever I lay my head, there's my home.‹ Da habe ich nie dran geglaubt, dass das so sein könnte. Aber es funktioniert erstaunlich gut!«

Abbildung 86: Inhalte aus dem Koffer voller Heimat

**Methodische Anmerkung**
Der erste Schritt besteht in einer Externalisation von »Heimat«. Die Objektivation soll den abstrakten Begriff greifbar und sinnlich erfahrbar machen. Die Sammlung der Gegenstände in Form eines »Heimatkoffers« dient als Anker, um das Gefühl »zu Hause zu sein« internalisieren zu können (Lindemann, 2016a, S. 42 f.).

Die Handlungsaufgabe, den Heimatkoffer zu befüllen, ist bewusst indirekt und optional formuliert. Sie soll bestenfalls eine innere Bereitschaft erzeugen und nicht als von außen vorgegebene »Challenge« abgearbeitet werden.

## 5.3 Das geschenkte Problempaket – eine systemische Anregung zum Umgang mit Problemen

Nikola Siller

■ Worum geht's?

Es geht darum, wie gegenständliche Metaphern genutzt werden können, um Weiterbildungsteilnehmerinnen und -teilnehmern ein systemisches Verständnis von Problemen nahezubringen. Es geht um das Schüren von Ideen, wie man in Beratung oder Pädagogik oder auch als gute Freundinnen und Freunde, Kolleginnen und Kollegen, andere Menschen unterstützen kann, die einen an ihren Problemen und ihrem Leid – und möglicherweise auch der Lösungsfindung – teilhaben lassen. Dabei spielt es zunächst keine Rolle, ob es sich um einen expliziten Beratungsprozess, einen Tür- und Angelkontakt im Großraumbüro, ein WG-Küchengespräch unter Freunden oder um ein Elterngespräch im Familienzentrum handelt.

Bei der hier dargestellten Metaphernarbeit handelt es sich weniger um ein institutionalisiertes Format als vielmehr um ein grundsätzliches und generelles Verständnis einer systemischen Haltung im Umgang mit Problemen, und wie diese Haltung unter Zuhilfenahme von Metaphern sinnvoll begriffen, verinnerlicht und spontan abgerufen werden kann. Bevor ich mit dem Problempaket ein hilfreiches Bild für den konstruktiven Umgang mit Problemen vorschlage, definiere ich zum besseren Verständnis den relevanten Kontext:
– den Blick der Beratenden,
– das Paket als Form und
– die Philosophie des Schenkens.

**Der relevante Kontext**

■ Der Blick der Beratenden

Wenn man sich mit den Anwendungsfeldern systemischen Denkens und Handelns beschäftigt, kommt man nicht um »die Probleme« herum. Probleme aller Art sind für einen Großteil der Klientinnen und Klienten der Anlass, Unterstützung und Beratung zu suchen und sind somit auch ein Zugang zu einem Wachstums- und Entwicklungsprozess. Systemische Beratung beabsichtigt, Möglichkeitsräume so zu erweitern, dass im Kopf und im Herzen der Ratsuchenden neue Handlungsideen entstehen und neue Wege für Entwicklungen sichtbar und begehbar werden. Unser Blick als Beratende auf »das Problem«, unsere innere Haltung zur »problematischen Situation«, spielt dabei eine wesentliche Rolle. Wir dienen dem ratsuchenden Menschen in gewisser Weise als Spiegel: Der Mensch, nennen wir ihn Herr K., schaut uns fragend (oder suchend, verzweifelt, aufgelöst ...) an, und er sieht, wie wir ihn anblicken. Und dieser Blick gibt ihm bestenfalls Halt, Hoffnung und Orientierung. Genauso verhält es sich mit »dem Problem«, das Herr K. uns präsentiert. Durch unseren Blick und unsere Art des Umgangs, wird auch er möglicherweise dazu angeregt, »sein Problem« in einem anderen Licht zu sehen. Unser Blick, unsere Sprache und Deutung, als sichtbarer Ausdruck innerer Haltung, sind die wirkmächtigsten Werkzeuge in unserem Methodenkoffer. Eine authentisch-wertschätzende Haltung gegenüber Klientinnen und Klienten ist die Grundlage erfolgreicher Entwicklungsarbeit. Wir bieten Herrn K. die Möglichkeit an, sich durch unsere wohlwollenden Augen neu zu sehen. Er bekommt im günstigsten Fall Sehnsucht nach einem Bild von sich selbst, wie er von uns gesehen wird. Er sieht in unserem Blick möglicherweise seine eigene (verschüttete) Hoffnung und entdeckt seine verloren geglaubten Möglichkeiten, sich neu zu erfinden und andere Wege zu beschreiten. Es geht also darum, wie wir – anders als gewohnt – auf Probleme oder problematisches Verhalten reagieren, sodass sich bestenfalls neue Räume der Betrachtung und des Handelns auftun.

Um Seminarteilnehmerinnen und -teilnehmern die Wirkmächtigkeit eines prinzipiell ressourcen- und lösungsorientierten Blicks als Quelle und Strategie systemischen Arbeitens nahezubringen, bediene ich mich der Metapher des geschenkten Problempaketes. Ich hole dann ein Geschenkpäckchen aus meiner »Metaphern-Schatzkiste« hervor, aus der ich zuvor schon andere Utensilien zur Veranschaulichung systemischer Theorie herausgeholt habe, wie ein Mobile für die Verdeutlichung der Zusammenhänge und Bezogenheiten im System oder verschiedene »Wahrnehmungsbrillen« für das Verständnis der Diversität menschlicher Wahrnehmung und Kommunikation. Das Geschenkpäckchen ist ganz klassisch in Geschenkpapier verpackt, mit Band verschnürt und mit einem Luftballon dekoriert.

■ Das Paket als Form

Es gibt für die Wahl des Paketes drei gute Gründe: Begrenzung, Externalisierung und Kontextualisierung.

- *Begrenzung:*
  Nehmen wir mal an, Herr K. hat ein Problem. Nun könnte es sich für ihn so anfühlen, vor allem wenn er gerade in mieser Stimmung ist, dass »alles in ihm

und um ihn herum« problematisch ist. Das Verweilen in diesem Problemnebel, auch Problemtrance genannt, ist ein Moment der Selbstaufgabe und damit eine ungünstige Voraussetzung für die Erfindung von Lösungen. Das Problem sollte also eingegrenzt werden. Durch die Vergegenständlichung (Objektivierung) wird der Problemraum verdichtet auf die Größe eines Päckchens. Mit diesem »formgebenden Schrumpfungsakt« wird das Problem im wahrsten Sinne des Wortes handhabbarer und es entsteht neuer Freiraum für »das Andere«, den »Raum des Nicht-Problemhaften«, den Ort, an dem Lösungsideen keimen und wachsen können.

- *Externalisierung*:
Nehmen wir mal an, Herr K. hält sein Problem als Päckchen in den Händen. Es ist nun nicht mehr innerhalb seines Körpers. Er kann sich von der Idee distanzieren, »das Problem zu sein« oder »von dem Problem umgeben zu sein«. Er wird zum »Problemträger«. Er kann »das Problem« betrachten, das Gewicht fühlen, es im Arm wiegen, in die Ecke stellen, schräg angucken, verschenken, küssen, zertreten. Die Externalisierung, also die Herausnahme eines inneren Zustands nach außen, führt zu einem Prozess der Befreiung oder auch Reinigung von der toxischen Idee, vom Problem besessen oder umschlossen zu sein. Herr K. wird ein Bild angeboten, das ihm ermöglicht, sein Problem »im Griff zu haben«.

- *Kontextualisierung*:
Wenn Herr K. ein Problem hat, dann ist es nicht nur seins. Das subjektive Erleben eines Problems kommt einer Verdichtung der Wahrnehmung gleich. Ein Problem ist niemals nur eins und gehört auch niemals nur einem allein, es handelt sich vielmehr um einen Problemkomplex. Herr K. hat sich – um neben dem Paket eine weitere Metapher zu nutzen – in einem »Knäuel von verschiedenen Problemsträngen verfangen«, deren Enden nicht er allein in den Händen hält, und die er schon gar nicht überblicken kann. Die wichtige Frage für Herrn K. lautet: »Wie komme ich da nur raus?«
Beim Herauskommen und Entheddern der Stränge hilft es, den Kontext, die Zusammenhänge und Einflussfaktoren in den Blick zu nehmen. Der Begriff Kontext kommt von »contexere«, lateinisch für Zusammenweben. Wir können es uns so vorstellen, dass Fäden mit einem bestimmten Muster zu einem Bild zusammengewebt sind. In der systemischen Beratung werden diese zusammengewebten Bilder, wenn sie entwicklungshemmend und leidvoll sind, hinterfragt und dekonstruiert – um im Bild zu bleiben: Die Fäden werden entwirrt und neu geordnet. Mit diesen enthedderten Fäden können

neue Bilder gewebt werden zu, im günstigen Fall, freudvolleren Mustern, die für den Einzelnen und bestenfalls für das ganze System weniger schmerzlich und belastend sind.

Diesem Bild einer verworrenen Struktur wirrer Fäden wird das Problempaket in seiner Begrenztheit und Abgeschlossenheit gegenübergestellt. Die Paketmetapher lädt dazu ein, nach dem Kontext und dem Gesamtbild zu fragen:

»An wen ist das Problempaket eigentlich adressiert?«
»Für wen war es wohl ursprünglich gedacht?«
»Wer könnte es wann aus welchen Gründen gepackt haben?«
»Durch welche Hände ist das Paket schon gegangen?«
»Wer lacht sich gerade ins Fäustchen, dass Herr K. es jetzt schleppt?«
»Welchen verdeckten Gewinn könnte Herr K. selbst davon haben?«
»In welcher Funktionsbeziehung steht er zum Paket? Ist er Sender oder Empfänger, oder vielleicht ein Paketzusteller?«
»Rechnet sich der ganze Aufwand der Zustellung angesichts des Lohns überhaupt für ihn?«
»Wie oft ist die Zustellung schon fehlgeschlagen?«
»Sollte er als Sender des Paketes den Paketdienst wechseln?«
»Oder als Empfänger die Annahme verweigern?«
»Oder handelt es sich womöglich um ein Geschenk mit wertvollem Inhalt?«
»Wem würde das Paket am meisten fehlen, angenommen Herr K., entschlösse sich, es zu verstecken oder wegzuwerfen?«

**Methodische Anmerkung**
Ziel des Kontextualisierens ist die Entlastung des Klienten oder der Klientin, indem der Leidens- und Veränderungsdruck auf mehrere Aspekte des Umfeldes verteilt wird (z.B. andere Personen, Rollen, Rahmenbedingungen). Ein zentraler Aspekt der systemischen Arbeit besteht darin, andere Personen und deren Umgangsweisen, Rollen und Haltungen gegenüber »dem Paket« bzw. »dem Problem« einzubeziehen. Das Problem wird so in einen sozialen Kontext eingebettet oder »rekommunalisiert« und »vergemeinschaftet«.

■ Die Philosophie des Schenkens

Zurück zur Präsentation im Seminarraum: Ich halte nun also das in Geschenkpapier eingepackte Päckchen in meinen Händen, habe den wohlwollenden Spiegelblick dargestellt, das Problem externalisiert, im Arm gewogen, es abgelegt und meinen Abstand im Raum dazu variiert. Jetzt frage ich die Teilnehmenden, was sie denken, was ich wohl damit zum Ausdruck bringen möchte, das Paket als Geschenk verpackt zu präsentieren. Welcher Zusammenhang könnte zwischen Problem, Beratung und Schenken sinnvollerweise konstruiert werden?

Die Geschenkmetapher bezogen auf Beratung ist zunächst irreführend. Die systemische Haltung des Beratens und Begleitens bedeutet eben nicht, sich als großzügige Spenderin von Geschenken, als ihre dankbare Empfängerin oder als Depot für schwerwiegende Problempakete aller Art anzubieten. Das wäre ja, als hätten wir Zugang zu einem Raum, in dem wir Problem- und Lösungspakete bis unter die Decke stapeln könnten und es den Lösungsempfängern und Problemüberbringern durch eine geschickte Lagerhaltung ermöglichen, fortan unbeschwert ihr problembefreites und gelöstes Leben zu führen. Genau das wollen wir nicht lehren und fördern. Im Gegenteil: Es geht uns um die Befähigung der Klientinnen und Klienten, ihre eigenen Lösungen und Wege zu entdecken, zu erfinden und zu leben, ohne sich von den Beratenden abhängig zu machen. Das Paket ist und bleibt ihres. Wir können sie dabei unterstützen, es anzuschauen, zu entpacken, über den Inhalt nachzudenken, Dinge, die es beinhaltet, anzunehmen oder abzulehnen.

Die Geschenkmetapher ist eine geeignete Möglichkeit, um während Weiterbildungen über unsere Haltung und unser Verständnis als Beratende ins Gespräch zu kommen, gerade weil sie ein Element der Irritation und Irreführung beinhaltet.

»Das Schenken« als Handlung wird von den meisten Gruppen mit etwas Positivem, Schönem, Wertvollem und auch Verpflichtendem assoziiert. Eine Idee, die einen Unterschied macht, besteht bereits darin, Problempakete nicht als »Übel« oder »nervigen Ballast«, sondern als etwas Schönes und Wertvolles zu betrachten. In einem Problem oder einer Krise ist immer auch die Existenz des »Anderen«, des »Neuen«, des »Möglichen«, der »Veränderung« enthalten. Diese Existenz bekommt aber erst durch einen Perspektivenwechsel eine Gestalt, indem wir bewusst dorthin schauen. Probleme geben einen Hinweis auf persönliche und gemeinschaftliche Entwicklungsräume und können als solche angenommen und begrüßt werden. Ein Problem ist, so gesehen, auch ein Geschenk. Eine Beratungsaufgabe liegt darin, auf diese gestaltbaren Räume hinzuweisen, ohne die schwere und dunkle Seite des Leids zu negieren.

Systemisch betrachtet, steht beim Akt des Schenkens – wie im kommunikativen Raum generell – nicht das Objekt im Vordergrund, das die Besitzerin wechselt, sondern das Tun, die Interaktion des Schenkens selbst, der Beziehungsraum, der zwischen Geben und Nehmen entsteht. Die Fokussierung auf diesen Beziehungsraum ist für das Selbstverständnis als Beratende und die Gestaltung des Beratungssystems essenziell. Als Anregung erzähle ich gern die Geschichte vom »Geist der gegebenen Sache« (Mauss, 1925/1990, S. 31). Der Ethnologe Marcel Mauss hat in den 1920er Jahren zur Kultur des Schenkens geforscht und dabei erfahren, dass es in manchen Gesellschaften eine Bezeichnung für den »Geist der Gabe« gibt. Bei den Maori in Neuseeland wandert dieser Geist namens »hau« von der schenkenden Person A zur beschenkten Person B und von dort durch eine möglicherweise völlig andere Gabe zu einem völlig anderen Zeitpunkt zu Person C, von dort zu Person D und so weiter. Mauss fand heraus, dass »die Gabe« und »die direkte Gegengabe« – weil A etwas an B gegeben hat, »muss« B etwas an A zurückgeben – dabei irrelevant sind und nicht erwartet werden. Mauss schlussfolgerte für das Regelwerk dieser beobachteten Gruppe, dass abweichend zu dem westlich-ausgeformten Austauschsystem eine Gabe nicht zur »Gegengabe«, sondern zur »Weitergabe« verpflichtet.

Was könnte diese anthropologische Geschichte mit unserem Selbstverständnis in der systemischen Beratung zu tun haben? Man könnte z. B. entscheiden, unsere Arbeit und unseren Umgang mit Problemen in einen anderen Kontext zu stellen und unsere Arbeit als (Weiter-)Gabe zu verstehen. So gesehen fungieren wir als Medium im Dienste der Lösungsfindung der Gesamtheit der Klientinnen und Klienten. Die Idee der Gabe könnte uns daran erinnern oder sogar verpflichten, die Erfahrungen und unser gesammeltes Wissen weiterzugeben. Durch jede Beratung und Lehrerfahrung profitieren andere Klientinnen und Klienten, Teilnehmende von Weiterbildungen und ebenso Kolleginnen und Kollegen. Es geht darum, sich diesen Prozess bewusst zu machen und ihn dadurch gezielter modellieren zu können.

Die Metapher des Schenkens lädt dazu ein, eine Beobachtungsebene zweiter Ordnung einzunehmen und über unser Tun, unsere Verantwortung und Ethik als Beratende oder pädagogisch und therapeutisch Tätige zu reflektieren. Außerdem ist sie eine gute Übung zum Kontextualisieren: Das eigene Tun wird stärker in den intergenerationalen und weltgesellschaftlichen Fluss eingebettet, was wiederum für den Einzelnen, sei es Klientin oder Klient, Beraterin oder Berater, entlastend und befreiend wirken kann.

**Der Inhalt: Die Bestandteile des Pakets**

Genug der Rahmenkonstruktion. Jetzt wird endlich das Paket geöffnet und nachgeschaut, was darin enthalten ist! Doch: Halt! Wir Beratende reißen nicht etwa das Papier herunter, öffnen neugierig den Deckel und stecken unsere Nase tief in das Problempaket anderer Leute. Wir deuten und akzeptieren die Geschenkpapierhülle als metaphorischen Schutz der Klientinnen und Klienten und fragen bei jedem Schritt, den wir weitergehen möchten, behutsam um Erlaubnis. Es sollen Angebote gemacht werden, auf eine angenehme und nicht-fordernde Weise. Das Tempo und den Zeitpunkt für das Öffnen und Hineinschauen bestimmt allein unser Gegenüber. So gern wir auch wissen wollen, was denn nun im Paket alles drin ist, und so gern wir alle unsere gut gemeinten Beratungswerkzeuge endlich nutzen möchten: Geduld, Zuhören und Empathie sind Tugenden und elementare Beratungskompetenzen.

In dem Problempaket, das ich zur Anschauung verwende, befinden sich nun allerlei Symbole, die ich nach und nach zum Vorschein bringe. Sie inspirieren und erinnern mich daran, worauf ich im Umgang mit Herrn K., in seiner Situation als Problemträger, achten möchte. Hier biete ich eine Auswahl der symbolischen Gegenstände an, die ich in der Lehre für die Verdeutlichung eines systemischen Umgangs mit Problemen verwende, und die für viele Problemtypen generalisierbar ist (Abbildung 87). Es kommt bei der Zusammenstellung der Gegenstände natürlich auf den Kontext, die Seminargruppe, die Klientenzielgruppe und die eigenen Vorlieben und meine Fantasie an.

**Abbildung 87:** Der Inhalt des Problempakets

## ▪ Visitenkarten

Zunächst hole ich ein paar unterschiedliche Visitenkarten aus dem Päckchen. Diese erinnern uns Beratende daran, zu prüfen, in welcher Rolle und mit welchen Aufträgen wir agieren. Für welche Bestandteile des Problempaketes sind möglicherweise andere Menschen und andere Institutionen besser geeignet oder könnten hinzugezogen werden? Es ist gut, andere Hilfesysteme zu kennen, gut vernetzt zu sein, Klientinnen und Klienten entsprechende Vorschläge zu machen und auf andere Stellen verweisen zu können. So hat eine Erzieherin beispielsweise in der Regel nicht die Kompetenzen, selbst als Schuldnerberaterin tätig zu werden, und es ist sicher auch nicht unbedingt geschickt, wenn sie sich als vermeintliche Eheberaterin eine fragwürdige Doppelrolle in der Kita aufhalst. Täte Herrn K. womöglich eine Tanztherapie gut? Oder könnte Floßbauen im Kreis mit anderen Männern sein Selbstwertgefühl steigern? Sollten wir Herrn K. darauf hinweisen, dass er für seinen Stiefsohn psychotherapeutische Hilfe in Anspruch nehmen kann? Wen kann ich fragen, wenn ich mir als Beratende unsicher bin? Wo hole ich mir Unterstützung, wenn es mir selbst zu viel wird?

## ▪ Plektron

Ein Plektron nutze ich als Metapher für den Lebensbereich der schönen Künste, des Ästhetischen, der sinnlichen Anschauung, für Musik, Naturerleben und andere Hobbys. Das Plektron kann uns im Umgang mit Herrn K. daran erinnern, dass er möglicherweise gerade derart tief im Problemnebel feststeckt, dass er seine Fähigkeiten und Neigungen völlig vergessen hat bzw. sie hinter der Nebelwand nicht mehr wahrnehmen kann. Als Beratende mache ich einen guten Job, wenn ich durch Fragen und kleine Anregungen darauf hindeute, dass alles das, was Freude macht, als Möglichkeit noch vorhanden ist, nur von Herrn K. im Moment aus guten, nachvollziehbaren Gründen nicht genutzt werden kann. Das Plektron dient auch als Hinweis darauf, dass der Problemraum behutsam begrenzt, externalisiert und kontextualisiert werden sollte, damit in Kopf und Herz von Herrn K. wieder Raum für die Nutzung seiner Ressourcen frei wird, z. B. für die Idee, mal wieder Musik zu machen. Der Ressourcenraum ist so gesehen auch ein Proberaum.

## ▪ Muscheln und Bernstein

Ein paar einfache Nordseemuscheln stehen symbolisch für die kleinen zufälligen Fundstücke, die kleinen Glücksmomente während einer problematischen Phase oder einer Krise. Ich kann im Beratungsprozess nach Ausnahmen fragen: Wann hat sich Herr K. in der letzten Woche nicht mit seinem Sohn gestritten? Was war stattdessen? Welchen kleinen Augenblick der Freude und der Zufriedenheit gab es? Die Muscheln sollen uns als Beratende daran erinnern, dass wir die Augen öffnen helfen für die kleinen Glücksmomente, für den Zufall, die Gelegenheiten und die Möglichkeit des Findens betonen.

- Stein

Im Päckchen liegt auch ein ungeschliffener Stein. Meistens haben Probleme oder Leid einen schweren, dunklen oder traurigen Anteil, sonst lägen sie uns nicht so schwer im Magen. Es tut Herrn K. gut, wenn der Stein in der Beratung da sein und über ihn gesprochen werden darf. Zu viel Lösungsorientierung und zu wenig Annahme des Leides, das nun gerade das Hier und Jetzt ausfüllt, macht das Paket für ihn nicht leichter. Wenn ich als Beratende weiß, dass der Stein nur ein Element von vielen im Gesamtpaket ist, fällt es mir leichter, ihn in seiner Schwere anzunehmen und anwesend sein zu lassen. Manchmal müssen Menschen über ihre Situation klagen, jammern, weinen. Und es hilft ganz sicher in solchen Momenten nicht immer weiter, von den Muscheln am Strand zu schwärmen und nach Ausnahmen zu fragen.

- Krone

Eine kleine Krone nutze ich als Metapher für die Selbstorganisation, d. h. sowohl für den Weg als auch für das Ziel des Beratungsprozesses. Es geht darum, Herrn K. dabei zu unterstützen, die Regentschaft und die Regie über das eigene Leben wiederherzustellen. Wir wollen und dürfen Herrn K. nicht die Verantwortung für sich, sein Leben und seine Lösungen nehmen! Zentral ist die bedingungslose Autonomie der Ratsuchenden über das eigene Leben und auch über den Beratungsprozess, der lösungsneutral und ergebnisoffen zu gestalten ist. Die Krone steht damit auch symbolisch für die Würde, die immer subjektiv ist, die jeder Mensch in sich trägt und die jeder nur für sich allein definieren kann. Sie soll mich daran erinnern, mich mit meiner guten Idee vom »richtigen Weg«, der »richtigen Lösung« nicht allzu wichtig zu nehmen – und mich nicht in meine Hypothesen zu verlieben. Eine schwierige aber wichtige Übung!

- Memokarten oder Notizzettel

Ein Block mit Memokarten erinnert daran, dass nicht alles sofort umgesetzt werden muss. Wer A sagt, muss noch lange nicht B sagen oder gar C machen.

Alles entsteht und wächst zu seiner Zeit! Memokarten können für Vorhaben eingesetzt werden, die Herr K. in seiner jetzigen Phase nicht umsetzen kann, an die er sich aber zu einem anderen Zeitpunkt erinnern will. Wir können Herrn K. z. B. dabei unterstützen, herauszufinden, was er nicht vergessen möchte, was er sich für das Leben, das kommende Geschäftsjahr oder seine Partnerschaft alles vornimmt – ohne dass bei ihm ein sofortiger Erfüllungsdruck entsteht. Manche Projektideen liegen sehr geduldig über Jahre in der Schreibtischschublade und reifen dort bis zum richtigen Zeitpunkt der Umsetzung – und wenn sie mit der Zeit an Bedeutung verlieren und von anderen Vorhaben verdrängt werden, scheinen sie nicht so wichtig gewesen zu sein. Memokarten dienen als Symbol für die Entlastung des Lebens im Hier und Jetzt, sie stehen für Gelassenheit und Vertrauen in den Prozess.

■ Goldene Perle

Herzstück des Problempaketes ist eine kleine goldene Perle. Sie symbolisiert die Vorstellung, dass in *jedem Menschen* ein wertvoller, glänzender, liebenswerter Kern steckt. Manchmal ist dieser sehr schwer zu erkennen, weil sich die Zeit und ungute Verhältnisse als Patina um die Perle gelegt haben. Ein Mensch neigt dazu, sich zu öffnen, sich anzuvertrauen und möglicherweise auch sein Verhalten zu ändern, wenn wir konsequent an der Idee des inneren goldenen Kerns festhalten und mit unserem wohlwollenden Blick standhaft und diszipliniert bleiben, bis er den goldenen Kern in sich spürt und ihn schließlich hervorbringen möchte. Es gibt Situationen und Konstellationen im Leben eines Beratenden, in denen dieses Grundprinzip aufgrund eigener, nicht geheilter Verletzungen oder eigener Glaubenssätze und Grenzen nicht anwendbar ist. Wenn wir uns nicht in der Lage sehen, den goldenen Kern in einem Klienten wenigstens zu vermuten, sollten wir entscheiden, diesen Beratungsauftrag nicht anzunehmen.

■ Hausfleiß-Stopfgarn, rot, 5 gr

Zum traditionellen Stopfgarn meiner Großtante Eva gibt es zahlreiche Assoziationen, die wunderbar passen. Auf der Hand liegt die Symbolik des roten Fadens im prozesshaften Umgang mit Problemen. Gemeint ist weniger, einen Plan zu entwickeln und ein Ziel linear und akribisch zu verfolgen, sondern sich die eigenen Hypothesen bewusst zu machen, zu überprüfen und die systemischen Interventionen entsprechend zu gestalten. Die systemische Beratung ist ein Balanceakt zwischen situativem, empathischem Vorgehen und planvollem, strategisch durchdachtem Vorhaben. Je klarer ich einen roten Faden, eine Struktur im Beratungsprozess entwickle, desto leichter, souveräner und vertrauensvoller kann ich davon abweichen und mit meiner Aufmerksamkeit voll und ganz im Moment sein.

Das Angebot, »ein bisschen farbiges Stopfgarn für kaputte Stellen in der Biografie zu nutzen«, schadet im Prozess sicher auch nicht, nur sollten wir tunlichst vermeiden, selbst Hand anzulegen und zu denken, wir seien befugt, Lücken im Leben von Klientinnen und Klienten zu stopfen. Der Faden weist auch auf die Wortbedeutung des Kontextualisierens hin, das Zusammenweben von Fäden, die Freiheit, die Fäden in der eigenen Hand zu halten und neue Bilder entstehen zu lassen. Mit dem roten Faden können auch einzelne, scheinbar isolierte Persönlichkeitsanteile zusammengeflickt werden oder Gemütszustände, die unvereinbar scheinen.

■ Konfetti

Eine Handvoll Konfetti steht für Leichtigkeit, für Humor, für das Verrückte, für das Trotz-Alledem, für das Feiern, das man sich unter keinen Umständen verwehren sollte. Es könnte uns daran erinnern, mal wieder ein Fest für kleine Erfolge zu feiern – oder wie meine Hebamme mir als frischgebackene Mutter mit auf den Weg gab: des Abends mit einem Glas Wein (oder einer Apfelschorle) auf alle unsere am Tag begangenen großen und kleinen Fehler anzustoßen und nicht so fürchterlich streng mit uns zu sein. Das Leben ist nicht perfekt, und wir sollten ebenfalls nicht versuchen, es zu sein! Und gerade in schweren, leidvollen Phasen kann ein herzhaftes Lachen im Beratungsraum sehr heilsam wirken. Wenn wir an Konfetti denken, wenn ein Problempaket daherkommt, dann schwebt ein Hauch von Annahme und Leichtigkeit durch unsere gedankenverkrusteten Hirnwindungen, die sich durch unseren Blick auf den Träger und den Beratungsprozess überträgt.

■ Scrabble-Buchstaben

Das konstruktivistische Spielen mit Sprache und Narrationen ist eine bedeutsame und wirksame Methode der systemischen Beratungsarbeit. In der Sprache sind Glaubenssätze und Vorstellungssysteme verdichtet. Die Buchstaben aus einem Scrabble-Spiel im Paket weisen als Metapher auf die wunderbare Möglichkeit hin, Wörter und Geschichten neu zu erfinden oder neu zusammenzusetzen. Feste Glaubenssätze können in einzelne Bestandteile zerlegt werden, um ihnen ein neues Gefüge und eine neue Gestalt und damit auch neue Bedeutung und neuen Sinn zu geben. Außerdem können frei umherschweifende, noch ungebundene, heilsame oder Erfolg versprechende Gedanken und Gefühle in eine verbindende Syntax gebracht werden, in eine feste Verbindung und sprachliche Ordnung, die derart gebündelt mehr Kraft und Energie für eine Verwirklichung hervorbringt. Und ganz praktisch: Ich kann mir als Beratende vornehmen, die »Grammatik der Problemtrance« von Herrn K. herauszufinden und mich fragen, welche Möglichkeitsräume sich hinter seiner gewohnten Sprache verbergen. Mit dem Aufgreifen und Weiterentwickeln von Sprachbildern, Reframing und anderen verbalen Interventionen kann ich Angebote für neue Beschreibungen machen.

### Wanderschuh-Radiergummi

Vielleicht steckt im Problempaket ja auch der Beginn einer wunderbaren Heldenreise? Vielleicht weist »das Problem« von Herrn K. auf einen anstehenden Aufbruch, den Ruf in ein neues Leben? Im Beratungsprozess können Zukunftsräume und Visionen entwickelt und neue Landkarten erstellt werden. Systemisch Beratende ermutigen zum Machen und Beschreiten eigener Wege. Der Radiergummi symbolisiert die Flexibilität und die Erlaubnis zum Ausprobieren. Der eingeschlagene Weg muss nicht gleich zur Verbesserung oder gar zum Erfolg führen. Umwege und Irrwege haben ihren Sinn. Es geht eher darum, in Bewegung zu kommen, sich aus der Starre zu lösen, loszulaufen, das Neue zu wagen, eine erste Richtung einzuschlagen. Unterwegs werden sich neue Wege und Pfade auftun, die vom Ausgangspunkt – trotz besten Kartenwerks, Kompass und bestmöglicher Vorbereitung – nicht einsehbar sind.

### Was noch?

Die hier ausgewählten und vorgestellten gegenständlichen Metaphern sind je nach Situation, Gruppe, Vorwissen, Ausbildungsphase kombinierbar, austauschbar und ergänzbar. Meistens kommen die Seminarteilnehmerinnen und -teilnehmer nach ein paar ersten Anregungen selbst auf wunderbare Metaphern, die für sie – da aus ihnen selbst hervorgegangen und auf ihre Arbeitsfelder bezogen – noch mehr Wirkkraft und Nachhaltigkeit haben.

### Der Ballon auf dem Paket

Abschließend möchte ich auflösen, wozu ich das geschenkte Problempaket mit einem Luftballon dekoriere. Ein nicht unwichtiges Detail! Bevor ich überhaupt darüber nachdenke, was wohl alles in dem Paket stecken könnte, schaue ich, wie »aufgeblasen« das Problem mir zugetragen wird. Manche Menschen sind zum Platzen wütend und müssen erst einmal die Luft herauslassen. Das sind dann diejenigen, die gern in der Literatur als »Klagende« beschrieben werden. Lasst sie klagen und jammern! Das kann sehr wohltuend sein – und wichtig für die weitere Beschäftigung mit dem Inhalt des Paketes. Der Ballon auf dem Geschenk erinnert uns daran, dass die äußere Verfasstheit, der Stress oder die Existenzsorgen wesentliche Kontextfaktoren sind, die wir erkennen und ernst nehmen sollten.

Nicht in jeder Stimmung und Situation will und darf ein Problempaket geöffnet werden. Es kann sehr schnell zur »Büchse der Pandora« werden. Fingerspitzengefühl und Empathie sind nötig, um den »richtigen Zeitpunkt« zu erkennen. Stimmig ist der Zeitpunkt dann, wenn er von den Klientinnen und Klienten bestimmt wird, nicht von den Beratenden.

Wir gehen prinzipiell im Tempo von Herrn K. voran. Seitlich neben ihm, eher ein bisschen dahinter. Wir können auch fragen, wie leicht oder wie schwer sich das Gesamtpaket anfühlt und in welchen Situationen es leichter zu tragen ist und in welchen schwerer. Welche Verhaltensweisen seiner Mitmenschen könnte ihm dabei helfen, »den Luftballon platzen zu lassen« oder »das Paket zu öffnen«? Was käme heraus aus Luftballon und Paket: des Pudels Kern? Der angestaute Frust von drei Generationen Familienunternehmen? Heiße Luft? Konfetti? Eine Heldenreise? Eine systemsprengende Rebellion? … »Und wozu könnte das dann möglicherweise gut sein, Herr K.?«

■ Reflexion und Feedback

Die Arbeit mit der Metapher des geschenkten Problempaketes im Weiterbildungskontext hat sich bewährt. Weiterbildungsteilnehmerinnen und -teilnehmer melden zurück, dass ihnen die kräftigen, gegenständlichen Bilder beim Transfer des Gelernten in die Alltagspraxis helfen, und dass sie nachhaltig wirken. Die Leitungskraft eines Familienzentrums fertigte nach einer Schulung für alle ihre Mitarbeiterinnen und Mitarbeiter kleine Problempakete an, damit ihnen die wertschätzende, ressourcen- und lösungsorientierte Haltung des systemischen Arbeitens inmitten der Turbulenzen des Kita-Alltags nicht verloren geht. Von einer anderen Einrichtung weiß ich, dass sie sich Problempakete zusammengestellt haben, die sie nicht nur als mentalen roten Faden, sondern auch konkret in der Beratungsarbeit mit den Klientinnen und Klienten nutzen. Ich freue mich, wenn die Idee des geschenkten Problempaketes für die eigene Arbeit inspiriert, kontext- und situationsspezifisch erweitert und im Geist der Weitergabe genutzt wird.

**Methodische Anmerkung**
Die Gegenstände des Problempaketes sind Externalisationen: Gefühle, Ängste, Probleme, die als innenliegend empfunden werden, werden über Objekte nach außen gebracht (Lindemann, 2016a, S. 50 ff.). Die gegenständliche Form ermöglicht es, die Gegenstände zu »begreifen« und mit ihnen zu interagieren. Durch die Rahmung des Paketes kommt auch noch die Metapher des Aus- und Einpackens hinzu: »Was glaube ich, in meinem Problempaket zu haben? Was würde ich gern entfernen, verändern oder ergänzen?« Eine solche Neuzusammenstellung kann als Ritual dienen, bei dem eine Form von Talisman entsteht (Lindemann, 2016a, S. 193–198).

## 5.4 Die Sterntaler-Sequenz: Eine erkenntnisorientierte, theatrale Märchenaufstellung und der Weg dorthin

Margarete Wenzel

»Willkommen auf der Insel der Seligen!«, so begrüßten Teilnehmerinnen und Teilnehmer eines Lernganges – also einer mehrteiligen Reihe von Seminarwochenenden mit konstanter Gruppe – einander. Wir schaffen im Seminar »eine eigene Welt«, indem wir erzählen, spielen und imaginieren. Wir erleben gemeinsam etwas, das sich anfühlt wie eine Reise in ein fremdes Land, manchmal wie in ein anderes Universum. Wir entdecken etwas, das uns allen, die wir dabei waren, einleuchtet. Uns verbindet von da an die erlebte »gemeinsame Geschichte«.

Bei dieser Form der Arbeit stellt sich immer wieder die Frage: »Wie kann ich ›die Reise-Erinnerungen‹ in meinen Alltag übertragen?« Denn nach jedem Seminarwochenende »kommen wir von der Insel zurück« in die individuellen Kontexte unseres Arbeits- und Privatlebens. Dasselbe Individuum spielt in diesen anderen Kontexten oft ganz andere Rollen und übernimmt ganz andere Funktionen als im Geschichtenseminar und der dazugehörigen Gruppe. Die Wirklichkeit, die wir im Seminarkontext geschaffen haben, ist oft sogar jenen Menschen fremd, die uns »in der anderen Wirklichkeit« der eigenen Alltage sehr nahestehen und uns gut zu kennen glauben.

Welt entsteht aus Beziehungen. Wenn mein Gegenüber etwas, das ich soeben im Seminar erlebt habe, für unmöglich hält, weil es (momentan) einen ganz anderen Erfahrungshorizont hat, kann ich wirklich in eine Zwickmühle kommen. Der Gegensatz zwischen »Seminarwirklichkeit« und »Alltagswirklichkeit« kann dazu führen, entweder über etwas zu schweigen, das mir wichtig ist und das ich gern (mit-)teilen würde, oder auf unangenehme Weise mit Unverständnis konfrontiert zu sein. Beides erschwert es, mit dem Gegensatz klarzukommen und meine Erlebnisse in »das Land des Alltags« zu transportieren.

Im Idealfall warten Partnerinnen und Partner in Arbeit und Privatleben begierig auf die Neuigkeiten, die aus dem Geschichtenseminar berichtet werden. Auch das gibt es. Aber selbst dann bleibt die grundlegende Unterschiedlichkeit der Kontexte bestehen. Es bleibt die Notwendigkeit einer »Übersetzungsarbeit« als sprächen wir im Seminar eine andere Sprache.

Und so ist es. Wir sprechen die Sprache der Metaphern und Symbole, die in heutigen Alltagswelten zumeist nicht verstanden wird, weil sie hier unüblich ist. Dieses »Übersetzen von Sprachen«, die in verschiedenen Kontexten verwendet werden, braucht Übung. Es funktioniert nicht in Form einer wörtlichen Übersetzung, sondern findet in der Metapher eine Erkenntnis. Der Dialog zwischen

Metaphernwelt und Alltagswelt birgt viele neue Möglichkeiten und Perspektiven, sodass sich die Mühe dieser Übersetzung lohnt.

Das eigene persönliche Alltagsleben formt uns und wir formen es. Ebenso ist es mit unseren Geschichtenwelten. Und dann »gehen wir in die Geschichten hinein« und entdecken dort einiges, das uns kostbar erscheint. Aber es hat eine ganz andere Qualität als das, was üblicherweise im Alltag zählt.

Aus dieser Diskrepanz ergibt sich die Frage, die den folgenden Praxisbericht lenkt: Wie wird, wenn wir aus dem Geschichten- und Metaphernkontext in den »nüchternen Alltagskontext« zurückkehren, das Entdeckte zu »harten, blanken Talern«, zu einer Währung, die in unseren Alltagen gilt und mit der »wir uns etwas leisten können«?

**Methodische Anmerkung**
Der Zusammenhang von Dekontextualisierung – also einer Betrachtung und Bearbeitung von Anliegen ohne direkten Bezug zum Alltagskontext, etwa durch die Nutzung von Geschichten, Bildern oder Aufstellungen – und Rekontextualisierung – also der Rückübertragung der gemachten Erfahrungen auf den Alltagskontext – stellt sich in jeder Arbeit mit Metaphern (Lindemann, 2016a, S. 34 f., S. 205–220).

Sicherlich kann davon ausgegangen werden, dass Geschichten, Bilder, Aufstellungen und dergleichen auch eine implizite, indirekte Wirkung entfalten können. Sie müssen gar nicht »übersetzt« werden. Dies gilt aber nur für die an der Metaphernarbeit beteiligten Personen. Das Bedürfnis, nicht nur die »in der Metapher« erlangten Hinweise zu konkretisieren, sondern auch, sich anderen mitzuteilen, ist ein wichtiger Anlass, sich mit dieser Frage zu befassen. In der hier dargestellten Form der Metaphernarbeit gelingt dies über die Benennung und Interpretation zentraler Elemente und Begriffe einer Geschichte, die dann zu einem gemeinsamen Kernsatz verdichtet und aufgestellt werden. So nehmen die Teilnehmenden eine individuelle Bedeutsamkeit, deren »Vergemeinschaftung« als Kernsatz und letztlich eine körperliche Erfahrung mit zurück in ihren Alltag. In ihrer Alltagswelt wird nicht die Ausgangsmetapher wirksam, sondern schon die daraus extrahierte individuelle Essenz.

**Wie werden Geschichtenschätze zu Werten in der Wirklichkeit?**

Meine Erzählerin-Kollegin Frau Wolle hat in ihrem Repertoire eine Geschichte, in der ein armer Mann in einem wiederkehrenden Traum reich und mächtig ist: »Jussef und Traum« (Mota, Fischer u. Schweigl, 2010, S. 76 ff.). Der Traum wird für Jussef zur Parallelwelt, weil er jede Nacht dorthin »zurückkehrt«. Lange

Zeit versucht er vergeblich, etwas Wertvolles aus der Traumwelt in seine armselige Wirklichkeit mitzunehmen. Aber leider gelingt es den materiellen Gütern nicht, die Schwelle zwischen den Welten zu überschreiten, bis der »In-Wirklichkeit-arme-Mann« im Traum dem Sultan (also dem Herrscher des Reiches in der Wirklichkeit) begegnet, der gerade träumt, ein armer Mann zu sein.

Als »Traum-Reicher« rettet der »In-Wirklichkeit-Arme« dem »Traum-Bettler« (der in der Wirklichkeit Sultan ist) das Leben. Der »Traum-Bettler« sichert dem »Traum-Reichen« zu, ihn in der Wirklichkeit, wo wieder alles umgekehrt sein wird, zum Dank zu beschenken und tut dies auch. So gelingt es dem armen Mann endlich, Reichtum »aus dem Traum in die Wirklichkeit zu transportieren« und sich aus der Not zu befreien.

Wie wird das möglich? Wesentlich ist dazu das menschliche Bewusstsein. Es vermag, zwischen Traum und Wirklichkeit hin und her zu gehen. Es ist »in beiden Welten zu Hause«. Das Materielle schafft es nicht, die Schwelle zwischen den Welten zu überschreiten. Wissen, Treue, Ehrlichkeit und andere immaterielle Werte veranlassen den Sultan, sich an sein grenzüberschreitendes Versprechen zu halten. Der Einfallsreichtum des armen Mannes tut ein Übriges dazu. Und so gelingt das Wunder: Beide Welten werden verbunden, denn das Immaterielle kann zwischen ihnen reisen und sich auf der einen oder anderen Seite der Schwelle »materialisieren«.

Und wie schaffen es nun die Kostbarkeiten der Geschichtenarbeit über die Schwelle zu den individuellen Alltagsrealitäten?

**Die Geschichte ist wie ein Kochrezept**

Wir gehen im Seminar vom Text des Volksmärchens »Die Sterntaler« aus, das die Brüder Grimm, wie viele andere berühmte Geschichten, aus mündlicher Überlieferung kannten und in Schriftform gossen. Vom Märchen ausgehend gelangen wir zu einer »Essenz« der Geschichte. Dies geschieht durch Aussprechen, Zuhören und Imaginieren, durch Verknüpfen mit eigenen Erfahrungen und Gedanken sowie durch das Verkörpern zentraler Aspekte der Geschichte, ihrer Imaginationen und Variationen.

Auf vielfache Weise sind in alten mündlichen Geschichten Weisheiten und Tipps zum Meistern des Lebens enthalten. In der Sprache der Metaphern, die wir durch ihre Verkörperung verstehen können, wird ihr innewohnender Nutzen mitgeteilt. Es handelt sich dabei um verdichtete Zusammenhänge, die so menschlich sind, dass sie unabhängig von Zeit und Ort Gültigkeit haben. In mündlichen Überlieferungen überlebten weltweit Erzählstoffe und vorgestellte Bilder, die Menschen im Kollektiv so kostbar fanden, dass sie immer wieder erzählt wurden und werden.

Wenn man sich an Geschichten orientiert, ist dies – bildlich gesprochen – ein ähnlicher Vorgang wie das Kochen von Nahrhaftem und Schmackhaftem nach einem Rezept. So gesehen entspricht das (schriftlich) erzählte Märchen dem Rezept und unser Spiel während der Seminare dem Kochen. Das gelungene Gericht nehmen die Beteiligten in ihre Alltage mit.

**In die Geschichte eintauchen ...**

Im Folgenden berichte ich von einer praktischen Durchführung der »Sterntaler-Sequenz«, einer Folge von Aktivitäten, deren Abschluss eine erkenntnisorientierte, theatrale Aufstellung bildet. Sie fand im Rahmen eines »Auffrischungsseminares« zum Lerngang in der Kreativwerkstatt Blumberg im Wiener Bezirk Ottakring statt.

Wenn eine Geschichte mündlich erzählt wird, variiert sie jedes Mal ein bisschen in der Wortwahl, in den Stimmungen, in der Gewichtung der einzelnen Stellen und Details, weil der Kontext, in dem sie erzählt wird, die Erzählung beeinflusst. Genauso ist es mit der hier dargestellten Übungsfolge: Der rote Faden ist immer gleich und wird von der Geschichte hin zu unserer Erkenntnis gesponnen. Unterwegs gibt es individuelle Varianten. Und das »gute Ende« sieht auch jedes Mal ein wenig anders aus.

Bewusst begleite ich die Teilnehmenden selbst durch diese Sequenz. Dabei sage ich jeweils aktuell an, was jetzt zu tun ist. Nur in groben Zügen gebe ich vorher ein Gesamtbild des Ablaufes, ungefähr so:

> »Wir werden zuerst den Raum mit Worten füllen, ihren Klang und ihre Inhalte auskosten, so, wie in manchen Märchen Menschen unter Wasser gehen und dort wie in der Luft zu atmen scheinen. Dann wählen wir Lieblingsworte aus dem Gelesenen aus. Danach wird es anspruchsvoll. Wir werden um eine genaue sprachliche Wendung ringen, auf die wir uns einigen können. Dabei wird es meist etwas anstrengend und es folgt ein Moment der Erleichterung, der Lösung. Zum Schluss inszenieren wir ein Bild, aus dem sich jede von uns mitnehmen kann, was sie mag und brauchen kann.«

Diese Einleitung wird hier so rasch »voraus-erzählt«, dass keine der Teilnehmenden sich einen »Plan« vom Bevorstehenden machen kann. Es genügt aber, dass sie wissen, dass ich »den Weg schon öfters gegangen bin« und ihn gut kenne. Es ist so, als gingen wir auf eine Bergwanderung, für die ich die Karte, die Erfahrung und den Kompass (oder das GPS) habe.

Wir gehen nun kreuz und quer durch den Raum und lesen in Zimmerlautstärke den Sterntaler-Text, von dem jede eine Version auf einem Zettel hat.[8] Ein kleines, kreatives Element am Rande ist, dass die Texte in verschiedenen Farben ausgedruckt sind und bei der Wahl der Textzettel eine Individualisierung durch die Wahl der Schriftfarbe stattfindet. Jede Mitwirkende liest den Text drei Mal mit eigenem Timing und achtet dabei – so der Auftrag zu Beginn – auf das Körpergefühl beim Lesen und Gehen, auf den Klang der eigenen Stimme, die Worte und Klänge der Stimmen der Anderen, die Bedeutung der Worte und das, was an inneren Bildern und Assoziationen auftaucht und nichts mit dem Text zu tun zu haben scheint. Diese Aufgabenstellung verlangt eine multiple Aufmerksamkeit, die unmöglich erscheint. Wir tun es dennoch, indem wir einfach loslassen und vertrauen. Dadurch entsteht die Stimmung einer »inneren Reise«. Durch die Handlung, den Raum mit den gesprochenen Worten der Geschichte zu füllen, schaffen wir ein mehrdimensionales Feld für Imaginationen zum Thema, eine Inszenierung des gemeinsamen Eintauchens in die Geschichte und des Lebendigmachens ihrer Inhalte.

Die Geschichte handelt von einem kleinen Mädchen, dem »Vater und Mutter gestorben sind« und das »in die Welt hinausgeht«. Eine Grundverfassung, mit der Volksmärchen oft und gern beginnen. Als Metapher gelesen entspricht dieses Motiv dem Entschluss, Altes hinter sich zu lassen und Neues kennenzulernen, wie er in verschiedensten Kontexten und Lebenslagen eine Rolle spielt.

Dem Mädchen begegnen nacheinander verschiedene Menschen, die bedürftig sind und um etwas bitten. Mit einer Leichtigkeit und Selbstverständlichkeit, die auf die Leserinnen und Leser der Geschichte meist recht irritierend wirkt, gibt das Waisenkind jedem, was er braucht, bis es zuletzt selbst gar nichts mehr hat und nackt im dunklen Wald steht.

»Aus dem Nichts« hat nun das Kind ein »Hemd von allerfeinstem Linnen« an. Es fallen Sterne vom Himmel und werden im Schoß dieses Hemdes gesammelt. Das Mädchen ist »reich für sein Lebtag«.

Wir haben die Geschichte mit Worten, schwirrend wie in einem Bienenkorb, »in den Raum gesprochen«. Das Klingen der Geschichte »plätschert langsam aus«, wenn sich jede Beteiligte, nachdem sie genau drei Mal den Text gelesen hat, nach außen in den Kreis setzt und dem Ausklingen der gemeinsamen Improvisation lauscht.

---

8  Dieses Element ist inspiriert von der Brecht'schen Lehrstückarbeit, die ich vom Friedensforscher Reiner Steinweg kenne.

### … und herausholen, was uns kostbar erscheint

Nach kurzem Überlegen nennt jetzt jede Beteiligte eine Wendung, einen Satz oder Satzteil aus dem Text, der ihr besonders auffällt, ihr gut gefällt oder sie irritiert. Diese Wendungen werden auf dem Flipchart untereinandergeschrieben.

> Von diesen gewählten Wendungen ausgehend findet ein freies Gespräch statt. Hier ein Ausschnitt unseres Gesprächs aus dem Seminar:
> 
> A: »Was ist die Moral? ›Geh den Weg in den Burn-out‹ Oder: ›Werde nicht arm geboren‹?«
> 
> B: »Ein Waisenkind … in Geschichten geht es ganz oft um Waisenkinder … sie haben nichts mehr, was sie hält und gehen in die Welt hinaus …«
> 
> C: »Meine Tochter hat im Alter zwischen vier und elf mit Freundinnen immer wieder ›Waisenkinder‹ gespielt. Da haben sie sich unsere Wischfetzen geholt und sich damit verkleidet. Jedes Mal gab es einen aufgehängten Topf über einem ›Lagerfeuer‹, in dem die Waisenkinder ihr Essen kochten.«
> 
> D: »Das ›Waisenkind-Gefühl‹ ist vom Alter unabhängig. Als meine Mutter starb, war sie einundneunzig und ich fünfundsechzig, aber ich fühlte mich auf einmal ganz verloren. Jemand, der immer da gewesen war, war verschwunden. Ich fühlte mich ganz entwurzelt.«
> 
> A: »Viele Heldinnen und Helden in Geschichten sind Waisenkinder.«
> 
> B: »In den Geschichten geschieht etwas, wenn die Heldin frei ist. Sie muss in die Welt hinaus, weil etwas sie ruft oder nichts sie hält.«
> 
> E: »Das ist eine Metapher für die nötige Ablösung von der Familie.«
> 
> B: »Es heißt, ganz allein auf sich gestellt zu sein.«
> 
> C: »Und man braucht Vertrauen aufs Schicksal.«
> 
> A: »Man muss beim Aufbruch nicht erwarten, dass etwas Schlimmes passiert.«
> 
> D: »Arme Menschen geben leichter etwas her. Das ist immer so.«
> 
> B: »Vielleicht sind die Reichen deshalb reich, weil sie nichts hergeben …«
> 
> E: »Das Mädchen in der Geschichte gibt dann etwas her, wenn sie gefragt wird. Das Gefragtwerden und Reagieren ist wichtig.«
> 
> A: »Der Held tut etwas und dann gibt es ein Ergebnis.«
> 
> B: »Aber wie dann plötzlich die Sterne vom Himmel fallen … das kann doch mit dem, was vorher geschehen ist, gar keinen Zusammenhang haben!«
> 
> C: »Wie bei einem ›Deus ex machina‹. Da passiert etwas Unglaubwürdiges, nur damit es gut ausgeht.«
> 
> A: »Aristoteles sagt, das ist eine billige Lösung.«
> 
> E: »Aber was es wirklich gibt: Nach einem großen Verlust tut sich etwas Neues auf. Es wird dann erst möglich.«

B: »… nach einem totalen Verlust …«
D: »Die anderen Leute nutzen das Mädchen aus. Ihr Geben klingt nicht, als entstünden dabei gute neue Beziehungen.«
A: »Aber sie hat ja schon ›auf Gott vertraut‹. Zu dem scheint sie eine gute Beziehung zu haben.«
C: »›Harte Taler‹ klingt brutal.«
B: »Aber eine ›harte Währung‹ ist doch gut.«
C: »Ein Kind braucht eine warme, weiche Tuchent (Bettdecke) … und jemand, der oder die liebevoll für es sorgt.«
A: »Aus dem Text erfährt man nicht, ob sie glücklich wird.«
D: »Erst heißt es ›kleines Mädchen‹, dann nur noch ›frommes Mädchen‹ …«
E: »Das Mädchen ist total ausgenutzt worden.«
C: »Vielleicht ist es eine Lebensgeschichte?«
B: »Dieses Leben ist ein einziger Verlust.«
C: »Wenn es eine Lebensgeschichte ist, dann sind vielleicht die, denen sie gegeben hat, ihr Mann und ihre Kinder … dann wäre das mit dem Geben nicht so schlimm, sondern irgendwie richtig …«
A: »Ganz am Schluss gibt ihr der Himmel etwas zurück, kein Mensch …«
D: »Sie geht weiter, sie selbst …«
B: »Sie verhandelt nicht, sie macht kein Konfliktmanagement … wenn sie gefragt wird, gibt sie einfach impulsiv alles Erfragte und geht weiter.«
E: »Da heißt es im Text: ›Endlich‹ kam sie in den Wald.«
C: »Was bedeutet der Wald?«
D: »Verwirrung und Neuorientierung … wenn nichts mehr geht, bist du frei für Neues.«
E: »Das neue Hemdlein steht vielleicht für neue Erfahrungen.«
A: »Alte Gewohnheiten und Gefühle ablegen …«
C: »Es heißt doch, man muss in der Krise erst ganz unten, ganz am Boden sein und dann kommt etwas Neues. Natürlich erzählen nur die so etwas, die das überstanden haben. Die vielen, die auf der Strecke bleiben, können ja dann nicht hinterher erzählen. Oder wollen es nicht.«
B: »Taler müssen nicht Geld sein, das können neue Ziele, neue Ideen sein.«
A: »… was zum Leben gebraucht wird, es warm haben, vor Unwetter geschützt sein … ich denke an Obdachlose und Menschen auf der Flucht … Wer ein Dach über dem Kopf hat, kann sich dann wieder um anderes kümmern.«
D: »Ist ›von arm zu reich‹ die Kurzfassung dieser Geschichte?«
B: »Ist die Heldin passiv, weil sie nur reagiert?«
C: »Da geht's auch um Frauen und Selbstbewusstsein …«
E: »Ja, das ist klar ein Frauenthema, sie müsste mehr auf sich selbst achten.

Immerhin eine Geschichte von einer Frau, die in die Welt hinausgeht und Erfolg hat ...«

B: »Aber wie ...«

A: »Sie begegnet einem nach dem anderen und gibt alles weg, das ist ja fast wie bei ›Hans im Glück‹.«

E: »Ja, die beiden sollten wir zusammenbringen.«

C: »Das passt nicht zum wirklichen Leben: Wer immer gibt, endet doch nicht reich?«

D: »Ist das wie in Castingshows? Wenn du alles gibst, sogar deine Ehre, wirst du am Ende (vielleicht) belohnt, zumindest hoffen das die Leute, die da ihre Haut zu Markte tragen ...«

A: »Das gefällt mir nicht ...«

B: »Mir fällt diese Stelle auf, in der das Mädchen denkt, sie darf im Dunkeln nackt sein, denn da sieht sie keiner ... Wieso plötzlich?«

C: »Vorher sagen alle, ihnen ist kalt. Jetzt ist nicht mehr von etwas Wärmendem die Rede.«

A: »Vielleicht ist ›das Hemd ausziehen‹ ein Bild für Liebe und der Goldregen sind ihre Kinder?«

B: »Zeus ist als Goldregen in Danae gefahren.«

E: »Die Samen des Goldregens sind giftig.«

C: »... eine Sexszene?«

E: »... ist das Kleid aus allerfeinstem Linnen ein Hochzeitskleid? Leinen ist doch weiß.«

A: »... oder ist es ein Sterbekleid?«

An diesem Punkt beende ich den freien Gesprächsverlauf und leite zur nächsten Aktivität über.

**... einen gemeinsamen Nenner finden und ihn verkörpern**

Unsere Aufgabe besteht jetzt darin, basierend auf dem Gespräch, eine sprachliche Wendung zu finden, auf die wir uns alle einigen können. Wir lösen uns nun vom Text und dem konkreten Inhalt der Geschichte und gehen dort, wo wir uns gerade in unserer »Erkenntnislandschaft« befinden, wo wir miteinander »hingewandert« sind, auf die Suche nach einem Satz, zu dem alle Beteiligten klar »Ja« sagen können. Die Geschichte hat uns zwar »hierher geführt«, aber jetzt geht es um die individuellen Überzeugungen der Beteiligten. Als Leiterin der Sequenz schreibe ich Vorschläge für diese gesuchte Aussage untereinander an das Flipchart (Abbildung 88).

Die Sterntaler-Sequenz                                                                      145

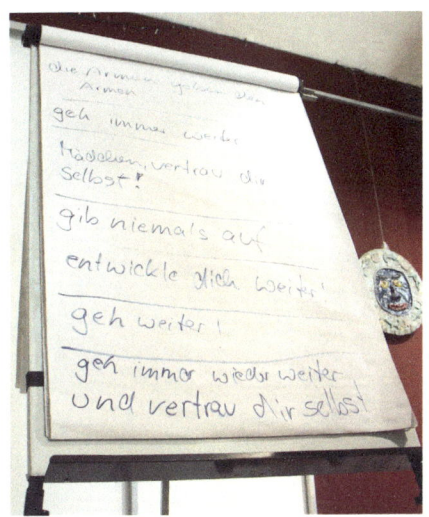

**Abbildung 88:** Flipchart mit den gesammelten Aussagen (Foto: Nathalie Harms)

Es kommen Vorschläge aus der Runde, die teilweise akzeptiert werden. Oft hat eine der Teilnehmenden eine starke Wahrnehmung, die sie formuliert. Wir ringen um Inhalt und Wort. Sätze werden verschmolzen und völlig neue Zugänge erprobt. Es gibt eine Krise, in der wir befürchten, nie einen Satz zu finden, mit dem wirklich alle Beteiligten zufrieden sind, und genau dann sind wir, meiner Erfahrung nach, kurz vor der Lösung. Endlich wird der Satz, auf den sich alle einigen konnten, zuoberst auf ein neues Flipchart-Blatt geschrieben. Der gemeinsame Satz in dieser Praxisarbeit lautete: »Geh immer wieder weiter«.

Es folgt eine »sprachliche Oberflächenstrukturaufstellung«, wie ich sie von Matthias Varga von Kibéd kennengelernt habe. Die Aufstellungsform namentlich zu nennen, erzeugt, wie ihr Erfinder es vielleicht nennen würde, eine leichte »Trance des Nichtverstehens«. Die Tatsache, dass die Worte des Satzes zu Rollen in der Darstellung werden, überrascht die Teilnehmenden meist im ersten Moment, erschließt sich aber dann durch das Tun ganz rasch dem Verstehen.

Auf dem Flipchart werden die Worte des gemeinsam gefundenen Satzes untereinander geschrieben, jedem Wort wird der Name der Repräsentantin zugeordnet, die die Rolle dieses Wortes übernehmen soll (Abbildung 89). Ist die Gruppe größer, so kann es zusätzliche »Patinnen« oder »Paten« jeder Rolle geben, die von außen speziell die Aussagen und die Körpersprache einer Rolle beobachten, gegebenenfalls auch deren Aussagen aufschreiben. Ihre Namen werden dann in einer dritten Spalte den Worten und ihren Repräsentantinnen und Repräsentanten zugeordnet.

Die Repräsentantinnen werden eingeladen, sich an den Rand der Spielfläche zu stellen. Beim Klang eines Gongs oder einer Klangschale geht immer genau eine Repräsentantin in den Raum und stellt sich frei nach Gespür an einen Platz. In diesem Fall verwenden wir »Statuen«, wie ich sie aus der Forumtheaterarbeit nach Augusto Boal kenne, um das dargestellte Bild vielschichtiger zu machen. Wer seinen Platz im Raum bereits eingenommen hat, achtet auf körperliche Wahrnehmungen, Wünsche, Eindrücke, Beziehungen zu anderen Gestalten im Bild, veränderte Aufmerksamkeit und Einfälle und spricht, auf Aufforderung der Spielleiterin hin, in der Rolle.

**Abbildung 89:** Zuordnung der Repräsentantinnen (Foto: Nathalie Harms)

**Abbildung 90:** Schlussposition mit guten Aussichten (Foto: Nathalie Harms)

## Die Sternhaler-Sequenz

So antworteten die Repräsentantinnen der Worte auf die Frage der Leiterin nach ihrem Befinden:

Geh: »Ich fühle mich startbereit. Ich will weiter. Ich fühle mich wohl.«
Immer: »Ich bin wichtig, immer und ewig … wie wenn man den Himmel aufnimmt und Spiralen drumzieht. Das ›Weiter‹ ist mein Freund. Ich bin in einer anderen Ebene. Das ›Weiter‹ kommt aus mir heraus. Es ist ›unter meinen Fittichen‹ …«
Wieder: »Ich fühle mich gut, schwungvoll *(macht eine gleitende, runde Bewegung mit der Hand in den Raum hinein)*. Da gibt's kein Innehalten *(heiterer Ton)* … im Schwung … wieder geht man heiter weiter … Ich mag das ›Immer‹, das ›Gehen‹, … alle Worte in diesem Satz.«
Weiter: »Mir geht's schlecht. Es ist anstrengend. Ich bin nicht, wo ich hin will. Ich habe Bezug zum ›Geh‹, das will ich mitnehmen. Vielleicht ist das der Weg. Das brauche ich, ohne es habe ich keine Chance, dorthin zu kommen.«
Spielleiterin: »Dorthin?«
Weiter: »Weg. Ich bin hier unzufrieden.«
»Geh«, »Immer« und »Wieder« sammeln Ideen für das »Weiter«: »Steh doch mal auf!«, »Geh!«, »Stell dich davor!«
»Weiter« führt die Veränderungen durch.
Weiter: »Ich fühle mich jetzt in einer Beraterfunktion, habe Visionen, fühle mich besser.«
Geh: »Ich habe es bequem, muss nicht denken, das ist angenehm.«
Immer: »Mir gefällt's total gut. Ich bin sehr zufrieden.«
Wieder: »Mir geht's gut, schon wieder gut, immer weiter gut, bin ein bissl außerhalb.«
Weiter: »Gut!«
»Wieder« geht etwas näher.
Geh: »Das ist o. k., …«
Immer: »Kuschelig!«
»Weiter« steht jetzt hinter dem »Geh«.
Weiter: »Gut! Ich fühle mich nicht mehr so allein. Das war anstrengend. Aber jetzt fühle ich mich mächtig, das ist fein.«
Wieder: »ZU mächtig darf das ›Weiter‹ nicht sein, aber so wie es jetzt ist, ist es noch in Ordnung.«
Weiter: »Ich fühle mich jetzt wohler. Ich bin nicht mehr alleine vorn. Hier kann ich mit euch anderen zusammenwirken.«

Im dargestellten Bild (Abbildung 90) herrscht nun eine allgemeine heitere Zufriedenheit. Nachdem alle Repräsentantinnen noch einmal nach ihrer

Wahrnehmung des Geschehens gefragt worden sind und aus ihrer Position gesprochen haben, werden sie von mir aufgefordert, sich wieder auf ihr eigenes Ich (im Unterschied zum repräsentierten Wort) zu konzentrieren, zu schauen, was jede von ihnen aus der von ihr verkörperten Repräsentation gern mitnehmen möchte, alles andere bei der Repräsentation zu lassen, aus ihr hinauszuschlüpfen, sie abzustreifen und drei andere Personen mit Händedruck und dem eigenen wirklichen Namen zu begrüßen.

Dabei entsteht so etwas wie Partystimmung. Eine gewisse Heiterkeit markiert den Übergang von einer Szenerie in die andere. Die Repräsentantinnen setzen sich wieder in die Runde und es wird gefragt, was nun die »zurückgekehrten« Personen vom soeben Erlebten halten.

L: »Hat das, was wir hier erlebt haben, etwas mit dem wirklichen Leben zu tun?«

A: »Es erinnert mich an Situationen, in denen es nicht mehr weiter zu gehen scheint, in denen wir Hilfe von Freunden, Therapeutinnen, Therapeuten oder sonst jemand brauchen und bekommen ... das Gefühl, ›gar nichts mehr zu haben‹, mit dem wir Hilfe aufsuchen ... metaphorisch die Angst, ›das letzte Hemd zu verlieren‹. Ich habe das schon im materiellen und auch im immateriellen Bereich erlebt und in beiden Fällen passt das Bild aus der Geschichte.«

B: »In der Rolle des ›Weiter‹ habe ich das Gefühl, das ich kenne, wiedergefunden, dass aktuell ›im Leben viel weitergegangen ist‹. Ich war überrascht, wie anstrengend sich das anfühlte. In der Rolle war es so: Visionen bringen viel Energie ... es ist gut und anstrengend zugleich. Es war fein, als ich nicht mehr allein ›den Karren ziehen musste‹. Mir war dann eher egal, ob es passiert oder nicht. Was ich mir daraus für die Wirklichkeit mitnehme? Vielleicht werde ich öfter versuchen, für Aktionen jemand Zweiten zu finden, mit dem ich sie zusammen ausführe.«

C: »In der Rolle als ›Immer‹ war ich überrascht vom Gewicht dieses Wortes. Es kam mir bisher beliebig vor. Jetzt nehme ich mir die Kraft des ›immer‹, der Wiederholung mit, die im Leben oft vorkommt ...«

A: »Was wäre geschehen, wenn wir einen anderen Satz gewählt hätten?«

L: »Ich habe dieses ›Spiel‹ schon mit mehreren Gruppen gemacht, jedes Mal war der Satz ein anderer. Jedes Mal hat er für uns die Essenz der Geschichte dargestellt und uns etwas mit auf den Weg gegeben. Einen dieser Sätze habe ich mir lange Zeit gemerkt. Er lautete: ›Sterne springen in die offene Hand‹.«

B: »Ich bin gespannt, was du mit diesem Erlebnis machst, wenn du davon berichtest!«

Abschließend gibt es noch Feedback zur Methode:
C: »Die Murmelgruppe zu Beginn hat mir gut gefallen …«
B: »Das erinnert mich an ein Spiel, das wir mal gemacht haben, bei dem wir auch in die Rollen einer Geschichte geschlüpft sind und entdeckt haben, wie anders jede Person die gleiche Situation erlebt …«
D: »Es ist spannend, so tief in eine Geschichte einzutauchen. Das fühlt sich an, wie ein Kopfsprung in sie hinein. Und zugleich ist es spannend, zu hören, was die anderen sagen.«
F: »Für mich als Fotografin war das Herumgehen und ›Die-Geschichte-in-den-Raum-hinein-Lesen‹ attraktiv, das Gewusel, die Vermischung …«
B: »Es war gut, dass wir nicht vorher wussten, was wir alles tun werden. Ich fand es angenehm, dass du das Ganze Schritt für Schritt angeleitet hast. Ich habe mich so in jede Phase hinein entspannen können, keinen Stress mit der Abfolge und dem, was es jetzt zu tun gilt, gehabt und mich gut aufgehoben gefühlt.«
C: »Ja, es war gut, den Ablauf vorher nicht zu wissen, so konnte ich mich richtig ins Geschehen hineinfallen lassen.«
A: »Das Ganze fühlt sich für mich an wie das Destillieren einer Geschichte. Am Schluss haben wir einen Tropfen intensivste Essenz.«
B: »Warum hast du immer wieder gesagt, wir sollen nicht mehr an das Märchen denken?«
L: »Weil es gilt, zu vertrauen, dass ich bekommen habe, was ich brauche, so wie es das Mädchen in dem Märchen tut …«

**Geht das Spiel mit der Metapher auf?**

Trägt das Inszenieren und Erleben einer solchen Handlungsfolge wirklich dazu bei, »die Schätze von der Insel der Seligen« in heutige Alltage zu transferieren? Markant am Geschehen ist das Einbeziehen der verschiedensten Perspektiven. Nach dem Lesen der Ausgangsmetapher (Sterntaler) werden sowohl zentrale Themen als auch lose Assoziationen sichtbar. Diese sind in jeder Gruppe anders und ergeben einen von der Gruppe gewebten dichten Bedeutungsteppich, dessen Muster dieser Praxisbericht zugänglich machen soll. Dies ist bereits der erste Schritt der Übersetzungsarbeit. In einem zweiten Schritt erfolgt eine Einigung in der Gruppe: »Was ist unser Kernsatz?« In der dann folgenden Aufstellung der »Sterntaler-Sequenz« wird die Metaebene, die Frage nach dem Transfer der »Essenz dieser Geschichte« in die Alltagswirklichkeit spielerisch umgesetzt und körperlich erfahrbar. Dies ist ein dritter Schritt der Übersetzung.

Die Beteiligten verbalisieren, inszenieren, verkörpern und erleben miteinander »ihre Welt dieser Geschichte«. Wovon erzählt sie mir? Wovon erzählt sie uns? Was ist uns daran wichtig? Was können wir damit erleben? Das Individuum, das die Schwelle zwischen den Welten und ihren unterschiedlichen Sprachen überschreitet, ist hierbei Erfahrungsträger. Es taucht in die Welt der Metaphernsprache ein, erschließt sich etwas Wertvolles und kehrt damit in die Welt der »Tatsachen« zurück. Mit jedem Weltenwechsel wird es immer leichter, »beide Sprachen parallel zu benutzen« und auch zwischen ihnen übersetzen zu können.

Die hier beschriebene Aufstellung ist eine Form der »erkenntnisorientierten, theatralen Märchenaufstellung«. Ich habe diese Methode 2000 zu praktizieren begonnen, seitdem weiterentwickelt und in einem Bericht an die Wissenschaftsabteilung des Kulturamtes der Stadt Wien 2004 erstmalig dokumentiert. Sie verbindet Elemente der systemischen Strukturaufstellung, verschiedener Formen von Improvisationstheater (u.a. Forumtheater nach Augusto Boal und Improtheater nach Ruth Zaporah) und philosophische Impulse (u.a. angeregt von »Philosophy for Children«). Ein charakteristisches Element dieser Form besteht darin, dass die Repräsentantinnen und Repräsentanten selbst aktiv gestalten und sich – in Absprache mit der Leiterin – ihrer Wahrnehmung folgend in der Aufstellung bewegen.

Ich danke Reiner Steinweg und Matthias Varga von Kibéd, von denen ich viele Impulse für meine hier dargestellte Arbeit erhalten habe.

Herzlichen Dank an die Mitwirkenden der hier wiedergegebenen Sterntaler-Sequenz: Ursula Sabitzer, Wencke Kienast-Doppler, Susanna Oberforcher und Bockwoon Lahlal.

## 5.5 Maskenarbeit im Rahmen eines Gruppentherapiesettings

Margarete Malzer-Gertz und Helga Luger-Schreiner

**Rahmenbedingungen des gesamten Therapiesettings**

Eine spezielle Variante der Arbeit mit Bildern und Metaphern ist die bildnerische und multimediale Kunsttherapie. Als Beispiel dafür stellen wir ein von uns entwickeltes Setting vor, das wir regelmäßig im Rahmen eines ambulanten Gruppentherapieprogramms anbieten: die Maskenarbeit.

In jedem Gruppendurchlauf führen wir mit Klientinnen und Klienten diese Maskenarbeit im Rahmen eines zweitägigen Workshops durch. Es handelt sich hierbei jeweils um eine geschlossene Gruppe bestehend aus überwiegend erschöpften und depressiven Menschen, die allesamt in verantwortungsvollen Berufen tätig sind oder waren, oder in solchen, die viel Engagement erfordern. Die kreative Arbeit im Workshop soll den Prozess der Einzelnen und den Gruppenprozess um präverbale, körperorientierte Aspekte ergänzen, vertiefen und bereichern. Die Gruppe wird nach den genannten Kriterien zusammengestellt und trägt den Arbeitstitel »Gruppe der Super-Engagierten«. Manche der Teilnehmenden sind wegen ihrer Erschöpfung dauerhaft erwerbsunfähig oder im Übergang dahin. Andere stehen im Arbeitsprozess, fühlen sich aber ständig an ihrem Limit. Ein anderer Teil ist meist längere Zeit arbeitsunfähig, steigt während des Gruppenprozesses aber wieder in den Beruf ein.

Neben dem Interesse an künstlerisch-therapeutischen Prozessen verbindet uns Therapeutinnen, dass wir unsere Arbeit mit achtsamem Selbstmitgefühl kombinieren (Mindful Self-Compassion [MSC] nach Christopher Germer und Kristin Neff; Germer, 2011). Eine mitfühlende und achtsame Grundhaltung inspiriert den gesamten Gruppenprozess und auch die künstlerischen Prozesse.

Das Gruppenprogramm durchläuft verschiedene Phasen: eine Eingangsphase, eine Kerntherapiephase mit wöchentlichen Gruppensitzungen, in die diese kunsttherapeutische Einheit, die wir hier beschreiben, integriert ist. Dann folgen zunehmend niederfrequentere Sitzungen über weitere ein bis zwei Jahre oder länger als Nachsorge- und Erhaltungsphase. Der gesamte zeitliche Ablauf folgt einem Phasenprogramm.

### Eingangsphase (10–12 Wochen)
- Einzelgespräche: Anliegen-Auftragsklärung, Anamnesen, Fokussierung der Teilnehmenden auf ihre Anliegen und Themen
- als Gruppe: Acht-Wochen-Kurs in Achtsamem Selbstmitgefühl.

Bis zum Ende der Eingangsphase ist eine erste Festlegung für die Teilnahme erfolgt. Es wird in einer abschießenden Sitzung gemeinsam Resümee gezogen. Wer zum Schluss kommt, eine weiterführende therapeutische Arbeit ist nicht erforderlich, verlässt hier die Gruppe.

### Kerntherapiephase (9–12 Monate)
- wöchentliche Gruppensitzungen von 100 Minuten,
- zeitweise Doppelsitzungen von 200 Minuten, zu den Themen Biografiearbeit und -verständnis, Verstehen von Stressabläufen im Körper, Eruieren wichtiger und hinderlicher Haltungen und Einstellungen,
- ein zweitägiger Kreativ- und Körperarbeits-Workshop zum »Wecken« und Einbeziehen nicht-kognitiver Erfahrungs- und Erlebensbereiche (der in diesem Beitrag näher beschrieben wird). Nur noch gelegentlich Einzelsitzungen bei Bedarf, der Prozess vollzieht sich hauptsächlich im Rahmen der Gruppe und der Gruppendynamik.

Die Gruppenarbeit ist dynamisch orientiert, wird dabei aus einer systemisch-ressourcenorientierten Haltung mit entsprechenden Interventionen geleitet. Die Kerntherapiephase wird ebenfalls mit einer Abschlusssitzung und einem Resümee beendet; wer möchte, kann die Gruppe ganz verlassen (was sehr wenige tun). Alle Klientinnen und Klienten, die nun weitermachen, haben sich entschieden, sich auch auf angstbesetztere Themen, Hintergründe und Entwicklungsschritte einzulassen, auch explizit auf den zweitägigen Maskenworkshop.

### Nachsorgephase (1–3 Jahre)
Es wird gemeinsam mit den Klienten und Klientinnen immer wieder die nötige Sitzungsfrequenz festgelegt, die sie brauchen, um neue Erkenntnisse oder Erfahrungen im Alltag umzusetzen. Die Frequenz der Treffen wird zunehmend reduziert. Die Sitzungen folgen den Anliegen der Teilnehmenden bezogen auf ihre Alltagsereignisse.

## Rahmenbedingungen des Maskenworkshops

Während Margarete Malzer-Gertz die Gruppe im gesamten Prozess allein in der eigenen Psychotherapiepraxis leitet, führen wir den Maskenworkshop zu zweit durch. Helga Luger-Schreiner bringt gezielt andere Aspekte in die Arbeit ein: den der Künstlerin, Kunsttherapeutin und Kunstpädagogin, der »Kunst-Coachin« (Eberhart u. Knill, 2010). Diese Arbeit entspricht den Prinzipien des Intermodalen Dezentrierens (IDEC; Eberhardt u. Knill, 2010) und der multimedialen Kunsttherapie, die sich unter anderem aus Konzepten der Synästhesie und der Gestalttherapie zusammensetzen (Petzold u. Orth, 1990/2015). Wie gut kunstorientierte Methoden in die systemisch-lösungsorientierte Praxis einbezogen werden können, beschreiben Dietrich, Dietrich und Knill (2018).

In dieser Phase wird aus den therapeutischen am Gespräch orientierten Interventionen in künstlerische Medien gewechselt, ohne dass der Bezug zur sonstigen Problemstellung im Vordergrund stünde oder bewusst hergestellt wird. Knill prägte für das Momentum dieses Wechsels den Ausdruck »das unvermittelbare Dritte« und meint damit jenen Moment, in dem aus einer therapeutischen Begegnung unvermittelt etwas Neues hervorgeht oder auftaucht.

Generell bereiten wir Angebote unterschiedlicher künstlerischer Medien (z. B. plastisches Gestalten, Malerei, Tanz, Dramaturgie, Atem, Stimme) vor und bieten sie dann in Resonanz auf die Bedürfnisse und Impulse der Klientin bzw. des Klienten sowie der Gruppe im Transfer an. Die Kunsttherapeutin als Kunst-Coachin lädt ein zum zeitlich begrenzten, spielerisch-künstlerischen Tun. Es gibt kein zu erreichendes Ziel, keine spezifischen Deutungen, wie sie in manchen anderen kunsttherapeutischen Verfahren genutzt werden. Das vorsprachliche Potenzial des künstlerischen Prozesses wird als Erkenntnisweg fließend zur Verfügung gestellt.

Auch die Gruppentherapeutin löst sich im Workshop von ihren üblichen therapeutischen Strategien und lässt sich auf den künstlerischen Raum, auf ein ganz anderes Tun und Handeln, auf den Prozess und die Entstehung von Werken ein.

## Ablauf des künstlerischen Prozesses

■ 1. Einstieg

Zu Beginn steht eine kurze Einstiegsphase, die es der Kunsttherapeutin Helga Luger-Schreiner ermöglicht, die Teilnehmenden kennenzulernen. Es wird erklärt, dass es zu den künstlerischen Prozessen sowie zur Gestaltung kein kritisches Feedback und auch keine »Analyse« der Inhalte geben wird, sondern das Loslassen, Einlassen, spielerisches, körperbezogenes Tun im Vordergrund stehen.

Zum Einstieg sind die Teilnehmenden aufgefordert, sich Kärtchen mit Impressionen oder Bildern, Abbildungen von Werken aus allen Bereichen der Kunstgeschichte sowie kurzen lyrischen Texten auszuwählen (z. B. Fototafeln des Zürcher Ressourcenmodells, Krause u. Storch 2010). Diese sind ansprechend in der Gruppenmitte ausgelegt, um die Teilnehmenden zu inspirieren und »anzusprechen«. Das Vorgehen ermöglicht ein spielerisches Nachspüren der momentanen Befindlichkeit, Bewegung entsteht, die Sitzposition wird verlassen: das Einlassen auf Ungewohntes und Neues beginnt. Wir kommen ganz allmählich durch diese Mischung aus Bildeindrücken und lyrischer Sprache in Bewegung, um aus den gewohnten Narrativen in andere Formen eines von präverbaler Erfahrung geprägten Ausdrucks zu gleiten.

Die Kärtchen mit Text werden laut vorgelesen und Gefühle und Empfindungen zu den Bildern formuliert. Hierbei unterstützen wir mit einigen Leitfragen:

- »Was hat mich angesprochen?«
- »Was schwingt jetzt in mir?«
- »Was berührt mich an diesen Worten oder Bildern?«
- »Was erreicht mich gerade jetzt daran?«

Stimme wird hörbar, Gestik und Körpersprache werden sichtbar, Gefühle und Wahrnehmungen werden kommuniziert. Das momentane Festmachen des eigenen Ausdrucks und der Befindlichkeit an einem Bild oder Text fungiert wie ein sanftes Trittbrett zu eigenen künstlerischen Ausdrucksformen. Die eigenen Resonanzen sind gleichzeitig Geschenk und Anregung für die anderen.

### 2. Maskenbau-Werkstätte

Nach der Einstiegsrunde begeben wir uns, auf der Basis einer schon längeren gemeinsamen gruppentherapeutischen Erfahrung, gleich direkt in Herstellungsprozesse, die aufgrund des Gruppensettings durchaus herausfordernd für die Einzelnen sein können: das Herstellen von Gesichtsmasken aus Gipsbandagen.

Dies braucht ein Sich-Anvertrauen, das Zulassen von körperlicher Nähe und Berührung, längeres Stillliegen, gegenseitige Fürsorge, die Übernahme von Verantwortung für sich selbst und andere und auch etwas Geschicklichkeit.

## Ablauf

Die Teilnehmenden finden sich in Dreiergruppen zusammen und richten sich gemeinsam einen gemütlichen, geschützten Arbeitsplatz ein und statten diesen mit allen notwendigen Materialien und Hilfsmitteln aus:
- eine bequeme Matte zum Liegen als Unterlage, eventuell Knie gut polstern,
- Vaseline fürs Cremen des Gesichts (vor allem für Augenbrauen und empfindliche Hautpartien),
- dünne Kosmetikpapierstreifen, um Augen und Lippen vor dem Aufbringen der Gipsbandagen abzudecken,
- Handtücher zum Schutz der Kleidung (Kragen etc.),
- Scheren (zum Zuschneiden der trockenen Gipsbandagen),
- Gipsbandagen (4–6 cm Breite), die zum Modellieren in verschieden lange Streifen geschnitten werden,
- Wassergefäße zum Eintauchen der zugeschnittenen Gipsbandagen.

In der Phase des Gestaltens soll die Aufmerksamkeit ganz beim Tun sein können und nicht für Organisatorisches gebraucht werden müssen. Nun spielen wir Anleiterinnen und zwei Pioniere unter den Teilnehmenden anschaulich, langsam und entspannt alle Arbeitsschritte der Maskenproduktion durch. Danach wird in den Kleingruppen gearbeitet:
- Eine Person liegt oder sitzt auf ihrer bequemen Unterlage, von ihrem Gesicht wird die Maske abgenommen, zwei Personen arbeiten im Team und gestalten.
- Die Anleiterinnen begleiten die Prozesse unterstützend und legen auch einmal Hand an, wenn Hilfe gebraucht wird. Eine Werkstattatmosphäre entsteht.
- Nacheinander wird von jedem Gesicht der Dreierrunde eine Maske abgenommen. Während die Masken in die erste Trocknungsphase gehen (Abbildung 91 und 92), halten wir eine Reflexionsrunde zum Erlebten.

In den Reaktionen wird Erstaunen kundgetan: »Es ging mir viel leichter von der Hand, als ich dachte.« Oder: »Ich hatte Angst davor, so lange stillliegen zu müssen, aber es war so angenehm, so fürsorglich bearbeitet zu werden, dass ich es genießen konnte.«

## Mögliche Fallstricke

Auch Schwieriges kommt zum Vorschein: »Ich hatte früher mal beim Tauchen ein Erlebnis mit großer Atemnot, das hatte ich schon fast vergessen, aber jetzt, beim Eingepacktwerden in Gipsbandagen, ist dies hochgekommen. Ich habe so geschwitzt und hatte Sorge, euch könnte das stören.«

 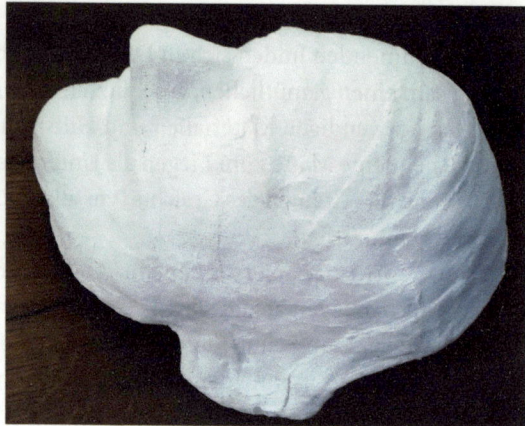

**Abbildung 91 und 92:** Rohform einer Maske

Im intensiven körperlichen Berührtwerden und bei körperlicher Nähe können ausgelöst durch »verkörperte Erinnerungen« (Embodiment) auch traumatische Erfahrungen getriggert werden. Hier ist es besonders wichtig, Grenzen zu achten, vorneweg bereits explizit auf die absolute Autonomie der Protagonisten und ihre Möglichkeit zum »Stopp« hinzuweisen. Nicht alle Klienten trauen sich das im Ernstfall. Die Erfahrung soll auf keinen Fall einen erneuten Übergriff für Teilnehmende darstellen!

Andererseits: Das Wagnis intensiver Körpererfahrungen gepaart mit den aufkommenden Gedanken und dem Austausch dazu, lassen neue Räume auch in der Beziehung der Teilnehmenden und in den Einzelnen selbst entstehen.

### 3. Körperwahrnehmung und Körperlandkarte

Nun legen wir für jeden Teilnehmenden ein großformatiges Papier auf eine Matte. Es dient als Unterlage für einen »Bodyscan«, das fokussierte Ausrichten der Aufmerksamkeit auf den Körper. Das Papier sollte daher mindestens so lang und breit sein wie ein erwachsener Körperumriss:
- Allein oder mit Unterstützung zeichnen die Teilnehmenden gut sichtbar ihre Körperumrisslinie auf das Papier. – Die Liegeposition kann selbst gewählt werden und muss durchaus nicht auf dem Rücken sein. Alles ist möglich.
- Auf dieser Körperinsel liegend, mit der Maske in der Hand oder diese ganz nahe verortet, vertiefen sie sich in eine angeleitete, begleitete Körperwahrnehmung.
- Wir führen die Teilnehmenden durch einen angeleiteten Bodyscan, wie er in vielen Achtsamkeitsverfahren üblich ist. Wir bevorzugen die Variante des

»liebevollen Bodyscans« aus dem MSC-Programm (Germer u. Neff, 2018). In Ergänzung zu anderen Varianten bieten wir immer wieder an, uns gerade schmerzhaften oder ungeliebten Körperbereichen freundlich oder mindestens wohlwollend zuzuwenden. Auch die tagtägliche Leistung von Organen, Gelenken etc. wird immer wieder gewürdigt.
- Nach dem Bodyscan steht eine reiche Auswahl an Mal- und Zeichenutensilien zur Verfügung. Die Einladung besteht darin, inspiriert durch die ansprechenden künstlerischen Materialien, die erlebten Körperempfindungen auf das Papier mit dem bereits vorhandenen Körperumriss zu bringen und so eine »Körperempfindungslandkarte« zu erstellen.

Die eingesetzten Medien in der multimedialen Kunsttherapie haben eine unterschiedliche sozialpsychologische Wirkung: Das visuell-optische Gestalten des Malens, Zeichnens und der Collage wirken vor allem individualisierend und fördern Prozesse wie »sich mehr auf Körperempfindungen und Gefühle einzulassen und diese sichtbar zu machen«. So entstehen die Körperempfindungslandkarten. Hier ist erfahrungsgemäß eine sehr unterschiedliche Intensität der Teilnehmenden zu erwarten, sowohl was die Dauer als auch die Auswahl der angebotenen künstlerischen Materialen und Techniken anbelangt. Die Intensität reicht von langem, intensivem und detailreichem Gestalten bis hin zu kurzen schnellen Eintragungen. Hier ist es wesentlich, die Teilnehmenden einfühlsam in ihrer Art zu begleiten, Unterstützung anzubieten, wenn sie innere und äußere Barrieren gegenüber der Darstellung von Gefühlen und Empfindungen überwinden; sei es durch rein handwerkliche Tipps oder aber auch durch Ermutigung und kleine individuelle Anregungen, mehr »Spüren« zuzulassen.

Um die unterschiedliche Dauer für das Gestalten der Körperempfindungslandkarten ohne Druck für die Teilnehmenden zu ermöglichen, bieten wir einen fließenden Übergang in Spaziergänge nach draußen an.

### ■ 4. »Innen-Außen«

Dem Impuls, ins Freie, von »Drinnen nach Draußen«, zu gehen, kann zeitlich individuell gefolgt werden. Es wird angeregt, den Spaziergang mit hoher Körperpräsenz zu machen. Mit erhöhter Wahrnehmung für den eigenen Körper und mit einem weichen Blick, der offen ist für Entdeckungen. Einen Spaziergang zu machen, der »Findung« ermöglicht, Offenheit für Unscheinbares und Dinge, die im Alltag leicht übersehen werden können. Die Teilnehmenden sind aufgefordert, ein Fundstück mitzubringen, etwas das sie im Moment gerade anspricht. Dieses Fundstück wird nach der Rückkehr in der Körperlandschaft verortet.

## 5. Wahrnehmen, Zuordnen und Worte finden

Die Teilnehmenden schreiben nun mit ein paar Worten ein »Mini-Gedicht« zu ihrem Fundstück (Abbildung 93). Fragen zur Rahmung des Gedichtes:

- »Was bewegt mich jetzt gerade?«
- »Was spricht mich an?«
- »Was schwingt in mir?«
- »Ist da nun Nähe oder Distanz?«

Die Gestaltung und Platzierung des Gedichtes wird mit weiteren Fragen unterstützt:

- »In welcher Größe?«
- »Welche Schriftart möchte ich wählen?«
- »Wohin? An welche Körperstelle oder außerhalb meines Körpers?«
- »Welche künstlerische Technik wähle ich dazu?«

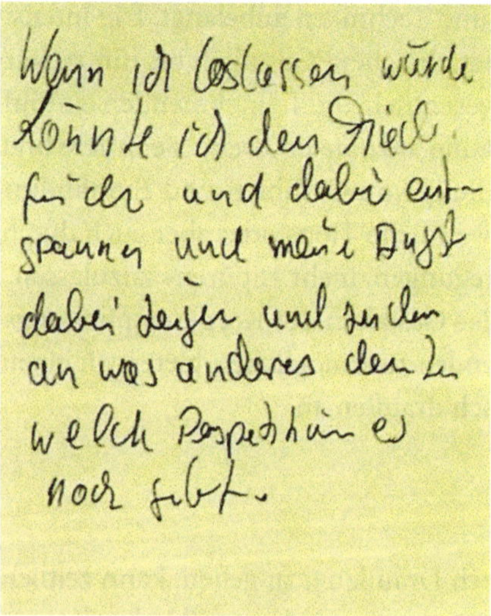

**Abbildung 93:** Ein Gedicht

Es darf ein »mein JETZTGERADE« Werk entstehen. Dieser allgemeine prozesshafte Titel wird vorgeschlagen, um inneren, gestalterischen Druck, der häufig auftritt und aus hohen Leistungsansprüchen oder Perfektionsdrang resultiert, zu verringern.

Zum Abschluss dieser Phase wird auch die, noch weiße, Maske auf das Papier gelegt. Die Teilnehmenden geben ihrem Bild nun einen momentanen, temporären Titel. In dieser Gruppe entstanden Titel wie »Hintergedanken« oder »Atemspielraum«.

### ▪ 6. Wanderfeedback

Auf einer »Wandervernissage« präsentieren die Teilnehmenden ihre Werke, dramaturgisch, durch eine Geste, Mimik oder Körperhaltung unterstützt, während sie ihren Titel nennen (Abbildung 94 bis 96). Der sehr individuelle Prozess des Gestaltens der Körperempfindungslandkarte, mit dem Einfügen von Objekten, das Entstehen einer Assemblage, wird so durch das Anregen erster kleiner szenischer Elemente in einen stärker interaktiven Prozess übergeleitet. Die Rezipienten werden zu achtsamem Zuhören und mitfühlender Resonanz angeleitet.

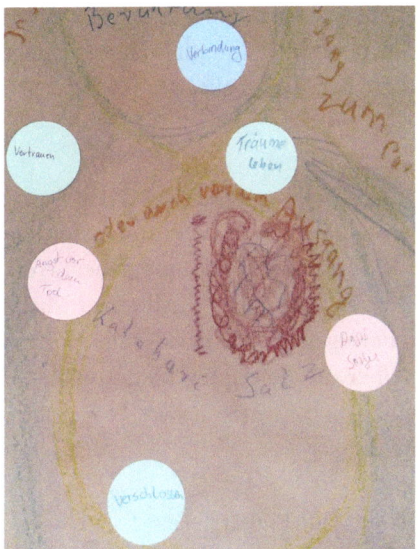
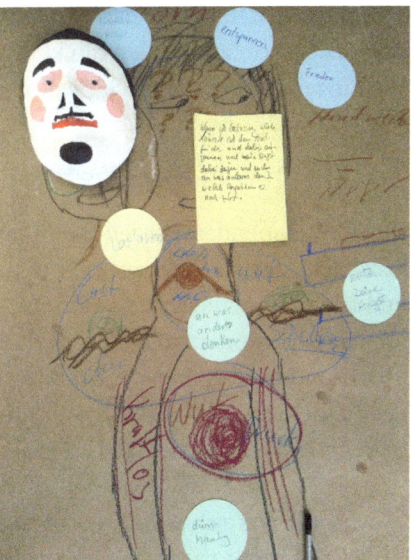

**Abbildung 94, 95 und 96:** Fertige Körperlandschaftsbilder

Es ist eine spezifische Stärke und ein Potenzial der multimedialen Arbeitsweisen und des Transfers, Zugang zu oft unbewussten Konflikten, Widerständen und auch Ressourcen zu schaffen, sowie schöpferische Möglichkeiten zu eröffnen und Präverbales zum Ausdruck zu bringen. Ganz generell wird dadurch Beziehungsfähigkeit gefördert und die Stärkung der selbstregulativen Systeme ermöglicht. Nach den Präsentationen wandern alle Klientinnen und Klienten in fokussierter Aufmerksamkeit auf ihre eigene Körperwahrnehmung zwischen den Werken umher und halten vor jeder Körperempfindungslandkarte inne. Auf kleinen bunten Zetteln schreiben sie ihr Feedback zu jedem Werk der anderen: ein oder zwei Worte intuitiver Reaktion zu jeder Darstellung. Im Fokus steht die Frage nach der persönlichen Resonanz: »Was löst das in mir aus?« Die Kärtchen werden direkt in die Körperempfindungslandkarten gelegt. Die Einzelnen tauschen sich nicht über diese Feedbacks aus.

■ 7. Wirken lassen, um ins Werken zu kommen

Die Teilnehmenden kehren zu ihren eigenen Werken zurück und lassen die Feedbacks der anderen auf sich wirken. In Stille sitzen sie am eigenen Werk und lassen anschließend – während sie sich zu langsamer meditativer Musik um das eigene oder auf dem eigenen Bild bewegen – wirken, was selbst kreiert wurde und an Resonanz entstanden ist. Über die Bewegung kommunizieren die Teilnehmenden mit sich selbst, unwillkürlich formen innere Fragen ihre Bewegung. Wir geben dazu folgende Anleitung:

»Erspürt, was sich zeigen möchte und befragt jede Körperstelle.«
»Was ist in mir, das wenig Beachtung durch mich selbst findet?«
»Was steckt Verborgenes in mir?«
»Lasst die Fragen in euch einsinken, vom Kopf ins Herz, in den Körper.«
»Lasst die schriftlichen Resonanzen der anderen in euch klingen. Spürt dieser Resonanz in eurem Körper nach. Benennt die Erfahrungen und fügt sie zu einem ›Wörtersatz‹ zusammen.«
»Findet einen poetischen Satz, der von den Erfahrungen des heutigen Tages in den morgigen Tag hineinklingen soll.«
»Tragt dieses ›Motto‹ zum Abschluss dieser Sequenz in euer Körperlandschaftsbild ein.«

Nach dieser Phase folgt immer eine Pause. Dies kann je nach Dauer der vorangegangenen Arbeit eine Mittagspause oder auch eine Nachtruhe sein.

■ 8. Wieder anknüpfen nach einer Prozesspause

Das selbstverfasste Gedicht eignet sich wunderbar als Anknüpfungspunkt, um den Prozess weiterzuführen. Die Einzelnen lesen für sich selbst still und laut ihre Worte, spielen mit der eigenen Stimme und kommen dazu in Bewegung:

»Wo zieht es meinen Körper hin?«
»Welcher Körperteil möchte sich auf welche Art zu diesem meinem Satz bewegen?«

Wenn Impulse dazu vorhanden sind, können die gemachten Bewegungserfahrungen auch bildnerisch im Werk Spuren hinterlassen. Erfahrungsgemäß gibt es schon nach einem Tag angeleiteter künstlerischer Prozesse bei vielen Teilnehmenden verstärkt Lust und Freude, sich künstlerisch kreativ auszudrücken und eigene Wege und Lösungen dafür zu entwickeln. Diese Impulse brauchen oft Unterstützung, schöpfen aber aus eigenen inneren Ressourcen. So kam in diesem beschriebenen Setting ein Teilnehmer am zweiten Tag mit einem künstlerischen Werk, das er über Nacht zu Hause gestaltet hatte, und fügte es in seine Körperempfindungslandkarte ein. Er erklärte sein begeistertes nächtliches Arbeiten wie folgt: »Ich bastle hin und wieder gerne und habe deshalb auch einige Materialien dafür zu Hause. Ich versuche dann hübsche Dinge entstehen zu lassen. Gestern habe ich aber erfahren, wie intensiv künstlerisches Gestalten wirken kann, dass meine Werke wirklich mit MIR zu tun haben und ich durch die künstlerische Arbeit mit mir wirklich in Kontakt komme.«

■ 9. Innere Spurensuche

Im Prozess des Erspürens des eigenen Werkes richtet sich der Fokus nun mehr und mehr auf das Sein. Wir gehen den Fragen nach:

»Was möchte sich von mir mehr zeigen?«
»Was möchte ich von mir mehr leben?«
»Was möchte mehr umsorgt sein?«
»Was möchte ich mir selbst mehr geben, mehr erlauben, mehr genießen?«
»Welche meiner Facetten möchte ich stärken?«

Aus diesen Überlegungen heraus und inspiriert durch Bewegung und Stimmspiel beginnen die Teilnehmenden ihre Maske zu bemalen, auch mit diversen Materialien zu bekleben, dabei wird auch das Fundstück aus der Natur verwendet, so wie es stimmig und inspirierend für sie ist (Abbildung 97).

Abbildung 97: Eine überarbeitete Maske

Diese Gestaltungsphase darf viel Zeit in Anspruch nehmen. Pausen, Innehalten, aus der »Ferne« darauf blicken, ermöglichen neue Perspektiven. Dieser Prozess vollzieht sich sehr individuell. Für ein ungestörtes Arbeiten ist genügend Raum erforderlich. Es sollte immer wieder möglich sein, dass sich die Teilnehmenden auf ihre Landkarte legen und mit ihren Körperempfindungen in Kontakt gehen.

Nach der Fertigstellung wird der Maske noch ein fantasievoller Name gegeben. Die Maske tritt als »Wesen« aus dem restlichen Werk hervor (Abbildung 98).

Abbildung 98: Eine Maske auf einer Körperempfindungslandkarte

### ■ 10. Neue Wesen und ihre Geschichten

Nun gehen die Teilnehmenden mit ihrer fertigen Maske in Resonanz, bauen eine tiefere Beziehung zu ihr auf. Ein Wesen ist entstanden! Annäherung und »Kennenlernen« geschehen durch intensives Betrachten, Aufsetzen, auf die Körperlandschaft legen und Ertasten. Aus diesem Prozess heraus entwickelt sich eine Geschichte für dieses Maskenwesen, eine Lebensgeschichte, eine Zukunftsperspektive, ein Abenteuer, ein Scheitern oder ein Gelingen. Der

**Abbildung 99:** Teilnehmerrunde mit Masken

Prozess des Kennenlernens geht über zu einer spielerischen Inszenierung (Abbildung 99).

■ **11. Gemeinsam kreieren – Zusammentreffen**

Wieder bilden die Teilnehmenden Dreiergruppen und stellen sich gegenseitig ihre Masken vor, erzählen sich die Geschichten dazu. Gemeinsam wird eine Inszenierung beziehungsweise eine Performance entwickelt, getragen durch die Fragen:

»Was könnte geschehen, wenn sich unsere Wesen treffen?«
»Wie könnten sich die individuellen Geschichten miteinander verknüpfen?«

Dramaturgische Sequenzen von kurzer Dauer entstehen.

■ **12. Zusammentreffen und in Szene setzen**

Bunte Tücher und unterschiedliche Accessoires (die Teilnehmenden waren aufgefordert, zum Workshop nach Belieben solche Dinge mitzubringen) unterstützen die dramaturgische Umsetzung. Es kommt eine erstaunlich eifrige Stimmung auf. Es wird geheimnisvoll geflüstert, gelacht, gebastelt, geprobt und Musikwünsche werden geäußert als Untermalung für die Inszenierung. (Wir haben dazu eine Reihe unterschiedlicher CDs aus verschiedenen Musikgattungen mitgebracht.) Ein freudig-kreatives Tun ist im Gange, das am Vortag noch unvorstellbar schien.

Abbildung 100 und 101: Maskenperformance

Für die darstellende Performance (Abbildung 100 und 101) wird folgender Rahmen gegeben:

Bevor die einzelnen Gruppen sich gegenseitig ihre Werke präsentieren, führen wir die Zeremonie des »In die Rolle gehen und wieder heraustreten« ein und definieren einen Ablauf: Wir markieren eine »Bühne« und verwenden dazu ein Seil, das auf den Boden gelegt wird und den Raum in zwei Teile teilt: die Bühne und die »reale Welt«. Ganz bewusst wird das Überschreiten dieser Linie mit überzeichneter Körpersprache, mit einem großen deutlichen Schritt beim Hineintreten und beim Verlassen der Bühne, beim Einnehmen und Ablegen der gewählten Rolle markiert.

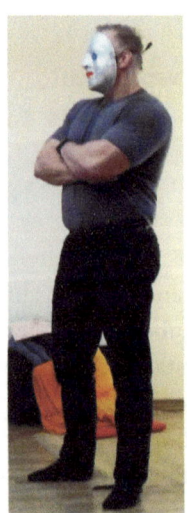

Abbildung 102 und 103: Rollendarstellung in der Performance

Wir sind sehr berührt von den vielfältigen Szenen! Es werden Facetten der eigenen Persönlichkeit gezeigt und entdeckt, die sowohl für die Zuschauenden als auch für die Agierenden überraschend sind (Abbildung 102 und 103). Wir nehmen uns Zeit für anerkennendes Feedback.

Fotos werden gemacht (Abbildung 104 bis 107), Videos gedreht und es beginnt ein reger Austausch.

 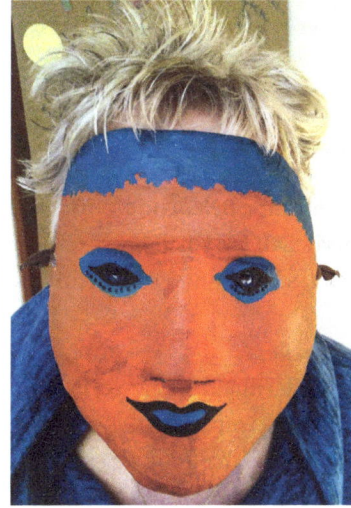

**Abbildung 104 und 105:** Körperlandschaftsbild und Maske

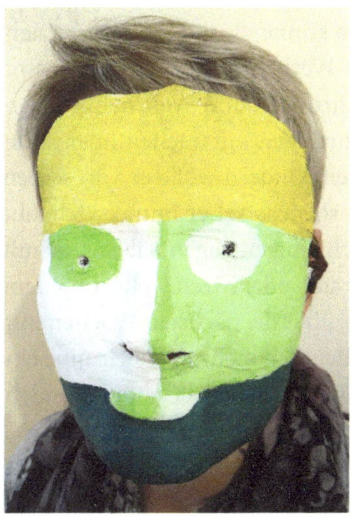 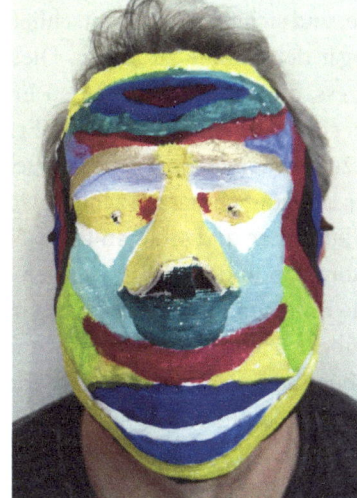

**Abbildung 106 und 107:** Bemalte Masken

## 13. Agieren und Betrachten, Reflexion

Die Performance wird gemeinsam reflektiert:

»Wie ist es dir in deiner Rolle ergangen?«
»Was ist für dich als Zuhörende und Betrachtende spürbar geworden?«
»Was hat sich in dir ›bewegt‹?«

Die Frage und der Wunsch nach dem Transfer ins eigene Leben entstehen ganz von selbst.

**Wirkungen des Workshops**

Der Workshop hat eine belebende Wirkung auf die Interaktionen der Gruppenmitglieder. Zusätzlich lässt sich bei Einzelnen in der Folge beobachten, dass sie freier sind, sich spontan und »ungeschminkt« zu äußern.

Hier einige Beispiele:
**Felix,** ein Klient, der nach einer vierfachen Bypass-OP und einer Reha in die ambulante Therapie kam, agierte gewöhnlich sehr zurückhaltend, gab vor allem auf direkte Fragen Rückmeldungen, erzählte aber wenig zu seinen eigenen erheblichen Lebensproblemen. Das Erleben und Visualisieren seiner Körperwahrnehmungen und das Anfertigen seiner Maske hat ihn sehr bewegt. Er berichtete in der Sitzung nach dem Workshop-Wochenende, dass er seine Maske im Auto gelassen habe, und sich noch nicht entschließen könne, sie mit ins Haus zu nehmen oder sogar der Familie zu zeigen. Dieses Werk erinnere ihn an den Entstehungsprozess, die damit verbundenen Erfahrungen und Wahrnehmungen. Er habe bisher immer vermieden, seine Erfahrungen mitzuteilen oder anderen sichtbar zu machen. Schon gar nicht seinen Kindern wolle er von seinen Ängsten oder seinem Schmerz erzählen. Und sowieso sei er immer vielmehr der, der sich kümmere und anderen helfe. Nach einigen Tagen habe er sie mit ins Haus genommen und überlegt, wie weit er sich offenbaren wolle. In jedem Fall führte die Erfahrung dazu, dass er begann, über die nächsten Wochen hinweg und darüber hinaus, sich selbst aktiv und deutlich mehr in die Gruppe einzubringen. Sein Bedürfnis danach, selbst wichtig zu sein und Gehör zu finden, wurde ihm immer deutlicher.

**Ulrich,** ein sehr sorgsam nachdenkender und sprechender Mann, der gern die Abläufe seiner Arbeit und seines Lebens unter Kontrolle hat, ging sehr in der

Gestaltung seiner Maske und im anschließenden Spiel auf. Er hatte bereits einige mögliche Accessoires mitgebracht und begann im Schauspiel mit einer Gruppenkollegin einen sehr lebendigen Tanz, wie ihm das zuvor keiner zugetraut hätte. Am Abend des ersten Tages hat er sich zu Hause noch daran gemacht, aus einer Sammlung von Hölzern und Steinen, die er zu Hause besitzt, eine weitere Umgebung für seine Maske zu gestalten. Am nächsten Tag stellte er seine Skulptur sehr stolz und zufrieden vor. Er erzählte, dass er so etwas sehr gern tue, und wir registrierten eine spielerische Seite an ihm, die zuvor bei all seinen Kontrollbedürfnissen gar nicht zu erahnen war!

**Sabine,** eine Selbstständige mit eigener Kanzlei, leidet sowohl sehr unter ihrer Arbeitsbelastung als auch unter »mütterlichen Vorschriften«, wie wichtig es sei, zu berücksichtigen, was »andere über einen denken könnten«. Sie lebt allein und kümmert sich um die über achtzigjährige Mutter, die nicht mehr allein zurechtkommt. Sie brauchte lange, um sich der Gruppe anvertrauen zu können. Zum einen entdeckte sie, wie sehr ihr die gestalterische Tätigkeit Freude bereitet, entgegen ihrer Annahme, »sowas könne sie nicht«. Zum anderen war ihre wiederholte Rückmeldung zum Workshop, wie gut es ihr getan habe, miteinander einfach mehr ins Tun zu kommen, nicht mehr dauernd zu überlegen, wie sie sich geben solle, oder was sie sagen dürfe. Das habe sie der Gruppe – und sich selbst – sehr viel nähergebracht. Seither trägt sie viel öfter ihre Befindlichkeiten und ihre Belastungen in Gesprächen vor, und gestattet sich, sich zu zeigen. Bei aller hohen Alltags- und Lebensbelastung ist die Gruppe für sie zu einem Raum geworden, wo sie sich von äußeren Ansprüchen lösen kann.

## 5.6 Führung spielt eine Rolle! Rollenmetaphern für Leadership- und Innovations-Schulungen

Holger Gelhausen

Wie können Schulungen zu den Bereichen Führung und Innovation so gestaltet werden, dass sie an die Bilderwelten und die Kompetenzen der teilnehmenden Personen anschlussfähig sind? Indem sie sich in hohem Maße sprachlicher Bilder bedienen. Von besonderer Bedeutung sind hierfür Bilder zur Rolle von Teammitgliedern und Führung. Der Begriff »Rolle« ist hierbei immer eine Metapher für verschiedene Haltungen, Werte und Verhaltensmuster. Daher werden die Begriffe »Rolle« und »Metapher« in diesem Beitrag größtenteils synonym verwendet.

Die Herangehensweise an unsere Arbeit lässt sich mit dem Ausdruck »design based« gut beschreiben:

> »The etymology of *design* goes back to the latin *de* + *signare* and means making something, distinguishing it by a sign, giving it significance, designating its relation to other things, owners, users, or gods. Based on this original meaning, one could say: design is making sense [of things]« (Krippendorff, 1986, S. 9; Hervorhebung im Original).

In interaktiven und zirkulären Schleifen nähern wir uns über »Designs« (d. h. Bilder, Grafiken, Modelle und Darstellungen) dem angestrebten Framework. Die in diesem Beitrag gezeigten Abbildungen und Grafiken geben die Anfänge dieser Entwicklungsarbeit wieder.

**Der Status quo der Management-Ausbildung**

Die klassische Managementlehre operiert in Bezug auf den Organisations- und Unternehmenskontext noch immer überwiegend mit der Metapher der Maschine. In diesem Bild ist der Manager der »Ingenieur«, der sehr mechanistisch die Maschinerie der Firma bedient und die Mitarbeiter als »Teile« der »Maschine« einsetzt, ordnet und wartet. Dieser Denkstil ist nicht geeignet, um die heutigen Aufgaben in der Gesellschaft und in Unternehmen erfolgreich abzubilden. Geschweige denn, innovative, nachhaltige und gesundheitsbewusste Vorgehensweisen in organisationalen Kontexten anzustoßen.

Timo Becker arbeitet in seinem Beitrag »Kritische Betrachtung der Manage-

mentlehre« die Probleme der heutigen Managementausbildung heraus (Becker, 2013, S. 47–89). Er kritisiert (Becker, 2013, S. 203):
- »die fehlende Aktualität und den mangelnden Realitätsbezug,
- das dogmatische Festhalten am Anspruch auf Rationalität und der Effizienzorientierung,
- ein verfehltes Wissenschaftsverständnis und eine zu starke Simplifizierung sowie
- die unangemessenen Lern- und Denkstile.«

Becker beschreibt auch Aspekte einer idealtypischen Ausbildung. Bezogen auf die Zielsetzung dieses Beitrages gehören für ihn hierzu (Becker, 2013, S. 130):
- »Metaphern und Menschenbilder werden explizit und ersetzen Organigramme und Stellenbeschreibungen.
- Wertschöpfung soll als Sinnstiftung verstanden werden.
- Manager sollen erlebnis- und erfahrungsorientiert ausgebildet werden.«

Es sind unter anderem diese Anforderungen an die Kompetenzen moderner Führungskräfte, ergänzt um einige Eckpunkte aus den Arbeiten von Jonathan Gosling und Henry Mintzberg zu Mindsets, die uns bei der Definition von »Leitplanken« unterstützen (Gosling u. Mintzberg, 2003).

### Unsere Leitplanken

Folgende Leitplanken sind uns für ein kollaboratives Leadership- und Innovationsmodell zuallererst wichtig:
- Integration von verantwortungsvoller nachhaltiger Führung (Werteorientierung),
- Sichtweisen und Grundhaltungen basierend auf einem positiven Menschenbild,
- den Menschen als Ausgangspunkt setzen,
- Förderung von kritischem Denken,
- Ermöglichen von Erfahrungslernen,
- Etablieren eines einfachen Metaphernsystems, um mit unbewussten und bildlichen Anteilen arbeiten zu können,
- Methoden der Komplexitätstheorie.

Ausgehend von diesen Anforderungen an Führung werden folgende Eckpunkte definiert:

1. Beziehungs- und kommunikationsorientierte Fähigkeiten werden zunehmend wichtiger.
2. Das Wir-Gefühl ist zu begünstigen: Themen, Herausforderungen und Strategien müssen mit dem Team in Resonanz gebracht werden, um gemeinsam Lösungen erarbeiten zu können.
3. (Angstfreie) Kooperations- und Erfahrungsräume sind zu gestalten.
4. Vernetzung und unternehmerisches Denken sind zu fördern.
5. Multi-Stakeholder-Perspektiven sind einzunehmen und zu fördern.
6. Orientierung ist durch Sinnangebote zu ermöglichen (Geschichten und Erzählungen!).
7. Rollenkompetenz wird als Schlüsselkompetenz verstanden.

**Warum man Rollen (Metaphern) als eine innere Navigationsmöglichkeit heute mehr denn je braucht**

In komplexen Umgebungen helfen keine starren Pläne. Die Mitarbeitenden haben in komplexen Umgebungen nie genug Informationen, Pläne überstehen den ersten Kundenkontakt meist nicht unbeschadet und Ergebnisse fallen oft anders aus als erwartet. Das sind die Kontextbedingungen, die das »Navigieren im Nebel der Unsicherheit« schwierig machen. Was gibt Halt in solchen diffizilen und komplexen Situationen? An welchen inneren Bildern können sich Mitarbeiterinnen und Mitarbeiter orientieren? Im Innovationsbereich stellt man sich Fragen wie: »Was hätte Steve Jobs getan?« oder »Was würde Google tun?« Jez Humble, Joanne Molesky und Barry O'Reilly schreiben in ihrem Buch »Lean Enterprise« (2016, S. 14):

> »Die wichtigste Frage, die sich Konzernchefs und Manager in komplexen adaptiven Systemen stellen, lautet ›Wie können wir dafür sorgen, dass unsere Mitarbeiter gute Entscheidungen im Interesse unseres Unternehmens treffen, selbst wenn sie niemals ausreichend Informationen und Kontext haben, um alle Konsequenzen ihrer Entscheidung zu überblicken? Zudem wird unser Plan ja in der Regel durch die Ereignisse überholt.‹«

Ein Lösungsansatz, den die Autoren und die Autorin vorschlagen, ist das »Missionsprinzip«, das auf Donald Reinertsen zurückgeht (2009). Es basiert auf der Doktrin der Auftragstaktik, in der ein Endstatus, dessen Zweck und ein

Minimal-Set an Rahmenbedingungen definiert werden. Dieses Prinzip wird im Rahmen dieses Beitrages noch anhand zweier Beispiele zu Metaphern und Rollen genauer erläutert.

Um in komplexen Umgebungen, deren unternehmerischen Rahmenbedingungen nur minimal definiert sind, navigieren zu können, sind innere Bilder (Rollen), die Sicherheit bieten und neue Handlungsoptionen eröffnen, äußerst hilfreich. Dies sind innere Bilder, die Menschen zusammenbringen, aber noch genug Spielraum für eigene Interpretationen ermöglichen.

Sinn zu vermitteln muss durch Führung erreicht werden, deren vorrangiges Ziel nicht ist, dafür zu sorgen, dass Anweisungen erledigt werden. Götz Werner, der Gründer der Drogeriekette »dm«, legt die Vorteile einer erkennbaren »Sinnhaftigkeit« in seiner Autobiografie sehr überzeugend dar (Werner, 2013, S. 106 f.):

> »Viele Menschen verwechseln Führung mit Manipulation: man müsse den anderen dazu bringen, dass er etwas macht, was er eigentlich gar nicht will, aber so, dass er glaubt, er habe es gewollt. […] Die meisten Menschen meinen Führen heißt Druck aufbauen. Das ist ein Irrtum. Man muss einen Sog entfachen. Sinn hat eine unglaubliche Sogwirkung.«

Orientiert an diesen Vorüberlegungen haben wir begonnen, Rollen- und Metaphernsysteme zu entwickeln, die in der Ausbildung von Führungskräften wirksam werden sollen.

## Der Weg zu passenden Rollen- und Metaphernsystemen

### Der Beginn

Man beginnt damit, für das Vorhaben eine attraktive Zielvision zu beschreiben. Hierbei beziehen wir uns auf das ABIDE-Modell, wie es in dem Blog von Dave Snowden beschrieben ist (2016a, 2016b). ABIDE (engl. bleib, bleiben) steht als Akronym für:

**A**ttractors (Attraktoren, Anziehungspunkte)
**B**oundaries (Grenzen, Beschränkungen)
**I**dentity (Identität, Rollen)
**D**ifference, auch Dissent, Diversity (Unterschiede, Dissens, Verschiedenheit)
**E**xchange (Austausch)

**Abbildung 108:** Visualisierung des ABIDE-Modells für unser Entwicklungsprojekt

Anhand dieser fünf Themensäulen machen wir uns Gedanken über die Ausgestaltung einer Führungsausbildung, die auf Metaphern und Rollenbildern basiert. Für die Entwicklung wählen wir uns selbst eine »Metaphernwelt«, mit der wir unseren kreativen Prozess anregen und in Bahnen lenken wollten: die Bergbesteigung (Abbildung 108).

■ Führungsverantwortung und Führungsrollen

Eine zentrale Fragestellung ist für uns: »Wie können Führungskräfte Kooperationen fördern?«. Diese Frage bearbeiten wir mithilfe der Methode des »stummen Dialogs«[9], bei dem wir gemeinsam die für uns wichtigen Faktoren notiert haben, die dazu beitragen, Kooperationen zu fördern (Abbildung 109).

Es gibt nicht den einen Führungsstil, der erfolgreich ist. Erst die Flexibilität, im jeweiligen Kontext das passende Rollenverständnis anzuwenden und adäquat zu handeln, befähigt dazu, erfolgreich zu sein. Daher werden passend zu den Ergebnissen des stummen Dialogs im nächsten Schritt Rollenbilder benannt, die zu den gesammelten Aspekten von Führung passen (Abbildung 110).

---

9 Der »stumme Dialog« ist eine Methode, bei der die Teilnehmenden darauf verzichten, zu sprechen und nur schreibend bezogen auf ein vorher festgelegtes Thema oder eine Fragestellung miteinander kommunizieren, indem sie Moderationskarten, Pinnwände, Whiteboards, Flipcharts und dergleichen nutzen.

# Führung spielt eine Rolle!

**Abbildung 109:** Ergebnisse des stummen Dialogs

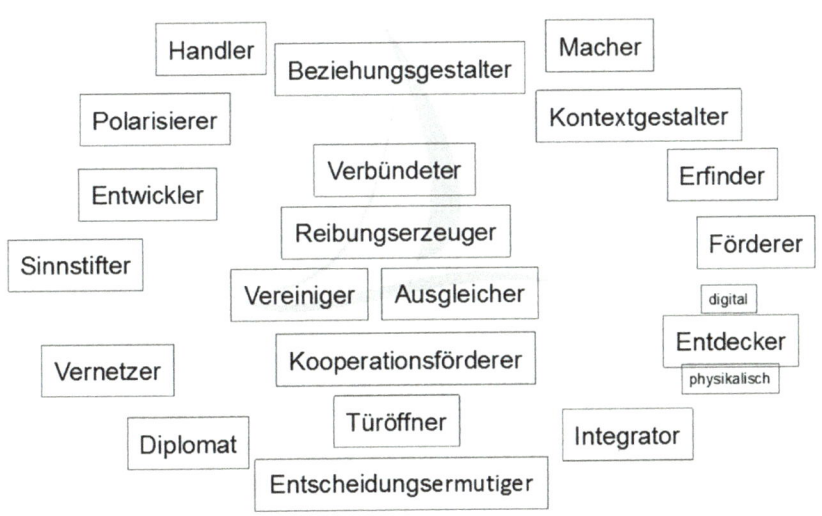

**Abbildung 110:** Mögliche Rollen, die eine Führungskraft zur Förderung von Kooperationen einnehmen kann

Diese Rollensammlung ist geprägt durch unser Vorwissen über andere Ansätze, die sich dem Thema Führung über die Formulierung verschiedener Rollen angenähert haben. Es finden sich in der Literatur immer mehr Beispiele für den Einsatz von Rollenmodellen. Mark Raskino und Graham Waller sprechen von sechs Rollen, die benötigt werden, um die Aufgaben der Digitalisierung zu meistern (2016, S. 139–185). Tom Kelley beschreibt die »Ten faces of innovation« (2005). Martin Reeves, Knut Haanæs und Jammejaya Sinha nennen acht Führungsrollen (2015, S. 198–210), Zella King und Amanda Scott nennen zwölf Rollen (2014, S. 89–139; vgl. Tabelle 2). Viele weitere Auflistungen mit ebenso hilfreichen und sinnfälligen Beschreibungen ließen sich benennen. Eine hilfreiche Übersicht der Rollenverständnisse und der blinden Flecken findet man bei Falko von Ameln, Josef Kramer und Heike Starke (2009).

Tabelle 2: Beispiele für Führungsrollen

| Raskino u. Waller (2016) | Kelley (2005) | Reeves, Haanæs u. Sinha (2015) | King u. Scott (2014) |
|---|---|---|---|
| Adventurer | Anthropologist | Diagnostician | Improvers |
| Ambassador | Experimenteur | Segmenter | Challengers |
| Clarifier | Cross-Pullinator | Disrupter | Nerve-Givers |
| Educator | Collaborateur | Team Coach | Anchors |
| Attractor | Director | Salesperson | Unlockers |
| Cartographer | Experience Architect | Inquisitor | Sponsors |
| | Set Designer | Antenna | Influencers |
| | Caregiver | Accelerator | Connectors |
| | Storyteller | | Customer Voice |
| | | | Expert |
| | | | Inspirer |
| | | | Navigator |

Eines sei jedoch zu diesen Rollenlisten gesagt: Sie setzen immer Schwerpunkte und sind immer auf die ausgleichende und kontrastierende Dynamik zwischen verschiedenen Rollen ausgelegt.

Im Anschluss an die Benennung »unserer« Führungsrollen nehmen wir eine Erweiterung vor, indem wir mithilfe von Bildkarten zusätzliche Ideen durch die Nutzung unbewusster und impliziter Prozesse aktivieren (Abbildung 111; Zürcher Ressourcen Modell, Krause u. Storch, 2010).

Die gesammelten Rollen werden anschließend auf eine Anzahl von neun reduziert. Um diese mit Leben zu füllen, formuliert man handlungsbezogene Wir-Sätze, die die Rollen mit einer Handlungsorientierung verbinden (Abbildung 112). Inspiriert haben uns dabei die »Grafensätze« aus dem Artikel von Peter Gerstmann, Vorstandsvorsitzender Zeppelinwerke (2016).

Abbildung 111: Ergebnisse des stummen Dialogs

| Aktivierende Haltungen | Rollen, die das umsetzen | Aktivierende Haltungen | Rollen, die das umsetzen |
|---|---|---|---|
| Wir fördern Beziehungen. | Beziehungsgestalterin | Wir sorgen für Spannung. | Polarisierer |
| Wir gestalten attraktive Erfahrungsräume. | Kontextarchitekt | Wir bringen weiter. | Förderin |
| Wir führen mit Sinn. | Sinnstifterin | Wir haben Mut zum Experimentieren. | Experimentatorin |
| Wir ermutigen zu Entscheidungen. | Entscheidungsermutiger | Wir halten Kurs. | Steuerer |
| Wir ermöglichen neue Wege. | Navigatorin | | |

Abbildung 112: Rollen und handlungsbezogene Wir-Sätze

### ■ Interaktionsdynamik zwischen Führung und Team

Gunther Schmidt (Schmidt u. Kohtes, 2015) beschrieb die systemischen Wechselwirkungen zwischen Führung und Teammitgliedern in seinem Vortrag »Führungsverantwortung aus hypnosystemischer Sicht« dahingehend, dass die Wechselwirkungen – sprich »die Beziehungen« – zwischen den Menschen die Basis des Erfolges sind (Abbildung 113). Aus diesem Grund reicht die einseitige Betrachtung von Führungsrollen nicht, man braucht vielmehr ein oder mehrere kreative Gegenstücke, die sich bezogen auf Organisations- und Führungsthemen einschwingen und weiterentwickeln.

**Abbildung 113:** Wechselwirkungen entscheiden über den Erfolg

Um die Rollen in ein Interaktionsschema einzubetten, nutzen wir die Darstellungsform der Triade. Triadische Beziehungsmuster wurden bereits von Robert W. Keidel auf Managementprozesse angewandt, er beschrieb sie als Dynamik zwischen den Punkten »Kontrolle«, »Kooperation« und »Autonomie« und dienen uns als Orientierung (Kreidel, 2010; Abbildung 114).

Unsere Rollen- und Beziehungs-Metaphernmodelle sollen ein kreatives Spannungsverhältnis abbilden: Je weiter die Menschen vom Standpunkt des Anderen gedanklich entfernt sind, desto größer ist der Lernerfolg! Auf Basis einer wertschätzenden Haltung von Unterschieden sollen sich neue Möglichkeiten des Fortkommens und der Entwicklung eröffnen: »Jeder hat eine berechtigte Sichtweise, es gibt demnach kein objektives Richtig oder Falsch, sondern ein verbindendes Lernen!« In unseren Seminaren bekommen wir oft eine positive Rückmeldung, dass sich eine wohltuende Nähe einstellt, wenn man die Lernpartnerin oder den Lernpartner in den Unterschieden, der individuellen Haltung wertschätzt und nach gemeinsamen Verbindungen sucht.

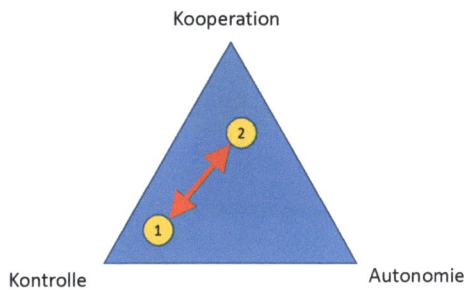

**Abbildung 114:** Triade aus Kontrolle, Kooperation und Autonomie

Der für uns nächste Schritt ist, die bisherigen Rollen zu »Creative Pairs« zu erweitern und so zu gruppieren, dass sie in unsere triadische Vorstellung der Beziehungsdynamik passen.

### ■ Das Zusammenspiel der Rollenbilder

Aus unserer Sicht ergeben sich gute Paare, wenn wir den bereits gesammelten »Leadership-Rollen« eine jeweils korrespondierende »Innovatoren-Rolle« gegenüberstellen (Tabelle 3).

Tabelle 3: Beispiele für Führungsrollen

| Leadership-Rolle | Innovatoren-Rolle |
| --- | --- |
| Sinnstifter | Evangelistin |
| Polarisiererin | Freundlicher Herausforderer |
| Steuerer | Fortschrittsvalidatorin |
| Beziehungsgestalterin | Botschafter |
| Kontextarchitekt | Community-Builder |
| Förderin | Storyteller |
| Entscheidungsermutiger | Framework-Architektin |
| Navigatorin | Digital-Pioneer |
| Experimentator | Technologie-Enabler |

Diese Rollen sollten dann in ein verbindendendes Beziehungsmodell eingepasst werden. Das Ergebnis unseres Modellentwurfs, das auf den bisher geschilderten Überlegungen beruht, zeigt Abbildung 115. Die einzelnen Rollen werden gemäß ihrer konzeptionellen Nähe zu den Begriffen der einzelnen Punkte (Kontrolle, Kooperation, Autonomie) angeordnet.

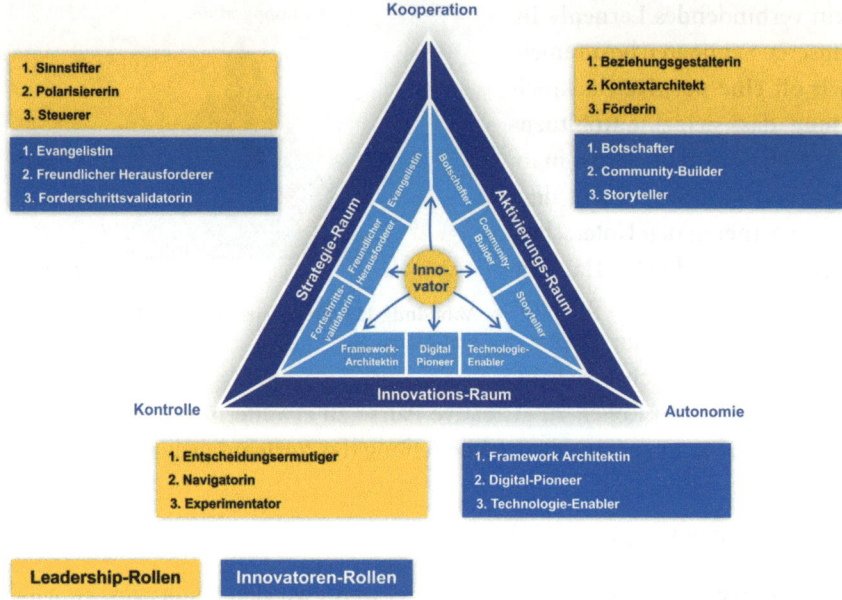

**Abbildung 115:** Wechselwirkungen von Rollen für Leadership und Innovation

- **Die Ausformung der Rollenbilder**

Die nun vollständigen und in ein Beziehungsmodell integrierten Rollen werden mit Inhalten angereichert. Hierzu gehören die Formulierung von »Dialogchancen« in Form von Fragen, die dabei unterstützen sollen, die eigene Rolle zu reflektieren. Ein »Creative Pair« aus Leadership-Rolle und Innovatoren-Rolle verfolgt hierbei immer ein gemeinsames Ziel, nutzt dazu aber unterschiedliche Strategien. Auf der Handlungsebene werden Führungsstrategien notiert, von denen diese Rolle »weniger« oder »mehr« tun soll (Abbildung 116 und 117).

Wie eingangs dargestellt, verlangt das »Auftragsprinzip« nach einem Endstatus, einem definierten Zweck und einem Minimal-Set an Rahmenbedingungen. Die hier gezeigten Visualisierungen der Rollen beschreiben ein solches Minimal-Set.

### Aufbau von Schulungskonzepten

Jede der entwickelten Rollen vereint in sich viele unterschiedliche Kompetenzen. Darauf aufbauend lassen sich weitere kontextabhängige Anforderungen einer Organisation einbinden, sodass angepasste Rollen- und Metaphernsysteme entstehen. Letztlich müssen passgenaue Schulungskonzepte den Freiraum bie-

# Führung spielt eine Rolle! 179

Abbildung 116: Beispiel der Rollenkarte »Kontextarchitekt«

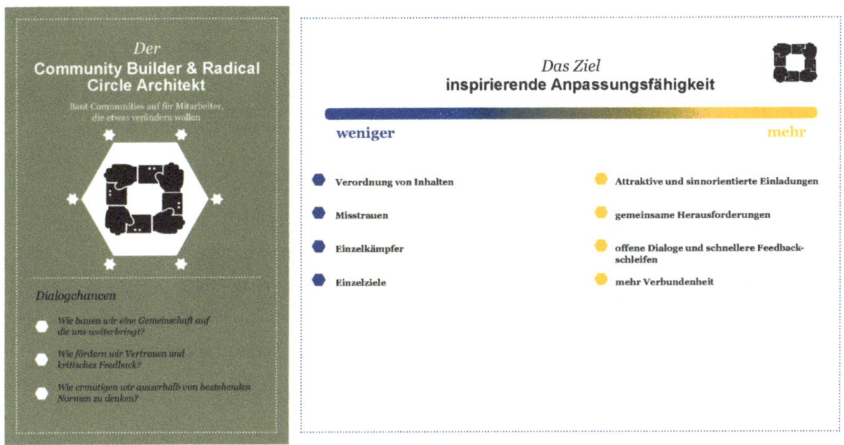

Abbildung 117: Beispiel der Rollenkarte »Community Builder« und »Radical Circle Architekt«

ten, die Rollenmodelle im organisationalen Kontext auszuformulieren und zu konkretisieren.

Wenn in einer Organisation die Haltung vorherrscht, dass die Vielfalt und Verschiedenheit der Mitarbeiterinnen und Mitarbeiter ein kreatives Potenzial beinhaltet, und dass Innovation im Zusammenspiel dieser Pluralität entsteht, eröffnen sich ganz neue Möglichkeiten. Mit dem häufig von Führungskräften geäußerten Einwand »dafür fehlen uns die passenden Leute« wird dieser Möglichkeitsraum unbegründet und voreilig eingeschränkt. Unsere Seminare ermutigen die Mitarbeitenden, sich mit den Rollen und Metaphern auseinanderzusetzen. Oft gelingt es, zu zeigen, dass die »passenden Leute« bereits in der Organisation vertreten sind, wenn man sich nur traut, die Unterschiede und die individuellen Eigenheiten erlebbar zu machen.

Unsere mittlerweile umfangreiche Bibliothek verbindet die Rollenmodelle mit unterschiedlichen Metaphernwelten wie Bergbesteigung, Schiffsfahrt, Königreich und vielem mehr. Dadurch können wir den unterschiedlichsten Organisationen Leadership- und Innovatoren-Schulungen in Verbindung mit sehr individuellen Geschichten- und Bilderwelten anbieten (Abbildung 118).

**Abbildung 118:** Bilderwelten für die Individualisierung unserer Schulungskonzepte

Unser Seminarkonzept gibt den Teilnehmenden die Möglichkeit, sich mit Bildern und Geschichten »in die Rollen hineinzufühlen« und somit intuitiv und über unbewusste Assoziationen neuer Handlungsoptionen gewahr zu werden. Diese Vorgehensweise der »Rollenmodellierung« nimmt Anleihen bei den Arbeiten von Friedemann Schulz von Thun zum »Inneren Team«, dem »Zürcher-Ressourcen-Modell« von Frank Krause und Maja Storch und dem »Rubikon-Modell der Handlungsphasen« von Anja Achtziger und Peter M. Gollwitzer (Schulz von Thun, 1998; Krause u. Storch, 2010; Achtziger u. Gollwitzer, 2006).

## Methodische Anmerkung

Die Rollenbilder für Führung und Innovation sind Personifikationen bestimmter Haltungen und Fähigkeiten (Lindemann, 2016a, S. 52 ff.). Durch die Verbindung mit einer spezifischen Metaphernwelt werden diese Rollenbilder visuell greifbar und zudem in einem zusammenhängenden Kontext von Geschichten und Interaktionszusammenhängen erfahrbar. Ähnlich der Archetypen der Heldenreise bilden die Rollenmodelle in ihrer metaphorischen Einbettung immer schon eine bestimmte Beziehungsdynamik ab (Lindemann, 2016b, S. 199–229).

Wie bei allen Methoden, die sich auf Metaphern beziehen, wird auch bei den vorgestellten Rollenmodellen und den Schulungen die Frage aufgeworfen, wie eine Internalisierung und Habitualisierung stattfinden kann (Lindemann, 2016a, S. 42 f.): »Wie werden die Haltungen und Fähigkeiten spürbar und bilden ein gelebtes ›Mind-Set‹?« Durch Übungen und Interaktionen der Teilnehmenden wird diese Rollenmodellierung mit Leben gefüllt. Ein weiterer Schritt liegt in der Implementierung in den beruflichen Alltag. Hier sind Beobachtungs- und Feedbackschleifen notwendig, damit die vermittelten und ausgeformten Rollen auch spürbar und nachhaltig wirksam werden.

## Abschließende Gedanken

Wir sind der festen Überzeugung, dass Metaphern den Erwerb von Kompetenzen, die zur erfolgreichen Umsetzung von modernen Leadership- und Innovationsansätzen benötigt werden, ausgezeichnet unterstützen. Am Beispiel der Metapher eines »Navigators« lässt sich erahnen, welch großes Netzwerk an Vorstellungen und Erfahrungen durch solch eine Metapher aktiviert werden kann. Diese Aktivierung eröffnet den Möglichkeitsraum, hieraus Handlungsmuster abzuleiten und diese gewinnbringend anzuwenden.

# TEIL 2

Praxisbeispiele
zur Arbeit mit der
Systemischen Heldenreise

# 6 Die Systemische Heldenreise – Eine kurze Einführung[10]

Holger Lindemann

»Heldenreise« ist die Bezeichnung für den mythologischen, literarischen und cineastischen Erzählverlauf, dem die allermeisten Geschichten folgen. Die Grundstruktur der Heldenreise wurde Ende der 1940er Jahre durch den Literaturwissenschaftler Joseph Campbell entwickelt. Er untersuchte zahlreiche Mythen, Legenden und Erzählungen und entdeckte eine ihnen allen zugrundeliegende Struktur: die Heldenreise (vgl. Campbell, 1999, 2007). Das Grundmuster der Heldenreise findet sich in der Mythologie, in Sagen oder Märchen wieder, ebenso wie in modernen Kindergeschichten, Romanen und Spielfilmen. Campbell beschrieb die Heldenreise als eine generalisierte Erzählstruktur, die jeder erzählten Geschichte zugrunde liegt. Im Rückgriff auf die Theorie der Archetypen von Carl Gustav Jung ergänzte er die extrahierte Erzählstruktur der Heldenreise um eine Charakterisierung der zentralen Rollen, die in ihr auftauchen (Campbell, 1999, S. 26 f.; vgl. Jung, 2001).

Das Strukturschema der Heldenreise wurde von zahlreichen Autorinnen und Autoren aufgegriffen, die es beispielsweise für die Entwicklung von Drehbüchern adaptiert haben (z. B. Vogler, 1998; Hammann, 2007) oder es als Grundmuster für Selbsterfahrung in Therapie und Coaching einsetzen (Rebillot u. Kay, 2008; Gilligan u. Dilts, 2013).

Die verallgemeinerte Erzählstruktur der Heldenreise für die Reflexion des eigenen Lebens und für die Planung von Veränderungen zu nutzen, ist nicht verwunderlich. Schließlich basieren alle jemals geschriebenen und erzählten Geschichten auf Themen, die Menschen bewegen und ihren Alltag bestimmen, und auf Erlebnissen. Auch wenn viele Geschichten diese Themen und Ereignisse überzeichnen und verfremden, so sind es dennoch »Musterbögen für das echte Leben«: »Ich kam zu der Überzeugung, daß die ›Reise des Helden‹ nichts anderes als ein Handbuch des Lebens ist, ein vollständiger Ratgeber in der Kunst, Mensch zu sein« (Vogler, 1998, S. 10).

Die Grundidee, die Heldenreise für Persönlichkeitsentwicklung, Coaching, Beratung und Therapie zu nutzen, besteht darin, gemeinsam mit Klientinnen und Klienten an der Lösung ihrer Probleme zu arbeiten, sie bei der Zielklärung

---

10 Die Texte stammen aus Band 2 der »großen Metaphern-Schatzkiste« und wurden für diese Darstellung gekürzt und zusammengefasst.

zu unterstützen oder ihnen bei der Überwindung von Hindernissen und der Entwicklung von Neuem beizustehen.

Für die »Systemische Heldenreise« wurden aus dem vorliegenden Ausgangsmaterial zehn Phasen und die Archetypen der Heldenreise beschrieben und mit zahlreichen Aspekten systemischer Beratung und Therapie verknüpft (Lindemann u. Rosenbohm, 2012, S. 43–69; Lindemann, 2014, S. 176–215; Lindemann, 2016b).

■ Phase 1. Die gewohnte Welt (und die ersten Zeichen des Schattens)

Abbildung 119:
Die gewohnte Welt

Ausgangspunkt ist die gewohnte Welt des Helden oder der Heldin, in der noch alles gut ist, aber doch ein Mangel herrscht, ein Problem besteht oder sich eine Aufgabe stellt. Die gewohnte Welt kann ebenso ein beschauliches Idyll sein, wie auch eine gefahrvolle Hölle, der es zu entrinnen gilt.

In der gewohnten Welt gibt es möglicherweise schon erste Anzeichen des Schattens. Etwas Bedrohliches zeigt sich am Horizont oder ist bereits in die gewohnte Welt eingedrungen.

Auch die Seite des Lichts ist bereits vorhanden: Es gibt Dinge, die gut laufen, Fähigkeiten, gute Orte, schöne Dinge und Freunde.

■ Phase 2. Der Ruf des Abenteuers (und der erste Herold)

Abbildung 120: Der Ruf des Abenteuers

Der Ruf des Abenteuers ist zugleich der erste Auftritt der Herolde: Die Heldin oder der Held wird zum Abenteuer gerufen, indem sie mit einem Problem konfrontiert oder durch eine Person, ein Ereignis oder eine innere Stimme dazu aufgefordert werden, sich einer bestimmten Aufgabe zu stellen.

Der Ruf des Abenteuers kann ein äußerer Ruf sein, eine innere Stimme oder auch ein bestimmtes Ereignis. Auch Krankheiten und ihre Symptome können als Ruf des Abenteuers gewertet werden, als Aufforderung, etwas zu verändern (Gilligan u. Dilts, 2013, S. 21).

Der Held oder die Heldin wollen, sollen oder müssen ihre gewohnte Welt verlassen. Die Aufforderung oder der innere Drang hierzu können schon lange bestehen und auch durch mehrere Herolde überbracht worden sein. Der Heldin oder dem Helden wird letztlich klar, dass sie das Abenteuer auf sich nehmen sollen, müssen oder auch wollen. Der Ruf kann eine Verlockung sein, eine Sehnsucht, die den Helden oder die Heldin vorantreibt, eine Bewegung »auf etwas zu«. Der Ruf kann aber auch eine Befreiung oder Flucht aus der gewohnten Welt bedeuten, eine Bewegung »weg von«.

■ Phase 3. Die Weigerung (und die zweiten Zeichen des Schattens)

Abbildung 121:
Die Weigerung

Dem Ruf des Abenteuers verweigert sich Heldin oder Held zunächst, etwa weil sie die Sicherheit des Alltags nicht aufgeben möchten, aus Fürsorge und Verantwortung anderen gegenüber oder weil sie sich nicht für würdig halten. Diese Weigerung kann in dem Wunsch nach Beständigkeit, vielleicht auch nach Annehmlichkeiten bestehen, aber auch in der Furcht vor Neuem, dem Gefühl, nicht »die oder der Richtige« zu sein. Held oder Heldin zögert und haben sich noch nicht vollständig zur Annahme des Abenteuers entschieden.

Hier zeigt der Schatten erneut seinen Einfluss. Er ängstigt die Heldin oder den Helden oder will sie dazu verführen, in ihrem Status quo zu verharren.

■ Phase 4. Begegnungen mit Mentorinnen und Mentoren

Abbildung 122:
Begegnungen mit Mentorinnen und Mentoren

Mentoren und Mentorinnen sind reale oder auch erfundene Personen, die Heldinnen und Helden Vorbild und Ratgeber sind. Sie unterstützen bei der Reise, statten mit wichtigen Gegenständen, Ratschlägen und mit Selbstvertrauen aus. Ein oder auch mehrere Mentoren und Mentorinnen bereiten auf das Abenteuer vor, trainieren, schulen, geben Informationen, magische oder technische Hilfsmittel mit auf den Weg.

Möglicherweise muss der Held oder die Heldin auch von ihnen überredet oder geradezu dazu genötigt werden, sich auf den Weg des Abenteuers zu begeben.

## Phase 5. Das Überschreiten der ersten Schwelle (und der erste Schwellenhüter)

**Abbildung 123:** Das Überschreiten der ersten Schwelle

Diese Phase markiert den »Point of no Return«. Ab hier gibt es kein Zurück mehr. Die Heldin oder der Held haben ihr Bündel geschnürt und begeben sich auf die Reise. Sie nehmen Abschied, lassen die gewohnte Welt oder Teile von ihr hinter sich. Der Held oder die Heldin ist jetzt bereit, das Abenteuer auf sich zu nehmen und überschreiten die erste Schwelle auf dem Weg ins Ungewisse. Hierbei müssen sie die ersten Schwellenhüter und Schwellenhüterinnen der Reise überwinden: Abschied, Heimweh, Ängste oder Personen, die sie am Gehen hindern wollen.

An dieser ersten Schwelle begegnet die Heldin oder der Held mit hoher Wahrscheinlichkeit mehreren Schwellenhüteinnen und -hütern, die sie bezwingen, überzeugen oder austricksen müssen. Die Schwellen können auch in Voraussetzungen bestehen, die für die Reise zu treffen sind oder darin, von einer Person Abschied zu nehmen. Sei es der Koffer, der nicht zugeht, das Reiseticket, das plötzlich verschwunden ist oder der Freund, der im letzten Augenblick ruft: »Geh nicht!« Der Held oder die Heldin muss sich dieser Prüfung stellen und sie bestehen … oder scheitern.

Im besten Fall führt ein Scheitern nur zu einer Verzögerung, im schlimmsten zum Aufgeben. Das Überschreiten der ersten Schwelle kann durchaus aus dem Überschreiten mehrerer kleiner erster Schwellen bestehen.

## Phase 6. Bewährungsproben, Verbündete und Feinde

**Abbildung 124:** Bewährungsproben, Verbündete und Feinde

Der Weg der Heldin oder des Helden zu ihrer entscheidenden Prüfung ist eine Abfolge von Herausforderungen und Ruhepolen. Sie treffen dabei auf Verbündete, Helferinnen und Begleiter, müssen sich aber auch Gefahren, Feindinnen, Bedrängnissen, Widerständen und inneren Zweifeln stellen. Dabei müssen sie verschiedene Schwellen überschreiten, Bewährungsproben bestehen, Feinde überwinden, Rätsel lösen und Aufgaben bewältigen. Diese Phase der Heldenreise kann auch als eine Abfolge des Überschreitens von Schwellen und der

Auseinandersetzung mit verschiedensten Schwellenhütern und -hüterinnen beschrieben werden. Alle Schwellen, Herausforderungen und Feinde, denen sich Helden und Heldinnen stellen müssen, sind Ausdruck ihres Weges und ihrer Selbstwerdung zwischen Licht und Schatten. Sowohl die Seite des Schattens als auch die Seite des Lichts prüfen sie.

Herolde können die Schwellen oder Herausforderungen auf dem Weg des Helden ankündigen. Wer geübt darin ist, Heroldinne und ihre Botschaften zu erkennen, kann sich besser auf seine bevorstehenden Aufgaben vorbereiten. Die Informationen und Gaben der Mentorinnen und Mentoren sind Heldinnen und Helden bei allen Herausforderungen, die sie meistern müssen, eine wichtige Unterstützung. Auch können weitere Mentoren, Mentorinnen und Verbündete auftauchen.

■ **Phase 7. Die entscheidende Prüfung (und der Sieg über den Schatten)**

**Abbildung 125:** Die entscheidende Prüfung

Nun dringt der Held oder die Heldin vor bis zum Kern des Schattens, der tiefsten Höhle, der Heimstatt des Bösen oder dem Versteck des Schatzes. Dies ist der schwerste Teil ihrer Reise mit den gefährlichsten Fallen und Aufgaben. Sie treffen auf ihren größten Feind, müssen das letzte und vielleicht schwierigste Hindernis auf ihrem Weg zum Ziel überwinden und die entscheidende Prüfung bestehen, von der das Gelingen des Abenteuers abhängt.

Nachdem Heldin oder Held an der Auseinandersetzung mit Hindernissen und Feinden gewachsen ist, kann ihr gereifter Charakter nun dem Schatten selbst oder seinem mächtigsten Stellvertreter gegenübertreten. Die entscheidende Prüfung ist die letzte Schwelle, die den Helden oder die Heldin von ihrer Belohnung trennt. Der Schatten kann hierbei also nicht nur als »Oberbösewicht« oder »größter Gegnerin« auftauchen, sondern auch als letzte innere Hürde.

Bei der entscheidenden Prüfung geht es letztlich darum, den Schatten zu besiegen. Der Schatten muss nicht endgültig vernichtet werden, sondern sein Einfluss auf die Welt der Heldin oder des Helden soll verringert oder aufgehoben werden. Dies kann auch dadurch geschehen, dass sich der Held oder die Heldin mit dem Schatten versöhnt oder den eigenen inneren Anteil des Schattens durch ein passendes Gegengewicht aufwiegt.

In dieser Phase zeigt die Heldin oder der Held auch ihre Eigenständigkeit gegenüber der Seite des Lichts: Sie sind keine Abbilder ihrer Mentoren und

Mentorinnen, sondern eigenständige Persönlichkeiten, die sich zwischen Licht und Schatten entwickelt haben. Der Sieg über den Schatten bedeutet weniger dessen Vernichtung, statt vielmehr eine Integration innerer Anteile, die der Held oder die Heldin zuvor abgelehnt hat, in ihre Persönlichkeit. In vielen Fällen könnte man auch sagen, dass die Heldin oder der Held mit dem Schatten oder den abgelehnten inneren Anteilen Frieden schließt.

■ Phase 8. Die Belohnung

Abbildung 126:
Die Belohnung

Der Lohn für ihre Mühen ist dem Helden oder der Heldin zu Beginn ihrer Reise oft noch gar nicht bewusst. Möglicherweise sind sie ausgezogen, um einen materiellen Schatz zu erlangen. Letztlich gewinnen sie in der Regel jedoch noch etwas ganz anderes. Eine Heldenreise ist immer auch eine persönliche Entwicklung, der Versuch, bestimmte Bedürfnisse zu befriedigen oder Werte zu verfolgen. Die Heldin oder der Held werden belohnt, indem sie den Gegner besiegen, einen Konflikt beilegen, einen Schatz, ein Elixier oder einen anderen Gegenstand in Besitz nehmen. Die Belohnung kann auch in der Befreiung einer oder mehrerer Personen liegen, im Erwerb eines Titels, im Besteigen des Throns oder in der Verleihung einer Medaille oder eines Pokals. Entscheidend ist jedoch immer die Frage: Was ist der Held oder die Heldin für eine Persönlichkeit, wenn sie ihr Ziel erreicht haben?

■ Phase 9. Der Rückweg (und die letzten Schwellenhüter)

Abbildung 127:
Der Rückweg

Die Heldin oder der Held treten den Rückweg an, manchmal unter Zögern und in Sorge darüber, wie sie die gewohnte Welt oder ihren neuen Alltag vorfinden werden. Der Rückweg muss keine Rückkehr zum örtlichen Ausgangspunkt der Reise sein, sondern bedeutet vor allem die Rückkehr zu einem alltäglicheren Geschehen, zu einem neuen stabilen Zustand. Held oder Heldin müssen sich den Konsequenzen stellen, die sich aus dem Bestehen des Abenteuers ergeben. Schon besiegt geglaubte innere oder äußere Feinde können ein letztes Mal auftauchen. Auf dem Rückweg festigt sich die neue Persönlichkeit der Heldin oder des Helden, sie setzen sich mit ihrer – während des Abenteuers gereiften – Persönlichkeit auseinander. Es gibt möglicherweise ein letztes Straucheln vor dem Erreichen der alten oder neuen Heimat.

■ **Phase 10. Der neue Alltag**

Abbildung 128:
Der neue Alltag

Der Held oder die Heldin kehren zur gewohnten Welt zurück oder lassen sich an einem anderen Ort nieder. Sie treffen möglicherweise auf Unglauben oder Unverständnis und müssen die auf der Heldenreise errungene Belohnung und ihre gereifte Persönlichkeit in das Alltagsleben integrieren. Sie wollen nun zur Ruhe kommen. Gewohnheiten und Routinen stellen sich ein. Dieses »Ziel nach dem Ziel« erfordert eine andere Heldin, einen anderen Helden, oder eben eine andere Person, die Held oder Heldin war, aber nicht mehr ist und auch nicht mehr sein muss. Es ist eine post-heroische Zeit, die oft ganz andere Qualitäten und Fähigkeiten abverlangt als das Bestehen von Gefahren. Möglicherweise werden Heldinnen und Helden zu Mentorinnen und Mentoren für andere Heldenreisen.

Für den Verlauf der Beratung ist es wichtig, flexibel mit den einzelnen Phasen der Heldenreise umzugehen und sich nicht sklavisch an die Abfolge zu halten. Der Ablauf einer Heldenreise folgt im Coaching nur selten dieser Reihenfolge, wie sie auch in der chronologischen Struktur der meisten Bücher und Filme oft nicht zu finden ist. Gerade in den Schritten 1 bis 5 (»die gewohnte Welt«, »der Ruf des Abenteuers«, »die Weigerung«, »Begegnungen mit Mentorinnen und Mentoren« und »das Überschreiten der ersten Schwelle«) ist die Reihenfolge leicht veränderbar: Die »Begegnungen mit Mentorinnen und Mentoren« können erst nach dem »Überschreiten der Schwelle« stattfinden und auch »die Weigerung« kann erst später einsetzen. Phase 8 (»die Belohnung«) wird von mir in der Beratung immer vorgezogen, um schon vor dem »Überschreiten der ersten Schwelle« festzuhalten, wofür sich das Abenteuer lohnt. Von den Phasen 6, 7 und 9 (»Bewährungsproben, Verbündete und Feinde«, »die entscheidende Prüfung« und »die Rückkehr«) kann immer wieder zu der Phase »Begegnungen mit Mentorinnen und Mentoren« zurückgekehrt werden, um weitere Mentoren und Gaben festzuhalten, die der Held später in seinem Abenteuer noch brauchen wird. Nachdem die Phase der »Belohnung« (8.) erreicht wurde, kann ein Ausblick auf den »neuen Alltag« (10.) erfolgen, bevor dann »der Rückweg« (9.) dorthin bearbeitet wird.

Ein weiteres Strukturelement der Heldenreise bilden die Archetypen, d. h. Rollen, Figuren und Gestalten, die in jeder Geschichte und im »wirklichen Leben« auftauchen. Einzelne Personen können auch mehrere, verschiedene Aspekte der Archetypen verkörpern. Für eine detaillierte Darstellung siehe Lindemann (2016b, S. 199–228).

*Die Heldin oder der Held*
sind die zentrale Person der Reise. Klientinnen und Klienten sollen ihr Anliegen aus der Position als Held oder Heldin bearbeiten.

**Abbildung 129:** Die Heldin oder der Held

*Der Schatten*
bezeichnet alle äußeren und inneren Widerstände und Hindernisse der Heldin oder des Helden. Die Überwindung des Schattens bedeutet oft das Herstellen eines Einklangs zwischen verschiedenen inneren Anteilen.

**Abbildung 130:** Der Schatten

*Schattenwesen*
ist eine Sammelbezeichnung für alle Manifestationen des Schattens in Form von Gegenspielerinnen, Gefolgsleuten des Schattens, schlimmen Begegnungen und finsteren Orten.

**Abbildung 131:** Schattenwesen

**Abbildung 132:** Mentorinnen und Mentoren

*Mentorinnen und Mentoren*
sind die zentralen Lichtgestalten und Unterstützer des Helden. Sie geben Rat und statten Heldinnen und Helden mit Hilfsmitteln aus.

**Abbildung 133:** Lichtgestalten

*Lichtgestalten*
bezeichnen alle Manifestationen des Lichts in Form von Weggefährten, Gefolgsleuten des Lichts, guten Begegnungen und guten Orten.

**Abbildung 134:** Heroldinnen und Herolde

*Heroldinnen und Herolde*
sind Überbringerinnen von Botschaften oder Ankündiger bevorstehender Ereignisse.

**Abbildung 135:** Schwellenhüterinnen und Schwellenhüter

*Schwellenhüterinnen und Schwellenhüter*
sind Bewacherinnen und Bewacher von Übergängen, die den Zugang zu einzelnen Bereichen und Abschnitten der Heldenreise versperren, die die Heldin oder den Helden prüfen und ihr bzw. ihm den Zugang oder Übertritt nur gewähren, wenn diese ihm gewachsen sind.

**Abbildung 136:** Gestaltwandlerinnen und Gestaltwandler

*Gestaltwandlerinnen und Gestaltwandler*
sind Charaktere mit zwei Gesichtern, die möglicherweise eine große Schwäche und eine große Stärke haben und weder der guten noch der bösen Seite eindeutig zuzurechnen sind.

**Abbildung 137:** Närrinnen
und Narren

*Närrinnen und Narren*
können durch ihr unbeholfenes, naives und teilweise tollpatschiges oder provokatives Verhalten sowohl als Retter in Erscheinung treten als auch Gefahren heraufbeschwören.

Die meisten Archetypen tauchen implizit oder explizit in der Heldenreise auf, nur die letzten beiden (Gestaltwandlerinnen und Narren) werden als »zusätzliches Salz in der Suppe« eingesetzt.

Gerade in der Aufstellungsarbeit können die Archetypen der Heldenreise eine größere Bedeutung erlangen, vor allem vor dem Hintergrund, dass in der Regel nicht Personen, sondern Teile oder Rollen bzw. »der Fokus der Person« aufgestellt werden (Varga von Kibéd u. Sparrer, 2005, S. 46). Begreift man die Archetypen immer auch als »Fokus« bzw. als eine spezifische Sichtweise auf einzelne Aspekte des Systems, können sie ohne Weiteres aufgestellt werden. Auch bei der Verwendung bildnerischer und gestaltender Methoden oder der Arbeit mit Anteilen, Ich-Zuständen oder Ego States können Aspekte der Externalisation (Personifikation und Objektivation) als Archetypen dargestellt oder mit diesen verbunden werden.

In diesem Bereich der Arbeit mit Elementen der Heldenreise steckt noch viel Potenzial, das für die Gestaltung von Beratungs- und Therapieprozessen genutzt werden kann.

# 7 Die Systemische Heldenreise in Einzelsettings

Das Einzelsetting ist ein typischer Einsatzbereich der Heldenreise: Eine Klientin oder ein Klient hat ein Anliegen. Sie oder er kann sich als Heldin oder Held der eigenen Geschichte erleben, sich Herausforderungen stellen und eine Belohnung erlangen. Die scheinbare Singularität einzelner Heldinnen und Helden ist aber trügerisch. Die Heldinnen- oder Heldenmetapher ist immer nur eine Perspektive, aus der die eigene Geschichte erzählt werden kann. Letztlich vermag jede Figur aus jeder Geschichte als Heldin oder Held konzipiert zu werden, sobald man bereit ist, die Geschichte aus ihrer Position zu erzählen (Lindemann, 2016b, S. 35).

Das erste Praxisbeispiel zeigt eine typische Arbeitsweise (7.1): Ein Klient macht sich auf die Reise, um seine Heldengeschichte aus seiner Perspektive zu erkunden. Die Einladung, dass sich Klientinnen und Klienten selbst als Helden sehen, hat eine große Anziehungskraft und gibt viel Energie: Ich, als Held? Dieses Rollenangebot gibt Mut und birgt eine ganz eigene Kraft. Im zweiten Praxisbeispiel wird die Heldinnen- oder Heldenmetapher auf eine andere Person angewandt (7.2): Was passiert, wenn ich die Entwicklung von Kindern als Heldenreise deute? Wenn die Erwachsenen, die die Entwicklung begleiten und sich hierüber austauschen, das Kind als »Heldin oder Held der eigenen Entwicklung« in den Fokus ihrer Aufmerksamkeit rücken? Dem dritten Praxisbeispiel liegt eine andere Interpretation der Heldenreise zugrunde (7.3): »Quest«. Basierend auf diesem Phasenmodell wurde ein Onlinekurs entwickelt, der in diesem Abschnitt vorgestellt wird. Auch diese Variation des Heldinnen- und Heldenthemas bietet viele Anregungen für die Nutzung in Beratung und Therapie.

## 7.1 Nie mehr die Verbindung mit dem Wolf verlieren: Vom Wunsch »schwer zu erkranken, um Erlösung zu finden« bis zur Verwirklichung eines Lebenstraums

Sabine Brehm

■ **Die Ausgangssituation**

Herr K., ein 41-jähriger selbstständiger Physiotherapeut aus Deutschland, äußert im Rahmen einer Coachingsitzung: »Ich muss wirklich sehr schwer krank werden, zum Beispiel Darmkrebs kriegen, um erlöst zu werden! Erst dann habe ich die Erlaubnis, das zu tun, was ich will und erst dann kann ich der Verantwortung und dem alltäglichen Trott entkommen.« Der Klient berichtet: Er arbeite von Montag bis Freitag teilweise bis 20.00 Uhr abends und am Samstag erledige er noch zusätzlich Büroarbeiten. Seine Patienten seien zu 95 % Lymphdrainage-Patienten, die auf seine Hilfe angewiesen sind, da die Lymphdrainage die Funktion eines Organs ersetzt. Er fühle sich für die Patienten verantwortlich und erlaube sich deshalb keinen längeren Urlaub oder eigenes Kranksein.

Das nachfolgend geschilderte Coaching geht über elf Sitzungen und beginnt mit einer Zieldefinition. Im Anschluss daran folgt die Heldenreise, wobei jede Phase in Einzelsitzungen mit einer Dauer von je eineinhalb bis zwei Stunden besprochen und mithilfe von Moderationskarten als Bodenanker im Raum ausgelegt wird.

■ **Die Ziele**

Herr K. fällt es nicht leicht, Ziele für sich zu formulieren, da er selten an sich selbst denkt und ein großes Verantwortungsgefühl gegenüber seinen Patienten und seiner Familie hat. Nach langem Zögern benennt er folgende Ziele: »Ich möchte in einer Umgebung arbeiten, die mir Kraft verleiht. Ich will, dass Krankheit und Schweres weniger Raum in meinem Leben bekommen. Ich will mehr Leichtigkeit.« Im Anschluss daran äußert er die Sorge, diese Wünsche könnten zu dreist sein. Wie sähen dreiste Ziele überhaupt aus? Und so ergibt sich eine zweite Zielformulierung unter dem Titel »Meine dreisten Ziele«: »Ich will eine echte Auszeit. Ich will Musik machen. Ich möchte mich trauen, für mich so selbstverständlich einzustehen, wie ich es für andere tue.« Und damit beginnt seine Heldenreise …

■ Phase 1: Die gewohnte Welt

Herr K. ist glücklich in zweiter Ehe verheiratet. Aus erster Ehe stammt eine Tochter, mit seiner jetzigen Ehefrau hat er einen 14-jährigen Sohn. Diese Personen seien ihm sehr wichtig, ebenso seine zwei besten Freunde, mit denen er Musik macht. Als weitere Personen in seiner gewohnten Welt nennt Herr K. seine Patienten, die er als »Fluch und Segen« zugleich wahrnehme. Einerseits sicherten die vielen Patienten seine selbstständige Tätigkeit ab, andererseits habe er durch sie das Gefühl, kaum weg zu können, da sie ihn bräuchten. Er nimmt diese Schwere am Abend mit nach Hause und beschreibt sie als »Pullover, den er abends auszieht«. In diesem Pullover seien alle Geschichten, Last und Trauer enthalten. Doch er könne den Pullover nie ganz ausziehen, er bleibe immer als ein dünnes Hemd auf seiner Haut. Auch die Arbeit mit den Händen, als Physiotherapeut, und der damit verbundene direkte körperliche Kontakt mit Krankheit, entziehe ihm Energie. Sein einziger Ausweg, um Zeit für sich zu haben, wäre, selbst krank zu werden.

Energie könne er in seinem Garten auftanken und in seiner Wohnung, die er als Rückzugsort beschreibt. Dort habe er sich einen kleinen Raum eingerichtet, in dem er Musik machen kann. Ein weiterer Ort der gewohnten Welt ist die Praxis, die er als goldenen Käfig empfinde, in dem seit Jahren die gleichen Patienten, zum gleichen Wochentag, zur gleichen Stunde kommen und gehen. Er würde diese Routine einerseits als positiv schätzen und gleichzeitig schnüre sie ihm die Luft ab. Es gebe keine Balance mehr zwischen Berufs- und Privatleben. Die Gefühle »ich kann nicht weg« und »ich werde zu sehr gebraucht« überwiegen. Dennoch sei er sich bewusst, dass sich etwas ändern muss, damit er nicht selbst krank wird. Er sagt: »Wenn ich nichts ändere, muss ich mir keine Sorgen um meine Altersvorsorge machen, da ich diese Zeit dann gar nicht mehr erleben werde.«

Auf einer Skala von »1 bis 10«, wobei »1« bedeutet »es bleibt alles so wie es ist« und »10« »es muss sich dringend etwas in meinem Leben ändern«, steht Herr K. zwischen 7 und 8. Während er diese Einschätzung ausspricht, klopfe sein Herz stark und er fühle Angst und Vorfreude zugleich. Er beschreibt es folgendermaßen: »Es ist wie ein Flimmern, alle Sinne sind offen, es ist, als ob man etwas wittert und eine Fährte aufnimmt wie ein Wolf. Das weckt die Sehnsucht, alleine raus in die Welt zu gehen, ohne Verpflichtung und ohne Termine.« Da Herr K. den »Wolf« als seine Identifikationsfigur benennt, bekommt er für die nächste Sitzung die Hausaufgabe, den Wolf als seine persönliche Heldenfigur zu beschreiben:
- seine Stärken,
- seine Schwächen,

- seine Werte,
- seine Eigenschaften,
- seine Fähigkeiten/Fertigkeiten,
- sein Talent,
- sein Wissen,
- sein Bedürfnis.
- Welche Fähigkeiten braucht er noch für das Abenteuer?

■ Der Held

Die erledigte Hausaufgabe gibt die gewünschten Antworten (Abbildung 138): Der Wolf ist stark, schnell, ausdauernd, gemeinschaftsfähig und trotzdem autonom. Er hat die Fähigkeiten zu warten, Witterung aufzunehmen, sich auf seine Gefühle zu verlassen, aber auch sich zu wehren und zuzubeißen, wenn er sein Revier verteidigen muss. Der Wolf geht instinktiv seinen Weg und vertraut auf seine Kräfte. Seine Bedürfnisse sind Sicherheit, Versorgung, Wärme und der Wunsch, dort zu leben, wo seine Seele zu Hause ist.

In der nächsten Sitzung bitte ich Herrn K., die Augen zu schließen und sich in sein Helden-Ich hineinzuversetzen. Herr K. nimmt innerlich Kontakt mit dem Wolf auf und berichtet: Er steht auf einem Hügel, am Rande des Waldes und blickt auf die gewohnte Welt zurück. Er sieht die Praxis im Tal liegen, er

**Abbildung 138:** Sammlung zum Archetyp »Der Held«

spürt Gefahr und riecht »Verwesung, Fäulnis und Krankheit«. Sobald er den Kopf dreht, riecht er kühle, frische Luft und in ihm keime Sehnsucht nach einem anderen Ort auf. Ich fordere Herrn K. auf, als Wolf die Witterung aufzunehmen.

Auf die Frage, welche Fähigkeiten der Wolf für sein Abenteuer brauche, benennt Herr K. das Vertrauen in die eigenen Kräfte. Ferner müsse der Wolf noch lernen, sich von anderen helfen zu lassen. Befragt nach dem Wissen, das der Wolf für sein Abenteuer benötige, antwortet Herr K. wie folgt: »Der Wolf muss spüren, dass er auf sein Gefühl vertrauen kann. Er muss ebenfalls wissen, dass er nicht verstoßen wird, wenn er seinen eigenen Weg geht.« Für mich ist eine große Angst, die in Herrn K.'s Kindheit gründet, spürbar. Seine Erinnerung besagt, dass er ausgegrenzt wird, wenn er nicht den Erwartungen entspricht. Dies spiegelt sich wider im großen Bedürfnis nach Sicherheit und Schutz und dem starken Wunsch nach »Erlaubnis« und »das Recht haben« auf ein eigenes Abenteuer.

### ▪ Phase 2: Der Ruf des Abenteuers

Herr K. nennt als Motivation für sein Abenteuer, dass der Wolf einen passenden Lebensraum benötige: »Er will leben, wo seine Seele zu Hause ist. Also sage ich mir, mach was, was die Seele nährt. Ich hatte das Gefühl zu verdursten, wie eine tiefempfundene Not. Ich brauche Eigenständigkeit und Zugehörigkeit zugleich. Jetzt fühle ich mich nicht mehr wohl in meiner Haut.« Wie sieht der passende Lebensraum aus und wer gibt dem Wolf das Recht, dort zu leben?

Herr K. ist leidenschaftlicher Sänger, bislang tritt er nur bei selbstorganisierten, kleineren Events auf. Das »Sängersein« gibt ihm die Erlaubnis, auf eine Bühne zu gehen und ganz dort zu sein. Herr K. beschreibt die Situation, wenn er Musik macht: »Auf der Bühne bin ich stark und authentisch. Ich fühle mich lebendig und wach, denn wenn ich Musik mache, bin ich in Kontakt mit mir selbst.«

Doch was würde ein Abenteuer bedeuten? Herr K. fühlt Angst, alles aufgeben zu müssen, um sein Ziel zu erreichen. Wie reagieren die Patienten? Wie gehe ich mit Aussagen um wie: »Was würde ich nur ohne Sie machen?« Lob von Patienten empfinde Herr K. ebenfalls als eine Falle, damit steige die Erwartungshaltung an ihn und im gleichen Maße wachse sein Pflichtgefühl den Patienten gegenüber. Er fragt sich: »Wenn ich anders damit umgehen könnte oder eine andere Sichtweise darauf hätte, könnte ich Lob dann auch als Wertschätzung empfinden? Das könnte mir Rückenwind und Zufriedenheit geben, ich könnte aufatmen und frei sein.« Daraus entwickelt sich die Idee, einen »inneren Alarmknopf« zu installieren, der verhindert, dass Herr K. bei Lob und Forderungen der Patienten in seine alten Denkmuster zurückfällt. Der Wunsch, Raum und Zeit für seinen Wolf zu schaffen, wird am Ende der Sitzung sehr stark.

Herr K. verlässt die Coachingsitzung und überlegt währenddessen bereits, wie die Musik mehr in sein Leben integriert werden könne, und ob er dafür freie Nachmittage schaffen könne, indem er Patiententermine umlegt. Eine weitere Frage ist: »Wie schaffe ich es, Patientenanfragen abzusagen, wenn keine Termine mehr frei sind, und wie kann ich auf Lob oder Forderungen der Patienten reagieren? Dafür benötige ich eine klare Formulierung!«

■ Phase 3: Die Weigerung (1. Teil)

Der nächste Coachingtermin beginnt damit, dass Herr K. von bereits erreichten Änderungen erzählt. Als erstes habe er seinen Anrufbeantworter damit besprochen, dass er keine neuen Patienten mehr aufnehmen kann. Ferner berichtet er, dass er mit seinen Patienten darüber gesprochen hat, dass er einen Urlaub plane. Die Resonanz der Patienten war für ihn überraschend gefasst und verständnisvoll. Das löste ein gutes Gefühl in ihm aus. Er hatte die Idee, sich mit seinem Urlaub an den Schulferienzeiten zu orientieren, das schaffe Freiräume. Er müsse dann nicht ganz so mutig sein, denn er hätte die Familie als Begründung und Rechtfertigung für seine Abwesenheit. Ferner plane er einen freien Nachmittag für seine Musik ein. Herr K. fragt sich, ob diese Änderungen nicht schon genug seien und alles darüber hinaus vielleicht zu dreist wäre. Hiermit befindet er sich bereits mitten in der Phase der Weigerung. Auch die schon benannte Stimme der Patienten unterstützt die Weigerung: »Was würde ich nur ohne Sie machen?«

Herr K. führt aus, dass wenn er nichts ändere, er auch keinen enttäuschen müsse, weder seine Frau, seine Kinder oder seine Patienten. Er wäre finanziell abgesichert und würde sich in einem von allen anerkannten System bewegen. In diesem System gehe jeder seiner Arbeit nach und verdiene auf normale Weise sein Geld. Alle würden ihn als »wieder normal« empfinden und keiner wäre beunruhigt. Nur er sei beunruhigt. Herr K. fühle, wie der Wolf unruhig wird in seinem zu engen Gehege. Er wüsste, er würde verwahrlosen, seinen Stolz verlieren und krank werden, wenn er weiterhin dortbliebe. Eine innere Stimme sage: »Bleib bodenständig und zufrieden, mit dem was du hast.« Diese Stimme habe aber Angst vor dem Wolf. Der Wolf reagiere lachend auf Weigerung und Rückschlag und sage laut: »Manchmal fange ich einen Hasen und manchmal nicht. Aber deshalb komme ich nicht auf die Idee, mit dem Jagen aufzuhören.«

Herr K. kommt meiner Bitte nach, die Augen zu schließen. Er soll beide Hände wie bei einer Waage ausstrecken und nachspüren. Meine Frage ist: »Was überwiegt, die innere Stimme der Weigerung oder die Antwort des Wolfes?« In der linken Hand liegt die innere Stimme der Weigerung. Herr K. empfindet, dass die Hand schwer wird und er die Last kaum halten kann. Die Hand sinkt langsam nach unten. Er belastet auch das linke Bein, knickt in der Hüfte ein, steht unsicher und sein Herz schmerzt. Die rechte Hand ist die Antwort des Wolfes. Nun belastet er das rechte Bein, seine rechte Hand fühlt sich leicht an und geht nach oben. Er öffnet die Augen und stellt fest, dass er dasteht, als hätte er eine Gitarre in der Hand. Er empfindet keinen Schmerz mehr, seine linke Seite ist gestreckt und ein Strahlen geht über sein Gesicht: Er ist Musiker.

Herr K. verlässt das Coaching mit drei Sicherheitssätzen gegen Angst und Weigerung:

1. Ich kläre das finanzielle Risiko ab.
2. Ich fühle, dass ich das Recht habe.
3. Ich vertraue auf den Rückenwind und die Stärkung meiner Frau.

■ Phase 4: Begegnungen mit Mentorinnen und Mentoren

Am Anfang dieser Sitzung erzählt Herr K. was er bereits alles in seinem Leben verändert hat. Er habe seine Praxis mit mehr Licht und Pflanzen umgestaltet, sodass »der Wolf« sich dort wohlfühle. Er habe in den Herbstferien die Praxis geschlossen und stelle im Nachhinein fest, dass dies leichter ging als gedacht. Unter der Woche und einmal am Wochenende habe er seine Gitarre eingepackt, sich ins Auto gesetzt und sei einfach drauflosgefahren. An einem Ort, der ihm und »dem Wolf« gefiel, habe er Straßenmusik gemacht. Er beschreibt die Situation wie folgt: »Ich mag es intuitiv und mit Witterung durch mein Leben zu gehen. Ich fühle mich lebendiger und handlungsfähiger.« Dennoch empfindet er immer noch die Notwendigkeit, die Erlaubnis dafür zu erhalten, tun zu dürfen, was er möchte.

Auf die Frage, wer ihm ein Vorbild, Mentorin oder Mentor sein könnte, um das Abenteuer zu bestehen, fällt Herrn K. sofort Udo Lindenberg ein, denn »der macht ja auch was er will«. Udo Lindenberg schwimme gern gegen den Strom, auch deshalb weil er Liedermacher ist. Herr K. entdeckt, dass er auch einer ist und dadurch auch die Erlaubnis habe, eigene Wege zu gehen. »Das Rudel der Liedermacher steht hinter mir«, führt Herr K. aus.

Es gebe aber darüber hinaus noch weitere Mentoren und Mentorinnen, z. B. seine engsten Freunde, die seine Leidenschaft für die Musik teilen. Seine Frau, die ein gutes Gespür für Musiktitel habe und ihn berate. Oder auch einige Patienten, die ihn, in seinem Bestreben nach mehr Freiraum, unterstützten. Hier nennt Herr K. besonders Herrn A., der ihm rät: »Löse dich von der Meinung anderer und lass dich nicht verunsichern. Lote deine Grenzen aus und bewahre deine Haltung.« Herr K. empfindet, dass diese Aussagen ihm Zielstrebigkeit und Glauben mit auf den Weg geben.

### Phase 3: Die Weigerung (2. Teil)

Die Sitzung beginnt mit der Frage: »Erlaube ich mir zu viel Glück?« Herr K. ist verunsichert. Er hat Angst, »Nägel mit Köpfen zu machen« und fürchtet die Konsequenzen, die Veränderungen in seinem Leben bewirken könnten. Bislang habe er doch nur an andere gedacht und seine Sommersaison mit Straßenmusik lief doch schon so gut. »Ich sage mir, sei zufrieden mit dem was du hast. Du hast nun schon einen guten Sommer erlebt. Das muss reichen.« Auf der anderen Seite empfinde er aber dieses große Glücksgefühl, wenn er von seiner Musik berichtet. Herr K. äußert, dass er sich wieder mitten in der Weigerung befindet und nicht mehr weiß, welches Ziel er verfolgen solle.

Auf die Bitte, seine jetzigen Gefühle zu beschreiben, nennt er: Pflichtgefühl, Langeweile, Routine, Angst, Sicherheit und Sehnsucht. Auf die Frage, wie er sich denn gern fühlen würde, benennt er folgende Zielgefühle: lebendig, wach, gegenwärtig, aufmerksam, vertrauensvoll und versunken im Moment. Die Begriffe zur Beschreibung seines Ist-Zustandes sind gänzlich nominalisiert und daher versachlicht, verdinglicht und passiv, während seine Wunschvorstellungen in Verben ausgedrückt sind, die aktives Handeln implizieren.

Darum gebeten, »den Wolf« zu befragen, was der ihm rät, antwortet »der Wolf«: »Ich habe jahrelang in einem Kellerlochzwinger gehockt, ich habe ein Recht darauf, mir meinen Freiraum zu nehmen.« Schrecklicher kann er seine »gewohnte Welt« nicht beschreiben und wundert sich selbst über die Intensität seiner Aussage.

Die Sitzung endet mit neu formulierten Zielen:

1. Ich will auf die Stimme »des Wolfes« hören und ihr weiter folgen.
2. »Der Wolf« bestimmt die Rahmenbedingungen. Erwartungen anderer sind egal.
3. Ich nehme mir Raum, aber lasse auch Freiraum.
4. Ich darf jederzeit meine Ziele verändern und korrigieren.
5. Ich plane mir feste Zeiten für meine Familie ein.
6. Ich will das Gefühl haben, dass ich etwas mache, was mir liegt und was mich voranbringt.

### Phase 3: Die Weigerung (3. Teil)

Auch diese Sitzung beginnt damit, dass Herr K. äußert, bereits so weit gegangen zu sein, dass er nun nicht mehr das Recht habe, weiterzugehen (Abbildung 139).

**Abbildung 139:** Ausgelegter Teil der Heldenreise

Er möchte niemanden enttäuschen und räumt sich auch kein Recht ein, seine Bedürfnisse zu leben. Er könne keinen Schritt mehr weitergehen.

Die Frage, welcher Glaubenssatz seiner Angst zugrunde liegt, beantwortet Herr K. wie folgt: »Ich muss immer lieb und brav sein, sonst falle ich aus dem System«. Herr K. berichtet von einem Kindheitserlebnis, bei dem er als Sechsjähriger auf seine kleine Schwester aufpassen sollte, während seine Eltern abends ausgegangen waren. Da er es mit der Angst zu tun bekam und seine Eltern nicht erreichen konnte, traute er sich in das dunkle Wohnzimmer und rief einfach irgendeine vierstellige Nummer (im Ort hatten alle Telefonnummern nur vier Ziffern) an. Es meldete sich eine verständnisvolle Frau, die wiederum seine Großeltern kannte. Die Dame informierte die Großeltern, die sich sofort auf den Weg machten und die beiden kleinen Kinder mit Milch und Keksen trösteten. Sie blieben, bis die Eltern nach Hause kamen. Herr K. erzählt, dass er bis zu diesem Zeitpunkt stolz auf sich war, das Richtige getan zu haben. Seine

Mutter jedoch war sehr wütend auf ihn, weil er es nicht allein geschafft hatte, seine Angst zu unterdrücken. Sie brachte ihn am nächsten Tag als Bestrafung zu den Großeltern. Dort blieb er für die nächsten Tage, wobei er täglich bei der Mutter anrief, um zu fragen, ob er wieder nach Hause dürfe. Doch die Mutter legte jedes Mal den Hörer auf. Die Schlussfolgerung, die Herr K. daraus zog, war: »Wenn ich nicht funktioniere, fliege ich aus dem System raus. Ich habe nicht das Recht, meine Bedürfnisse (in diesem Fall die Angst) zu leben. Wenn ich das mache, werde ich verstoßen.«

Aus heutiger Sicht erkennt Herr K., dass es genau dieser Glaubenssatz ist, der es ihm so schwer macht, weiterzugehen. Im Moment gehöre er in ein von allen anerkanntes System, als selbstständiger Physiotherapeut verdiene er sein eigenes Geld, sei finanziell abgesichert und Familie und Patienten könnten sich auf ihn verlassen. Wenn er nun der Musik mehr Raum gäbe und seinem Bedürfnis nach Freiheit nachkäme, würde er dieses System verlassen. Herr K. erlebt die Situation als intensiv bedrückend. Er weiß aber auch ganz sicher, dass er nicht in die alte Routine zurückwill.

Mithilfe einer kognitiven Umstrukturierung, bei der der Glaubenssatz aus der Kindheit durch Anbieten neuer Informationen und Reframing positiv formuliert werden soll, versucht Herr K., eine neue Sichtweise auf sein damaliges Kindheitserlebnis zu bekommen. Auf die Frage, was positiv an der damaligen Situation war, nennt Herr K., dass er damals in erster Linie auf sein Bedürfnis gehört und die Angst nicht einfach ausgehalten habe. Er habe als kleines Kind nach einer Lösung gesucht und sei kühn und mutig genug gewesen, im dunklen Haus umherzulaufen und jemanden per Telefon um Hilfe zu bitten. Die erste Konsequenz war, dass seine Großeltern kamen und sein Mut belohnt wurde. Was wäre, wenn die Geschichte da geendet hätte? Wie wäre sein Glaubenssatz dann? Herr K. formuliert: »Es ist wichtig, klar gegenüber seinen Bedürfnissen zu sein.« Er notiert auf drei Moderationskarten: »Ich habe das Recht. Ich erlaube mir. Ich fordere.«

■ Phase 5: Das Überschreiten der ersten Schwelle

Herr K. ist sich sicher, dass er die erste Schwelle bereits überschritten hat, indem er Veränderungen in der Praxis vorgenommen hat, Urlaub hatte und sich seinen Patienten gegenüber klar positioniert. In der letzten Sitzung ist ihm bewusst geworden, welcher Glaubenssatz ihn bislang angetrieben hat. Er habe Angst, nochmals in die Phase der Weigerung zu fallen. Daher ist es ihm wichtig, folgende ankernde Sätze für seinen weiteren Weg zu formulieren: »Ich bin für mich eingestanden. Ich stelle mein Bedürfnis vor das Bedürfnis der Patienten. Ich bin nicht für alle verantwortlich. Ich nehme mir geregelte Auszeiten.« Um diese Anker in einen konkreten Handlungsplan umzusetzen, erstellt er einen festen Wochenstundenplan: Er plant feste Arbeitszeiten, Zeit mit seinen Kindern, seiner Frau und Zeiten für die Musik bzw. »Wolfszeit« ein. Im Wochenplan notiert er auch viermal das Wort »Luft«, was ihm ein Strahlen entlockt. Am Ende stellt Herr K. fest, dass er durch bessere Terminplanung seine berufliche Wochenarbeitszeit nur um drei bis vier Stunden gekürzt hat und somit mit keinen großen finanziellen Einbußen rechnen muss. Er spürt, dass dies der richtige Weg ist und notiert auf einer weiteren Moderationskarte: »Point of no Return« (Abbildung 140).

**Abbildung 140:** Bodenanker und Sammlung zum »Überschreiten der ersten Schwelle«

■ **Phase 6: Bewährungsprobe, Verbündete und Feinde**

Herr K. berichtet in einer der letzten Sitzungen, dass die Erkenntnis »ich falle gar nicht aus dem System, wenn ich meine Bedürfnisse lebe« für ihn sehr wichtig war. Er erzählt, dass Bewährungsproben dennoch täglich stattfinden, wenn er den Handlungsplan umsetzt. Es falle ihm oft nicht leicht, sich an ihn zu halten. Er hat einen Weihnachtsurlaub geplant und die Arbeitszeiten geändert. Die Veränderungen würden anfangen zu wirken. Verbündete finde er tatsächlich auch bei den Patienten, die akzeptierten, dass er Urlaub benötige, statt ihn zu verurteilen. Das gibt ihm das Gefühl: »Ich spüre, dass ich es darf. Ich bin viel leichter.« Er gehe mit mehr Freude zur Arbeit und spüre keinen Kloß mehr im Hals. Auf die Bitte zu beschreiben, wo er die Veränderung im Körper spüre, sagt er: »Ich spüre es im Brustbereich und im Bauch. Ich bin mehr in Balance, stehe fester und bin handlungsfähiger.« Herr K. hat sich von dem mit der Straßenmusik verdienten Geld eine neue Gitarre gekauft und musiziert viel. Zum Schluss der Sitzung fasst er für sich zusammen: »Mein Lebensgefühl hat sich verändert.«

■ **Phase 7: Die entscheidende Prüfung**

In der letzten Sitzung betrachtet Herr K. lange das Bild der entscheidenden Prüfung. Er lehnt sich entspannt zurück und sagt: »Ich habe gar keine Angst vor dem Riesen. Ich stehe da und habe eine Gitarre in der Hand. Ich fange an zu spielen und der Riese schläft ein.« Herr K. berichtet, dass der Klang der Gitarre und der seiner Stimme größer seien, als jede Bedrohung, die da kommen könnte. Vielleicht ist der Riese ja auch aufgetaucht, um ihn spielen zu hören? Überraschenderweise hat Herr K. seine Gitarre mitgebracht und fängt nun an, zu spielen und zu singen. Am Ende des Lieds steht für ihn fest: »Ich werde nie wieder die Verbindung mit ›dem Wolf‹ verlieren.«

■ **Phase 9 und 10: Der Rückweg und der neue Alltag**

Herr K. resümiert: »Mir geht es gut und ich freue mich auf mein neues Projekt, ein Musikvideo zu drehen. Die Musik ist nun Teil meines Lebens und der Dreh eines eigenen Videos ist die Erfüllung eines lang ersehnten Wunsches von mir.« Die Patienten hätten nur wenig Not mit den Veränderungen, für alle gehe das Leben weiter: »Ich habe eine Entscheidung getroffen und bin fester in meiner Überzeugung ›jetzt bin ich dran‹. Das äußert sich auch in meiner Körperhaltung. Das Leben wird weitere Herausforderungen für mich bereithalten, doch ich will meine neu gewonnene Freiheit nicht aufgeben. Die Verbindung mit ›dem Wolf‹ möchte ich nie mehr verlieren!«

## 7.2 Erste Schritte wagen. Die Heldenreise in der Dokumentation von Entwicklungs- und Bildungsprozessen

Christian Peitz

Die Heldenreise bietet die Möglichkeit, mit ihr die kindliche Entwicklung und Bildung zu dokumentieren. Diese Herangehensweise ist auch auf Jugendliche und Erwachsene übertragbar. Hierzu finden sich am Ende des Beitrags einige Hinweise.

Seit dem Jahr 2000 finden in einem dreijährigen Turnus die internationalen Schulleistungsuntersuchungen – sogenannte PISA-Studien – in den 36 Ländern der OECD (Organisation für wirtschaftliche Zusammenarbeit und Entwicklung) statt. Von Beginn an hatten die Ergebnisse der Pisa-Studien einen großen Einfluss auf die Bildungsdiskussion in Deutschland, mit Folgen für die Schulen, aber auch für die Kindertagesstätten: Es wurden Förderkonzepte entwickelt und verbindlich eingeführt. Viele dieser Förderkonzepte bauen darauf auf, die Kinder zu beobachten und den jeweiligen Entwicklungsstand zu dokumentieren. Hierfür gibt es aktuell zahllose Dokumentationsverfahren. Diese sind in aller Regel quantitativ, d.h. sie ermöglichen eine Perspektive, die das Lebensalter der Kinder mit der Bewältigung von Entwicklungsaufgaben abgleicht, z. B.:
- Wie viele Wörter kann das zweijährige Kind sprechen?
- Wann gelingt es dem Kind, ohne tränenreiche Verabschiedung von den Eltern in der Kita zu bleiben?
- Wann kann das Kind einen Ball zielgerichtet werfen oder aber einen Ball fangen?

Verkürzt gesagt: Diese quantitativen Verfahren bestehen aus umfangreichen Listen von Kompetenzen, die unterschiedlichen Entwicklungsbereichen zugeordnet sind: Motorik, Kognition, Emotion, Sprache usw. Die Beobachtungsaufgabe für pädagogische Fachkräfte besteht nun darin, das Vorhandensein dieser kindlichen Kompetenzen zu überprüfen und zu messen. Da die meisten Verfahren grundlegende Normdaten enthalten, folgt in aller Regel auch eine Bewertung der kindlichen Entwicklung in Bezug auf das Alter. Alle Verfahren, die auf diese Weise arbeiten, stellen den Versuch eines Warnsystems dar, das frühzeitig auf kindliche Entwicklungsschwierigkeiten hinweist und mehr oder weniger passgenaue Förderangebote ermöglicht – oder gar die Empfehlung einer noch umfassenderen Entwicklungsdiagnostik und Therapie gibt. Das ist sicherlich legitim, und es gibt

Kinder, deren Entwicklung auf diese Weise unterstützt werden kann. Es gibt aber auch Gefahren, die mit derartigen Dokumentationsverfahren einhergehen:

1. Die Verfahren nehmen Entwicklungsstände in den Blick, klammern aber das Umfeld, die in ihm vorherrschenden Vorgehensweisen, Stärken und Ressourcen aus oder stellen sie nur extrem verkürzt dar. Aus systemischer Sicht sind diese Faktoren aber bedeutsam, auch wenn sie nicht bis ins Letzte benannt und verstanden werden können. Die Entwicklung eines Kindes ist immer auch Ausdruck der Möglichkeiten, die ein System ihm bietet. Unzählige Einflüsse können sich hier sowohl positiv als auch negativ auswirken wie z. B. der Verlauf der Schwangerschaft und Geburt, Geschlecht, sozioökonomischer Status der Familie, Häufigkeit und Intensität von Krankheiten, Berufstätigkeit der Eltern, besondere Lebensereignisse, Ernährung, Schlaf, genetische Dispositionen usw.

   Entwicklungsdokumentation darf also eigentlich nicht in der Frage münden, wie gut ein Kind im Vergleich zu anderen entwickelt ist oder eine festgeschriebene Norm erfüllt, sondern welche Entwicklungsprozesse ihm auf Grundlage seiner spezifischen Lebenssituation gelungen sind und auf welche Weise dies der Fall war. Ein Entwicklungsschritt muss immer als Leistung des Kindes gesehen werden, auch dann, wenn er vermeintlich spät erfolgt. Und diese Leistung des Kindes verdient Anerkennung.

2. Wenn ein Kind einen Entwicklungsschritt gemeistert hat, dann mündet dieser bei quantitativen Verfahren in dem Notieren einer Zahl.
   - Wann hat das Kind sein erstes Wort gesprochen? Exakte Altersangabe: mit fünfzehn Monaten.
   - Wie gut kann das vierjährige Kind auf einem Bein hüpfen? Skala von eins bis fünf?
   
   Die eigentliche Ressource des Kindes liegt jedoch nicht im Ergebnis oder Zeitpunkt seiner Entwicklung, sondern im Prozess. Kinder nutzen die unterschiedlichsten Strategien, um zum Erfolg zu kommen. Das eine probiert immer gleich alles aus, ohne sich von Fehlversuchen entmutigen zu lassen. Das andere Kind beobachtet lange, wie andere Kinder oder auch Erwachsene einer konkreten Tätigkeit nachgehen und probiert diese erst dann selbst aus, wenn es sich ganz sicher fühlt. Einige Kinder nehmen Hilfe in Anspruch, andere wollen es lieber allein schaffen. Die Strategien der Kinder weisen den Weg zu ihren Ressourcen. Für die Dokumentation einer Entwicklung wäre daher der Blick auf den Prozess bedeutsamer als die Messung des Ergebnisses.

3. Eine Dokumentation erzählt die Bildungs- und Entwicklungsgeschichte eines Kindes. Daher sollte sie immer auch als Aspekt von Biografiearbeit gesehen werden. Ein Anspruch an die Dokumentation wäre daher, dass sie nachhaltig ist. Natürlich kann es auch für den sechs-, vierzehn- oder dreißigjährigen Menschen interessant sein, wenn er nachlesen kann, wann er etwas Bestimmtes gelernt hat oder wie gut er etwas zu einem bestimmten Zeitpunkt konnte. Bedeutsamer aber sind auch hier die Geschichten, die mit den Entwicklungsschritten verbunden sind. Eine Zahl sagt da vergleichsweise wenig. Das ist bei Zeugnisnoten ähnlich: Wer kann schon noch sagen, warum das Zeugnis der neunten Klasse in Biologie ein *befriedigend* zeigte. Weder Lerninhalte noch Motivation oder Engagement sind in dieser Note sichtbar.

Diese Überlegungen sollen nun nicht dazu führen, quantitative Verfahren per se zu verteufeln. Sie sind legitim und in bestimmten Situationen auch hilfreich. Es gibt jedoch Aspekte der Entwicklung, die in quantitativen Verfahren nicht abgedeckt werden. Daher muss es darum gehen, eine gute Balance zwischen quantitativer und qualitativer Dokumentation zu erreichen. Kriterien, die ein qualitatives Verfahren erfüllen müsste, sind:
1. Die Entwicklungsschritte eines Kindes müssen unabhängig von normativen Vorgaben gesehen und als Leistung anerkannt werden.
2. Leserinnen und Leser müssten aus der Dokumentation etwas über die Lernstrategien und Ressourcen des Kindes erfahren.
3. Die Dokumentation muss als eine Form der Biografiearbeit verstanden werden. Das heißt, dass dem Kind die Geschichte seiner Bildung und Entwicklung erzählt wird. Der Schwerpunkt sollte auf der wertschätzenden Darstellung der Entwicklungsschritte liegen und sowohl physische, psychische als auch soziale Anteile berücksichtigen.

Die Struktur der Heldenreise entspricht dem menschlichen Erfahrungsmuster einer gelingenden Entwicklung. Ein wesentlicher Bestandteil der Heldenreise sind die Schritte, die nach der Belohnung folgen: »der Rückweg« und »der neue Alltag«. Kurz gesagt: Die Heldenreise ist eine Entwicklungsstruktur, an deren Ende nicht nur eine Veränderung steht, sondern auch ihre Verstetigung. Im Laufe seines Lebens muss der Mensch sich immer wieder Herausforderungen stellen und etwas lernen, was er vorher nicht konnte. Der Mensch kann gar nicht umhin, sich zu entwickeln und zu verändern. Dabei muss nicht jede kleine Entwicklung als Heldenreise gesehen werden. Es geht bei der Heldenreise vor allem um die herausfordernden Entwicklungsaufgaben, bei denen Hürden und Widerstände zu überwinden sind. Gerade an den Widerständen wächst ein Mensch.

Bezogen auf die drei Kriterien qualitativer Entwicklungsbeschreibung lässt sich festhalten: Die Heldenreise nimmt frei von normativen Vorstellungen individuelle Entwicklung prozesshaft in den Blick. Sie ist zudem geeignet, Eltern, pädagogischen Fachkräften, Medizinerinnen und Medizinern und auch den Kindern selbst Strategien und Ressourcen zu spiegeln. Und da die Heldenreise per se narrativ angelegt ist, kann sie auch bestens eine Entwicklungsgeschichte erzählen und so einen Beitrag zur Biografiearbeit leisten. Die Heldenreise scheint also als qualitatives Verfahren geeignet, bereits die Entwicklungsverläufe der frühen Kindheit in den Fokus zu nehmen und darzustellen. Folgende Struktur könnte hierzu verwendet werden:

1. *Die gewohnte Welt*: Wie sah der Alltag des Kindes aus? Wie hat es sich üblicherweise beschäftigt?
2. *Der Ruf des Abenteuers*: Wie zeigte sich dem Kind eine neue Herausforderung?
3. *Die Weigerung*: Worin bestanden die Hürden und Schwierigkeiten bei der Herausforderung? Warum hat das Kind den Schritt bislang nicht gewagt?
4. *Begegnungen mit Mentorinnen und Mentoren*: Wer hat dem Kind Mut gemacht oder geholfen?
5. *Das Überschreiten der ersten Schwelle*: Auf welche Weise ist dem Kind der erste Schritt gelungen, Herausforderungen anzunehmen? Wie ging es ihm dabei?
6. *Bewährungsproben, Verbündete und Feinde*: Welche Schwierigkeiten mussten auf dem Weg, Herausforderungen zu bewältigen, vom Kind gemeistert werden?
7. *Die entscheidende Prüfung*: Wie ist dem Kind der letzte große Schritt gelungen, die Herausforderung zu meistern? Was hat dazu beigetragen? Wie hat es sich dabei gefühlt?
8. *Die Belohnung*: Was hat das Kind durch die erfolgreiche Bewältigung der Herausforderung gewonnen? Was war die Belohnung?
9. *Der Rückweg*: Was bedeutet die »Belohnung« dem Kind? Wie ist es an seinem Abenteuer gewachsen?
10. *Der neue Alltag*: Was hat sich durch das Abenteuer für das Kind verändert? Wie sieht der neue Alltag aus?

An einem Praxisbeispiel zur frühen Kindheit führe ich die Verwendung der Heldenreise für die Entwicklungsdokumentation im Folgenden vor.

Eine von vielen großen Aufgaben für das Kind in dieser Lebensphase ist das Laufenlernen. Den Gang auf zwei Beinen zu lernen, ist ein gut sichtbarer und damit beobachtbarer Prozess, den Eltern besonders im Fokus haben, da er neben dem Spracherwerb auch ein Symbol für das Menschsein an sich ist. Der erste

Schritt und das erste Wort können demnach als besondere Meilensteine kindlicher, aber auch menschlicher Entwicklung gesehen werden. Mit der Heldenreise kann das kindliche Laufenlernen in seiner individuellen Bewältigung gewürdigt und beleuchtet werden. Das Gehen auf eigenen Beinen ist mehr als eine rein motorische Entwicklungsaufgabe. Denn neben dem Bewegungsablauf und einem funktionierenden Gleichgewichtssystem spielt auch das Selbstvertrauen eine große Rolle. Das Kind muss der Standfestigkeit seiner Füße und der Tragfähigkeit seiner Beine vertrauen. So steht das Laufenlernen auch für einen Aspekt psychischer und sozialer Entwicklung.

In dem hier dargestellten Praxisbeispiel geht es um Lisa *(Name geändert)*. Als Erzählform wurde das Märchen gewählt. Die Struktur der Heldenreise ist aber nicht auf diese Erzählgattung beschränkt. Das Ganze ließe sich auch als einfacher Bericht oder als Brief erzählen. Für die kindliche Entwicklung ist das Märchen jedoch besonders gut geeignet.

**Wie Lisa laufen lernte**

- Phase 1: Die gewohnte Welt

Es war einmal ein kleines Mädchen namens Lisa. Lisa lebte mit ihrer Mutter und ihrem Vater in einem kleinen Haus und freute sich jeden Tag aufs Neue, die Welt zu entdecken. Im Frühling hatte sie Sitzen und kurz darauf Krabbeln gelernt. Auf diese Weise konnte sie sich mit ihrem Spielzeug beschäftigen oder sich alle Ecken des Wohnzimmers anschauen.

- Phase 2: Der Ruf des Abenteuers

Lisa merkte aber auch, dass ihr Vater und ihre Mutter nicht krabbelten, sondern sich ganz anders bewegten. Sie liefen auf ihren Beinen. Lisa hatte noch keine rechte Idee, wie sie das auch schaffen konnte. Aber sie wollte es unbedingt lernen. Immer wieder und wieder beobachtete sie ihre Eltern.

- Phase 4: Begegnungen mit Mentorinnen und Mentoren und
- Phase 5: Das Überschreiten der ersten Schwelle

Im Sommer, kurz nach ihrem ersten Geburtstag, fing Lisa damit an, sich an Gegenständen (Mentor) ihrer Umgebung hochzuziehen. Besonders gut gefiel ihr der Kamin. Der stand mitten im Wohnzimmer, sodass sie von dort aus alle sehen konnte. Und manchmal brannte im Kamin eine Kerze. Auch das gefiel ihr sehr gut.

■ Phase 6: Bewährungsproben, Verbündete und Feinde

Eines Tages entdeckte Lisa einen Greifbogen aus Holz. Als kleines Baby hatte sie oft darunter gelegen und sich mit den herabhängenden Spielzeugen beschäftigt. Aber nun stand er bereits eine ganze Weile unbenutzt herum. Bis zu dem Tag, als Lisa merkte, dass man den Greifbogen vor sich herschieben konnte. Auf diese Weise spazierte sie nun durch das Wohnzimmer und den Wintergarten. So entdeckte sie das Gehen. Es war ihr eine sichtliche Freude, auf ihren eigenen Beinen vorwärtszukommen. Und wenn der Greifbogen einmal nicht da war, ging sie einfach an den Möbeln entlang oder hielt die Hand ihrer Mutter oder ihres Vaters. Nur loslassen, das wollte sie noch nicht. Wer sie sah, meinte, sie müsse eigentlich auch längst ohne Gehhilfe vorankommen. Doch Lisa ließ sich Zeit. Vielleicht fehlte ihr noch das letzte bisschen Sicherheit. Es vergingen nun mehr als zwei Monate. Und eines Tages, als sie wieder am Kamin stand und sich am Licht der Kerze erfreute, geschah es: Lisa ließ los, zunächst nur für einen Moment. Nun stand sie frei im Raum, und schließlich wagte sie es und ging ihren ersten eigenen Schritt ganz allein. Das war eine große Freude, doch nur für einen Moment. Der erste Schritt schien ihr nicht zu genügen.

■ Phase 7: Die entscheidende Prüfung

Lisa nahm ihre ganze Konzentration zusammen und ging gleich auch einen zweiten Schritt. Ihm folgte ein dritter, und mit ihm kam eine Erkenntnis: Lisa konnte laufen. Ohne Hilfe (Abbildung 141 und 142).

**Abbildung 141 und 142:** Die ersten Schritte

- Phase 8: Die Belohnung

Bewegungsfreiheit, Anerkennung, Freude … die Belohnungen waren vielfältig.

- Phase 9: Der Rückweg und
- Phase 10: Der neue Alltag

Von diesem Tag an war sie nur noch auf ihren zwei Beinen unterwegs und wurde mit der Zeit immer sicherer. Das Laufen war nun keine große Sache mehr. Als nächstes kommen: Rennen, Tanzen, Klettern.

**Methodische Anmerkung**
Die Heldenreise ist als qualitatives Verfahren gut geeignet, um kindliche Entwicklung in den Blick zu nehmen und prozesshaft zu beschreiben. Da in den ersten Lebensjahren einige bedeutsame Entwicklungsschritte erfolgen, gibt es viele Anknüpfungspunkte, einen neuen qualitativen Fokus auf diese selbstverständlich erscheinenden Prozesse zu richten.
  Auch wenn es darum geht, einem Menschen seine Ressourcen zu spiegeln, lohnt es sich, bewältigte Hürden, Aufgaben und Prozesse der Vergangenheit zu betrachten, ganz unabhängig vom Alter der Klientinnen und Klienten. Auch hier gibt es wiederkehrende Themen wie z. B. Fahrprüfungen, das erste Date, Vorstellungsgespräche, Auszug bei den Eltern sowie der Mut zu einer Trennung, einem größeren Umzug, dem Arbeitsplatzwechsel. Die Heldenreise umfasst alle individuellen Abenteuer des Lebens, denen man sich zu stellen hat. Bei all diesen Themen geht es im Verlauf der Reise immer nur am Rande um deren Ergebnisse. Im Zentrum der Betrachtung steht der Weg dorthin. Die Heldenreise als innere Erfahrungs- und äußere Erzählstruktur kann all diese Abenteuer abbilden und so die in ihnen liegenden Ressourcen bewusstmachen. In dieser Weise verwendet ist die Heldenreise auch bestens im Kontext Resilienzförderung denkbar: Wer seine Entwicklungsprozesse bewusst wahrnehmen kann, wird in seinem Selbstbewusstsein gestärkt. So kann die Heldenreise-Struktur verwendet werden, um für Kinder Entwicklungs- und Bildungsprozesse festzuhalten. Sie kann als Interviewstruktur genutzt werden, um Kindern, Jugendlichen und Erwachsenen dabei zu helfen, ihre Ressourcen zu entdecken. Aber auch im Kontext autobiografischen Schreibens ist eine Verwendung möglich, z. B. wenn Klientinnen und Klienten nach einer Beratung die Struktur als Leitfaden ausgehändigt bekommen, um einen Entwicklungsprozess ihres Lebens als Abenteuergeschichte aufzuschreiben.

## 7.3 Die Heldenreise als Onlinekurs: Ein Weg zur eigenen Bestimmung

Martin Weiss

Wie entdeckt man seine eigene Bestimmung? Eine Möglichkeit besteht im Quest-Onlinekurs. In ihm kann man mit der Heldenreise der eigenen Bestimmung auf die Spur kommen.

Im Gegensatz zur »Berufung«, die – wie der Name schon sagt – eher auf das rein Berufliche konzentriert ist, geht die »Bestimmung« in all ihren Aspekten viel weiter. Sie adressiert die grundsätzlichen Fragen:

»Warum sind wir hier?«
»Was treibt uns an?«
»Was bringt uns Freude?«
»Warum fühlen wir uns zu bestimmten Menschen hingezogen?«
»Warum werden wir mit bestimmten Herausforderungen immer wieder konfrontiert?«
»Wie kann ich die Welt zu einem besseren Ort machen?«
»Was gibt meinem Leben Sinn?«

Die Heldenreise bildet eine gute Basis, um Antworten auf diese Fragen zu finden. Bevor ich jedoch auf die Einzelheiten zu sprechen komme, will ich kurz erzählen, was mich zu Joseph Campbell und der Heldenreise geführt hat (Campbell, 1999).

**Wie ist »Quest« entstanden?**

Mitte der 1990er Jahre stolperte ich in eine schwere Lebenskrise, im Job und in der Liebe: Was ich auch immer anfasste, es glückte mir einfach nicht. Streit, Schwierigkeiten, Enttäuschungen – die Kette an Widrigkeiten schien nicht abzubrechen. Ich hatte keine Vorstellung davon, dass ich mich auf einer »Nachtmeerfahrt« befand – eine Art Midlife-Crisis, die mich mit 35 Jahren ungewöhnlich früh erwischte und hinab zu meinen stärksten Existenzängsten führte.

Eines Samstagabends stieß ich beim Surfen im Internet zufällig auf eine Webseite über »König Ödipus«. Einem Impuls folgend lud ich mir eine Zusammenfassung dieses griechischen Dramas von Sophokles samt einigen Interpretationen herunter – darunter eine, die Campbells Heldenreise zum Thema hatte. Je tiefer ich in das Drama drang, desto stärker wurde mein Gefühl, dass ich von Ödipus etwas lernen konnte: Ödipus erschlägt – ohne es zu wissen – seinen Vater und heiratet seine Mutter. Er regiert in der Folge erfolgreich als König von Theben, bis das Land von zahlreichen Plagen heimgesucht wird. Ein blinder Seher prophezeit ihm, dass die Plagen erst verschwänden, wenn der Mörder des Vaters gefunden wäre. Als schließlich die Wahrheit über dessen Tod ans Tageslicht kommt, blendet Ödipus sich selbst und wird ins Exil verbannt. Dort entwickelt sich Ödipus zum Weisen und erlangt am Ende seines Lebens einen Platz an der Tafel der Götter.

An jenem Samstagabend begann ich mich zu fragen, ob die Plagen in meinem Leben ein Hinweis darauf sein könnten, dass ein »Verbrechen« nicht gesühnt worden war. Bald darauf begann mir aufzugehen, dass ich – wie Ödipus – meine große Liebe für die Psychologie, die schon seit meinem 16. Lebensjahr in mir loderte, »erschlagen« hatte, um einem rein weltlichen Job im Marketing nachzugehen. So wie Ödipus seine wahre Herkunft nicht kannte, so hatte ich mich in ein Leben verirrt, das von Erfolgs- und Statusdenken geprägt war. Ich hatte mich dem »Irdischen« verschrieben (»die eigene Mutter geheiratet«) und meine eigene Bestimmung aus den Augen verloren (»den Vater getötet«).

Erst als ich mich wie Ödipus »blendete«, indem ich meine Augen, die immer nur nach außen gerichtet waren, nach innen wandte, erkannte ich die wahren Ursachen meiner Lebenssituation. Und so traf ich an jenem Abend den Entschluss, mich fortan der Psychologie zu widmen. Als ich dann nach nur kurzer Zeit erleben durfte, dass sich meine Lebenssituation deutlich zu verbessern begann (neue Aufträge und eine frische Liebe), wurde mir klar, wie wichtig die Beschäftigung mit Schicksalsfragen ist – und dass uns die jahrtausendealten Mythen und Märchen auch im Zeitalter des 21. Jahrhunderts noch immer den Weg weisen können.

Etwa zur gleichen Zeit traf ich auf die Arbeit von Christoph Vogler, einem amerikanischen Drehbuchexperten, der unter anderem für die Disney-Studios gearbeitet hatte (Vogler, 1998). Obwohl ich zu diesem Zeitpunkt selbst schon einige Kurzgeschichten und ein Hörspiel geschrieben hatte, entdeckte ich nun zu meinem Erstaunen, dass in der Welt von Drehbuchautoren die Heldenreise ein fester Bestandteil eines jeden »Storyboards« ist – ja, dass Drehbücher von »Scriptdoktoren« wie Vogler daraufhin untersucht wurden, wie konsequent und gekonnt sie der Heldenreise folgen. Ich begriff, dass die großen Kino-Blockbuster wie »Star Wars«, »Titanic« aber auch Arthouse-Filme wie »Die wunderbare Welt der Amélie« deswegen so erfolgreich sind, weil sie mehr bieten als nur eine cineastische Augenweide. Sie erzählen uns Geschichten der persönlichen Transformation, durch deren Rezeption wir die großen Herausforderungen unseres eigenen Lebens besser lösen können.

Und damit hatte ich meine eigene »Quest«, meine eigene »QUESTion« gefunden: »Wie kann ich die Heldenreise in einem Trainings- oder Coachingsetting verwenden, damit Menschen ihr eigenes Leben besser begreifen und meistern können?«

Meine Darstellung der Heldenreise weicht in einigen Punkten von Holger Lindemanns »Systemischer Heldenreise« ab, stimmt aber in den Grundzügen, der Haltung und den Zielsetzungen mit ihr überein.

### Meine Antwort: Der »Quest«-Onlinekurs

Neben der Arbeit an einem Buch, das ich unter dem Titel »Quest. Die Sehnsucht nach dem Wesentlichen« zur Arbeit mit der Heldenreise geschrieben habe, begann ich einen Online-Kurs zu entwickeln (Weiss, 2004). Meine Hauptmotivation, Quest übers Web anzubieten, lag in der Möglichkeit, die Teilnehmenden über einen längeren Zeitraum hinweg begleiten zu können. Die eigene Bestimmung zu finden, ist meines Erachtens kein singuläres Ereignis, sondern ein Prozess, der Zeit braucht. Vieles von dem, was uns innerlich inspiriert, motiviert oder antreibt, ist im limbischen System unseres Gehirns zu finden – in Zonen, die sich Bilder und Symbolen bedienen, anstatt mit Worten zu hantieren. Die Folge: Die Bestimmung wird eher intuitiv erahnt und erspürt, und nicht als präzise formulierte Satzkonstruktion aus dem Inneren geborgen.

Die Übersetzung der intuitiven Einsichten in konkrete Worte, die stimmig klingen, braucht in jedem Fall Zeit. Zumal eine Bestimmung stets nur eine grobe Richtung angibt, nicht aber konkrete Projekte benennt, wie man sie praktisch im Arbeitsalltag umsetzen kann. Es ist eine Sache, seine Bestimmung als Therapeut oder Unternehmer oder Künstler wahrzunehmen – und eine andere, die Fachrichtung oder die Businessidee oder die kreative Umsetzung als »audiovisuelle Installation« zu konkretisieren.

Im Mittelpunkt des »Quest«-Onlinekurses steht die Erarbeitung eines sogenannten »Lebensdrehbuchs«, das auf den Stationen der Heldenreise fußt:
- Das Leben in einer »normalen« Welt
- Den Ruf wahrnehmen
- Den Ruf annehmen
- Sich auf den Weg begeben
- Die Konfrontation mit dem »Drachen«
- Das Bergen des Elixiers
- Die Rückkehr und Transformation der »normalen« Welt.

Ziel des Onlinekurses ist es, das eigene Leben als Heldenreise zu verstehen – und dem »Warum« auf die Spur zu kommen:

»Vor welchem Drachen fürchten wir uns? Und weswegen?«
»Welches Elixier wartet auf uns?«
»Worin besteht die Transformation – das eigentliche Ziel der Reise?«

Bei der Umsetzung habe ich in den ersten Jahren auf ein Zusammenspiel von »Webinaren« (Liveübertragungen übers Internet), Forenbetreuung sowie »Sparringspartnerschaften« gesetzt. In den Live-Webinaren (Dauer ca. 90 Minuten) gebe ich zunächst eine kurze inhaltliche Einführung, um auf das Thema einzustimmen. Danach demonstriere ich einen Coachingprozess live vor der Gruppe und stehe abschließend für Fragen zur Verfügung. Die Teilnehmenden erhalten einige Tage später den Mitschnitt als Video- und Audiofassung, angereichert durch eine PDF-Anleitung. Für jede Lektion gibt es »Hausaufgaben«: zum einen die Durchführung der Übungen, zum anderen ein kurzer Bericht im Forum. Damit die Teilnehmenden dabeibleiben, stelle ich eine »Sparringspartnerbörse« zur Verfügung, in der sich die Teilnehmenden zu Lernduos vernetzen können, um die Übungen durchzuführen und sich beim »28 Tage Transformer« zu begleiten.

Der »28 Tage Transformer« besteht im Kern aus einer Sequenz von täglichen E-Mails, die einfache Übungen (Dauer ca. 15 Minuten) beinhalten, um der eigenen Bestimmung nach und nach auf die Spur zu kommen und sie punktgenau zu fassen. Um sicherzustellen, dass die Teilnehmenden den Prozess bis zum Ende verfolgen, werden sie eingeladen, die tägliche Umsetzung auf einer Skala von 1–10 zu bewerten (»1« = nichts gemacht, »10« = selbst übertroffen).

Das Besondere am »28 Tage Transformer« besteht darin, dass die tägliche Beschäftigung mit der eigenen Bestimmung einen intensiven Prozess in Gang setzt. Mit jedem Tag wird die eigene Mission (der Lebensauftrag) und Vision (die Zukunftsvorstellung) greifbarer, klarer – und damit auch umsetzungsfähiger. Meines Erachtens zahlt sich die kontinuierliche Begleitung über zwölf Wochen für die Teilnehmenden aus.

Dennoch erfordert der Kurs Disziplin – wie jedes andere Fernstudium auch. Ich und mein Team führen zwar ein »Monitoring« der Teilnehmenden durch, um sie per E-Mail freundlich anzutupsen, wenn sie längere Zeit abwesend waren, dennoch konnten wir bis dato eine »Auslese« nicht verhindern. Zwischen 40–60 Prozent bleiben in der Regel aktiv im Kurs. Etwa 10 Prozent arbeitet später nach. Der Rest steigt zwischendrin irgendwann aus.

### Schritt 1: Zum Drehbuchautor werden

Gleich zu Anfang des Kurses lade ich die Teilnehmenden ein, ihr eigenes Leben von außen zu betrachten. Dazu bitte ich sie, in die Rolle eines Drehbuchautors zu schlüpfen, der ein Filmskript verfassen soll. Thema: ihr eigenes Leben. Hauptdarsteller: er oder sie selbst. Dieser Wechsel der Perspektive ist aus mehreren Gründen wichtig.

■ **Aus der Distanz erschließen sich Zusammenhänge**

Wir können oft nicht anders, als unser Leben assoziiert zu erleben. Wir sind mittendrin im Lebensfilm und sehen deswegen oft den »Wald vor lauter Bäumen« nicht. Beispielsweise, dass wir uns immer wieder zu den gleichen, für uns sehr schwierigen Menschen hingezogen fühlen. Oder dass wir uns im Beruf an einigen Stellen immer wieder selbst sabotieren – ohne es zu merken.

Wir erleben die Resultate im Außen, ohne den Zusammenhang mit unserem Inneren wahrzunehmen. Sobald wir uns jedoch dissoziieren und in die Beobachterposition wechseln, sind wir in der Lage, die Lebensmuster, die uns bis dahin insgeheim angetrieben hatten, besser zu erkennen.

> Beispiel:
> Denken Sie für einen kurzen Augenblick an einen Streit, in dem Sie ganz sicher waren, dass Sie sich im Recht befanden. Erleben Sie die Situation aus Ihren Augen: Was haben Sie während des Streits gefühlt? Welche Gedanken gingen Ihnen durch den Kopf? Was haben Sie gesagt? Was getan?
> Wechseln Sie nun in die Perspektive Ihres Gegenübers und nehmen Sie sich selbst von außen wahr: Wie geht es Ihnen, während Sie sich selbst zusehen und zuhören? Zu guter Letzt steigen Sie bitte aus der Situation aus und beobachten Sie die Situation von außen. Was fällt Ihnen zwischen den beiden Personen auf? Wie agieren sie miteinander? Und wie reagieren sie aufeinander?

Viele Teilnehmerinnen und Teilnehmer berichten, dass sie sich selbst beim ersten Wechsel zum Gegenüber als »rechthaberisch« wahrnehmen. Oft verspüren sie auch Mitgefühl für ihren Kontrahenten und können seine Motivation besser nachempfinden. Als Beobachter erkennen sie oft auch das gemeinsame Muster der beiden Streitenden – wie ein Wort das andere gibt. Wir nutzen also die Beobachterposition, um das eigene Leben in einem größeren Zusammenhang sehen und begreifen zu können. Das ist jedoch nicht alles.

■ **Ein empathischer Blick aufs eigene Leben**

Viele Teilnehmende von »Quest« befinden sich in einer Krise. Manche davon sind dramatisch (partnerschaftliches oder berufliches Scheitern). Andere sind eher von Gefühlen der Langeweile oder des Feststeckens und nicht Weiterkommens geprägt. In fast allen Fällen empfinden die Teilnehmenden ihr Leben als eine Art Versagen. Sobald sie jedoch in die Rolle des Drehbuchautors wechseln, ändert sich die Sichtweise. Viele Helden und Heldinnen führen anfangs unspektakuläre Leben: Luke aus »Star Wars« ist nichts weiter als ein gewöhnlicher Bauernjunge. Harry Potter fristet sein trauriges Dasein in einer Kammer unter der Treppe. Lester Burns, die Hauptfigur aus »American Beauty«, ist scheinbar ein Versager, der von niemandem wirklich ernst genommen wird. Und doch wissen wir von allen drei Protagonisten, dass sie ihr Leben auf gravierende Weise verändern werden: Luke befreit die Galaxie vom Joch einer Diktatur. Harry wird den rassistischen, faschistoiden Lord Voldemort zur Strecke bringen und Lester Burns wird sein ganzes Leben umkrempeln und zu einem wahren Helden avancieren – voller Leidenschaft und Verve. Kurz: Mag das eigene Leben momentan noch so öde sein – die großen Helden haben auch ganz klein angefangen.

■ Schwächen als wichtige Voraussetzung für die Gestaltung einer Hauptfigur

Im normalen Leben schämen wir uns oft für unsere persönlichen Defizite. In der Welt der Drehbuchautoren jedoch, so lernen es die Teilnehmenden, sind Schwächen eine entscheidende Zutat für ein gelungenes Drehbuch. Schwächen sind die wichtigste Voraussetzung, damit sich die Zuschauer leichter mit der Hauptfigur identifizieren können. Ein gelackter Held, dem alles gelingt, ist nicht nur unglaubwürdig – man kann an ihn auch nicht andocken, denn wir wissen alle insgeheim, dass wir nicht perfekt sind. Eine Heldin jedoch wie Rose aus »Titanic«, die sich zunächst nicht traut, gegen ihre Mutter aufzubegehren, ist uns sympathisch. Wer hat nicht selbst schon mal so etwas erlebt? Zum Beispiel mit dem eigenen Vorgesetzten?

Auch Harry mit seinen Selbstzweifeln oder Luke mit seiner kindlichen Mischung aus Ungeduld und Naivität bieten ausgezeichnete Projektionsflächen für die eigenen Unzulänglichkeiten. Schwächen, das predige ich den Teilnehmenden des »Quest«-Onlinekurses gleich zu Anfang, sind ein Muss – und je größer die Schwäche, desto besser. »Ihr habt eure Aufgabe erst erfüllt«, sage ich dann meist, »wenn ihr euren Held, eure Heldin mit ein paar gravierenden Defiziten ausgestattet habt.« Warum? Weil sie die Grundlage für etwas Wesentliches liefern: Konflikte als Basis für einen spannenden Film.

Um zu verdeutlichen, wie wichtig Konflikte sind, bitte ich die Teilnehmenden, sich einen Film vorzustellen, in dem der Hauptfigur auf Anhieb alles gelingt. Was auch immer sich ihr in den Weg stellt, wird sofort erfolgreich gemeistert. Die einhellige Reaktion ist dann meist: »Langweilig.« Solche Filme will niemand sehen.

Deswegen erläutere ich, wie wichtig es ist, dass der Held so schnell wie möglich in heftige Konflikte verwickelt wird: Wenn Rose nicht einen Ausweg findet, wird sie einen Mann heiraten müssen, den sie nicht liebt – und zu einem langweiligen Leben verdammt sein, das keinen Raum für ihre große Liebe zu Abenteuer und Kunst lassen wird. Wenn Luke nicht ins Abenteuer zieht, wird das Imperium die ganze Galaxie unterjochen. Wenn Harry kein Selbstvertrauen aufbaut, wird er Lord Voldemort nicht gewachsen sein.

### Ohne Konflikte keine Spannung

Als Vergleich ziehe ich die aktuellen Herausforderungen heran: Der Teilnehmer steckt in einer beruflichen oder finanziellen Krise? Wie wird er sie bewältigen? Oder die Partnerschaft der Teilnehmerin ist festgefahren: Wird sie die Ehe neu beleben können oder hat sie den Mumm, ihr gewohntes Leben zu verlassen und sich in ein neues Abenteuer zu begeben? Seine eigene Krise als Ausgangspunkt einer spannenden Geschichte zu begreifen, kann die eigene Sicht der Dinge fundamental verändern. Was eben noch ärgerlich oder frustrierend erschien, ist nun zum Stoff für einen packenden Film avanciert.

### Konflikte als Sprungbrett für persönliches Wachstum

Wenn man Tennis lernen will, sucht man sich keinen schwächeren Spieler, sondern einen besseren. Das Gleiche gilt fürs Leben: Alle können nur an Herausforderungen wachsen, die zumindest momentan größer sind als sie selbst. Wenn man das begreift, ist die Krise keine Plage, sondern die verheißungsvolle Einladung zu einem Abenteuer, an dessen Ende alle zu wahren Helden oder Heldinnen ihres Lebens geworden sind. Aber es gilt, noch einen weiteren überaus wichtigen Aspekt hervorzuheben.

### Zum Urheber werden

Wenn man sich selbst als Autor seines Lebensdrehbuchs begreift, dann kann man es auch umschreiben. Darin liegt die wahre Kraft der Heldenreise. Solange man sich nur als Hauptakteur in seinem eigenen Leben sieht, kann man angesichts großer Herausforderungen schnell in eine Opferhaltung rutschen: »Warum immer ich?«, »Wieso passiert ausgerechnet mir das?«

In dem Augenblick, in dem man in die Rolle des Drehbuchautors wechselt, fängt man an, Verantwortung zu übernehmen. Niemand kann immer beeinflussen, was ihm das Leben beschert – aber wie er darauf reagiert, ob er die Schwierigkeiten als Chance oder eher als Plage wahrnimmt, wird sein Denken, Fühlen und Handeln entscheidend beeinflussen. Und damit auch die Ergebnisse, die er erntet.

■ Die »normale Welt« im Lebensdrehbuch

Um in die Drehbuchautorenrolle zu wechseln, beginnen die Teilnehmenden einen typischen Tagesablauf zu schildern – sprachlich immer in der dritten Person, um die Distanz zu wahren:

»Wie und wo wacht der Held morgens auf?«
»Was geht ihm beim Aufstehen durch den Kopf?«
»Was macht er vormittags?«
»In welcher Stimmung nimmt er mittags seine Mahlzeit zu sich?«
»Was macht er am Nachmittag? Was am Abend?«
»Mit welchen Gedanken schläft er ein?«

Dabei spielt es keine Rolle, ob die Teilnehmenden zu ausführlichen Schilderungen neigen oder das Wesentliche in wenigen Stichworten skizzieren. Entscheidend ist die neue Sichtweise, nicht das geschriebene Wort.

**Schritt 2: Den Ruf wahrnehmen**

Im »Quest«-Onlinekurs nähert man sich der Entdeckung der eigenen Bestimmung über drei Säulen:
- Inspiration: »Was begeistert uns?«
- Innovation: »Was fordert uns heraus?«
- Beitrag: »Wie können wir die Welt verbessern?«

Nachdem die Neugier durch die Einnahme der Rolle als Drehbuchschreiberin beziehungsweise auch als Heldin des eigenen Lebens geweckt ist, befassen wir uns in Schritt 2 mit den ersten beiden Säulen: Inspiration und Innovation.

■ Sonnenseite Inspiration: Was begeistert uns?

Die unglücklich liierte Rose lernt auf der »Titanic« den jungen Künstler Jack kennen – in der Gestalt von Leonardo DiCaprio. Jack verkörpert für Rose genau das Leben, nach dem sie sich innerlich sehnt: ungebunden und frei zu leben, sich ganz der Kunst hinzugeben. Kein Wunder, dass sie sich in Jack verliebt. Er symbolisiert, was sie innerlich inspiriert.

Die inspirierende Seite der Bestimmung spielt in vielen Mythen eine wichtige Rolle: Die Begegnung mit Rittern in ihren schimmernden Rüstungen versetzen den jungen Parsival in Erregung. So wie sie möchte er auch sein. Als Luke in »Star Wars« das Laserschwert seines Vaters überreicht bekommt, lodert in ihm die große Leidenschaft auf, ebenfalls ein Jedi zu werden – ein spiritueller Krieger. In »Quest« starte ich stets mit dieser Sonnenseite der Berufung. Wir erkunden:

»Woran habe ich Freude?«
»Was bringt meine Augen zum Leuchten?«
»Wobei bekomme ich im besten Sinne des Wortes eine Gänsehaut?«

Große Freude, starke Flow-Gefühle – all das sind starke Indizien, dass ein Teilnehmender seiner Bestimmung auf der Spur ist. Aber es gibt noch eine dunkle Kehrseite der Bestimmung, die wir ebenfalls ausloten müssen.

■ Schattenseite Innovation: Was fordert uns heraus?

Jeder Held wird vor Probleme gestellt. James Bond muss die Welt vor einem Bösewicht retten. Rose muss lernen, für ihr eigenes Leben einzustehen. In »Quest« suchen die Teilnehmenden deswegen bewusst nach Herausforderungen. Dabei geht es nicht um die üblichen kleinen Malaisen des Alltags, sondern um die großen Problemmuster, die sich wie ein roter Faden durch ein Leben schlängeln.

Eine meiner persönlich größten Herausforderungen erlebte ich mit vierzehn Jahren, als ich zum ersten Mal vom Holocaust erfuhr. Die unfassbaren Gräuel des »Dritten Reichs« rissen meine damals eher naive Religiosität in Stücke, sodass ich den Glauben an Gott verlor. Für mich wurde die Welt zu einem brutalen Jammertal, in dem man niemandem trauen konnte. Andere Teilnehmende berichten vom Aufwachsen in dysfunktionalen Familien, in denen sie wenig Liebe erfahren haben – oder gar viel Gewalt körperlicher oder seelischer Art ertragen mussten.

Man erkennt die großen Muster eines Lebens darin, dass sie meist nicht einmal auftreten, sondern sich immer wieder in partnerschaftlichen oder beruflichen Lebenssituationen reinkarnieren. Ein und das gleiche Drama – in stets neuen Gewändern. Die Suche nach den eigenen Mustern ist jedoch nicht ganz ungefährlich. Sich den eigenen großen Herausforderungen zu stellen, kann Gefühle von Unsicherheit, Selbstzweifel bis hin zu ausgewachsenen Ängsten erzeugen. In jedem Fall ist die Suche immer eine Konfrontation mit dem eigenen Lebensschmerz. Deshalb nenne ich diesen Abschnitt bewusst »Innovation«: Die schlimmen Probleme des Lebens sind eine Einladung, sich neu zu erfinden.

Darum gilt es, einerseits den Kummer zu benennen, und andererseits auch den Nutzen der Probleme zu erkennen, das »Wofür?«:

»Was kann uns die Krise lehren?«
»Welche Stärken trainiert sie?«
»Wer werden wir sein, wenn wir die Herausforderung gemeistert haben?«

Wohlgemerkt: Es geht nicht darum, den Schmerz zu leugnen oder mit »positivem Denken« zu überdecken. Im Gegenteil: Es ist wichtig, sich dem Schmerz zu öffnen, weil man sonst das eigene Leben nicht in seiner ganzen Bandbreite begreift. Und der Schmerz kann sich auch erst dann lösen, wenn wir bereit sind, ihn zu fühlen. Aber Schmerz bleibt Schmerz, wenn wir ihn nicht mit einem Kontrastmittel versehen. Erst durch die Antwort auf die Frage »Wofür ist es gut?« kann der Schmerz vollständig »heilen«, im Sinne von »heile« werden, im Sinne von »ganz« werden.

### ▪ Filme als Indiz für Herausforderungen

Ein interessanter Schlüssel zur Schatten- und Sonnenseite der Bestimmung sind die eigenen Lieblingsfilme beziehungsweise -romane. Oft gefallen uns die Filme am besten, die unsere eigenen Themen besonders gut auf den Punkt bringen. Deshalb bitte ich die Teilnehmenden schon früh im Kurs, ihre persönlichen Kultfilme und -bücher zu benennen und auf Parallelen zum eigenen Leben zu untersuchen.

### ▪ Der »Ruf« im Lebensdrehbuch

Die Teilnehmenden schildern in ihrem Drehbuch typische Szenen, in denen ihr Held etwas Inspirierendes tut oder mit einer typischen Herausforderung im Alltag konfrontiert ist. Auch dies geschieht wieder in der Perspektive einer dritten Person.

### Schritt 3: Den Ruf annehmen

Als ich das erste Mal mit »Quest« gearbeitet habe, war ich mir sicher, dass es schwer sein würde, die eigene Bestimmung zu entdecken – und dass es danach leicht werden würde, weil man weiß, was zu tun ist. Ein großer Irrtum. Die eigene Bestimmung herauszufinden, ist oft leicht. Die meisten Menschen kennen sie bereits. Ein bewusster Blick in die eigenen Tagträume offenbart meist das Wesentliche. Das Problem ist vielmehr, dass die meisten Teilnehmenden

Angst haben, sich zu ihrer Bestimmung zu bekennen, weil sie dazu das Bekannte und Gewohnte verlassen und sich auf Neuland begeben müssten. Das macht Angst. Was, wenn ich dabei Schmerzen erleiden? Was, wenn ich versage? Was, wenn mein Vorhaben scheitert? Wie stehe ich dann vor den anderen da? Und wie sehe ich mich dann selbst? Als Verlierer?

Von wenigen Ausnahmen abgesehen, sind die meisten Teilnehmenden nicht in der Lage, schon jetzt zur ihrer Bestimmung »Ja« zu sagen. Aus dem Grund halte ich mich an dieser Stelle nur kurz auf – und nutze den nächsten Reiseabschnitt, um den Ängsten besser begegnen zu können.

**Schritt 4: Sich auf den Weg begeben**

Im Film und in Romanen werden die Helden und Heldinnen im Handlungsverlauf mit immer größeren Schwierigkeiten konfrontiert, damit sie auf die Begegnung mit dem »Drachen« vorbereitet werden. Eine Art Training also. Kein Onlinekurs und auch kein Coaching kann dieses Training durch reale Erfahrungen ersetzen. Das gilt vor allem, wenn man neue Fähigkeiten erlernen möchte. Theorie reicht nicht. Praxis ist der einzige Weg, sich Kompetenzen zu erarbeiten. Da die Teilnehmenden häufig noch mit ihrem »Ja« zur Bestimmung hadern, fokussieren wir uns auf die Befürchtungen, die sie verunsichern.

■ Das Lebensdrehbuch

Die Teilnehmenden werden eingeladen, drei typische Probleme zu schildern, denen sie begegnen könnten – und dann Szenen zu entwickeln, in denen der Held oder die Heldin Lösungen findet. Wie gesagt: Das Antizipieren von Problemen und deren Bewältigung kann das echte Erleben nicht ersetzen, aber ermöglichen, im Geiste durchzuspielen, dass man Schwierigkeiten sehr wohl lösen kann. Dies macht Mut, ins Handeln zu kommen.

**Schritt 5: Die Konfrontation mit dem Drachen**

In diesem Abschnitt werden die Teilnehmenden aufgefordert, sich das Furchtbarste vorzustellen, das ihnen widerfahren kann: Ihre Selbstständigkeit steht kurz vor dem Scheitern – mit einem Haufen Schulden. Die große Liebe ihres Lebens betrügt sie mit jemand anderem und lässt sie im Stich. Ein Arzt diagnostiziert bei ihm Krebs. Es ist an den Beispielen abzulesen: An dieser Stelle geht es um die ganz großen persönlichen Katastrophen. Warum so drastisch? Weil jeder »Drache« uns an eine Grenze führt, bei der wir nur zwei Wahlmöglichkeiten haben: zu versagen oder über uns selbst hinauszuwachsen. Und das gelingt nur, wenn man in sich ein »Elixier« freisetzt. Eine Kraft, eine Stärke, die einem bis dahin verschlossen gewesen war:

Das Scheitern der Selbstständigkeit kann z. B. nur verhindert werden, wenn man mehr kaufmännisches Können entwickeln. Oder Kreativität. Oder Führungsstärke. Alles Fähigkeiten wiederum, die wie eine Art Zaubertrank unser gesamtes Leben zum Besseren verändern können.

Der Verrat an der Liebe kann uns herausfordern, auch dann zu uns zu stehen, uns auch dann zu lieben, wenn wir in emotional größter Not sind. Und Selbstliebe ist gewiss eine der stärksten, transformativen Kräfte, die wir uns erschließen können.

Der Krebs wiederum kann einladen, das eigene Workaholic-Dasein zu beenden und das Leben ab jetzt in vollen Zügen zu genießen. Gut möglich, dass dieser drastische Wandel uns helfen kann, die Krankheit zu besiegen.

- Der Drache im Lebensdrehbuch

Die Teilnehmenden schildern die Konfrontation mit »dem Drachen« und hören da auf, wo ihr Held bzw. ihre Heldin den absoluten »Tiefpunkt« erreicht – den dunkelsten Augenblick ihres Lebens.

**Schritt 6: Das Elixier**

Wie bereits erwähnt: In Filmen ist der Tiefpunkt die Stelle, an der der Held mit dem Rücken zur Wand steht und die Wahl hat, unterzugehen – oder eine besonders starke Kraft zu aktivieren, um sie zu meistern.

Rose, die noch beim Betreten der »Titanic« kaum genug Lebenswillen hatte, um sich gegen eine Verlobung mit einem Mann zu wehren, den sie nicht liebt, wird durch den Untergang des Schiffs bis in die tiefsten Fasern ihres Daseins herausgefordert. Nach dem Untergang können sich Jack und Rose auf ein im Wasser treibendes Holzbrett retten – und doch stirbt Jack einen Erfrierungstod. Ein furchtbarer Verlust – und der ideale Zeitpunkt, um ganz aufzugeben. Warum weiterleben, wenn alle Hoffnung vorbei ist? Und doch ist es der große Schmerz des Verlustes, der Rose daran erinnert, wie kostbar das Leben ist – und so nimmt sie ihre Rettung und damit auch ihr Leben in die Hand. Danach ist Rose eine andere. Sie verlässt den ungeliebten Verlobten Cal und führt fortan das Leben einer Künstlerin.

Auch Luke, der stets Ungeduldige, Heißblütige, muss im Kampf gegen den Feind Darth Vader, seinem Vater, eine schwierige Entscheidung treffen. Tötet er seinen Vater, wird er womöglich wie er, kalt und brutal. Stattdessen wirft er sein Laserschwert weg – und weckt in seinem monströsen Vater Mitgefühl. Darth Vader gibt auf und stellt sich an die Seite seines Sohnes, um gemeinsam den Imperator zu vernichten.

Jede dieser Szenen zeigt, dass »das Elixier«, sei es Mut, Liebe oder Empathie, die Helden transformiert. Aber wie kann man das in einem Onlinekurs umsetzen? Ein Schlüssel zur Lösung ist in der Dramaturgie der Filmszenen selbst zu finden. Ein guter Drehbuchautor würde den Helden nie durch einen Zufall aus der Situation befreien – z. B. durch einen anderen Protagonisten, der zufällig in der Nähe ist und zu Hilfe eilt. Die Änderung, die Transformation, muss durch den Helden selbst initiiert werden. Das ist eine der Kernbotschaften der Heldenreise: Die Lösung finden wir nicht im Außen, sondern im Inneren. Wir haben bereits alles in uns, was wir brauchen, um unser Leben zu meistern. Im Kurs gibt es dazu eine Übung namens »Der verlorene Freund«. Die Teilnehmenden visualisieren, dass sie mit einer Fackel (= Bewusstsein) in einen dunklen Keller (= Schattenreich) gehen, um dort »einen Anteil« von sich selbst wiederzufinden. Einen Anteil, der ihnen irgendwann einmal verloren gegangen ist – sei es durch Erziehung, Schule oder schwierige Erfahrungen – und der darauf wartet, endlich entdeckt und ins Leben zurückgeholt zu werden. Denn was auch immer die Teilnehmenden an Fähigkeiten benötigen, um »den Drachen« zu meistern: In ihrem Wachbewusstsein ist diese Kraft nicht zu finden, sondern nur in den oft dunklen Tiefen ihrer Seele, in den unbewussten Schatzkammern ihrer Persönlichkeit.

Der Sieg über den Schatten ist nie eine Vernichtung oder Verbannung, sondern eine Integration der entsprechenden Anteile in die Persönlichkeit und das Leben der Heldinnen und Helden. Einigen Teilnehmenden gelingt die Integration auf Anhieb. Die meisten benötigen jedoch Zeit. Deswegen verwende ich zwei Audio-Meditationen. In der ersten findet nur eine Begegnung mit dem Schatten statt, um sich kennenzulernen und zu beschnuppern. Da manche Schattenanteile sauer oder schüchtern oder verängstigt sind, braucht es manchmal mehrere Wiederholungen, bis genügend Vertrauen aufgebaut ist, um in der zweiten Meditation eine Vereinigung mit dem Anteil stattfinden zu lassen. Am Ende der Integration überreicht der Schatten übrigens ein Geschenk. Denn jeder Anteil – auch die dunklen – verfügt über bestimmte Gaben, Fähigkeiten oder auch neue Sichtweisen, die unser Leben und Weltbild verändern können – ein Elixier also.

### ■ Das Elixier im Lebensdrehbuch

Die Teilnehmenden greifen den Faden beim »Tiefpunkt« (siehe Schritt 5) auf und spinnen die Geschichte weiter, indem sie ihre Angst skizzieren – und sich dann vorstellen, wie sie die Konfrontation mit »dem Drachen« mithilfe ihres »verlorenen Freundes« meistern.

**Schritt 7: Die Vision eines neuen Lebens**

Der Kurs geht mit einer Visionsarbeit zu Ende:

> »Wie verändert sich das eigene Leben, wenn man ›den Drachen‹ gemeistert hat?«
> »Was für ein Leben, was für Erfolge, was für Ziele werden mit ›dem Elixier‹ möglich?«

Für die Visionsarbeit nutzen wir bei »Quest« zwei Prozesse: »Das Interview« und die »logischen Ebenen« von Robert Dilts (Dilts, 2005).

- Lebensdrehbuch: Das Interview

In dem Interview geht es um ein Zukunftsszenario, in dem man alles erreicht hat, was man sich am liebsten wünscht – beruflich und privat. Eine Zeitschrift hat nun einen Reporter geschickt, um einen Artikel zu schreiben – er stellt Fragen:

> »Was lieben Sie an dem, was Sie tun?«
> »Was waren Ihre größten Herausforderungen auf dem Weg zum Ziel?«
> »Wie haben Sie die Herausforderungen gelöst?«
> »Was war Ihre wichtigste Erkenntnis?«
> »Wie hat sich das auf Ihr weiteres Leben ausgewirkt?«

- Die logischen Ebenen

Sobald die Teilnehmenden ihr Zukunftsszenario ausgemalt haben, konkretisieren sie es mit den »logischen Ebenen« von Robert Dilts (vgl. auch Lindemann, 2016b, S. 181–198). Wichtig: An dieser Stelle findet ein erneuter Perspektivenwechsel statt. Die Teilnehmenden verlassen den Beobachterposten und wechseln in die Ich-Position zurück. In dieser Phase nutzt der Teilnehmende die Zukunftssituation, um die dahinterliegenden Werte, aber auch die Mission und die Vision zu entdecken. Er durchläuft dabei folgende Positionen:

> Umfeld:
> Wo und mit wem findet die Erfolgssituation genau statt? Zum Beispiel ein Saal, wo der Teilnehmende einen Vortrag hält.

Verhalten:
: Welches Verhalten legt der Teilnehmende an den Tag, um den Erfolg zu ermöglichen? Logischerweise: Reden. Aber auch: Metaphern gebrauchen oder Spannungsbogen erzeugen.

Fähigkeiten:
: Welche Kompetenzen braucht er, um sich so zu verhalten? Zum Beispiel: Kommunikationsfähigkeiten, Geschichten erzählen können.

Werte:
: Was ist wichtig, damit dieser Erfolg möglich wird? Möglicherweise: Empathie (was will das Publikum wissen?), Authentizität, Achtsamkeit etc.

Überzeugungen:
: Woran muss man glauben, damit man so erfolgreich auftritt? »Ich bin gut genug«, »ich kann begeistern«, »meine Botschaft inspiriert andere.«

Selbstbild:
: Welches Symbol kommt ihm in den Sinn, das sein Selbst verkörpert? Zum Beispiel ein »Leuchtturm«.

Mission:
: Welchen Beitrag für andere will er damit leisten? Zum Beispiel »mehr Frieden in die Welt bringen.«

Vision:
: Wie würde es die Welt verändern, wenn die Botschaft ankommt? In dem Fall: Kriege werden beendet, Terrorismus versiegt etc.

Mit diesen Einsichten geht der Teilnehmende dann wieder Schritt für Schritt durch die einzelnen Ebenen zurück zum »Umfeld« und ergründet, wie die Ebenen durch die Vision und Mission bereichert werden. Wie verändert sich das Selbstbild? Vielleicht wird aus dem Leuchtturm eine Sonne. Das ist, mal ganz nebenbei gesagt, eine massive Veränderung – und genau darin liegt auch die transformative Kraft des Prozesses. Werte, Überzeugungen werden oft reicher und zugleich balancierter – und sehr oft geschieht es, dass neue Kompetenzen und Fähigkeiten »freigeschaltet« werden.

Am Ende gibt es vielleicht im »Umfeld« nicht nur eine Vortragsreihe, sondern ein großes Unternehmen mit umfangreichen Angeboten und Produkten. Ob es dazu kommt, ist im Übrigen zweitrangig. Vielmehr zählt, dass das eigene Denken, Fühlen und Handeln jetzt – mehr denn je – von etwas Größerem beseelt ist – einem Beitrag, den man leisten möchte. Das ist unsere Bestimmung: Die Welt in einem besseren Zustand zu hinterlassen, als wir sie vorgefunden haben.

**Methodische Anmerkung**

Ein entscheidender Aspekt des dargestellten Onlinekurses besteht in der klaren Abgrenzung dissoziativer und assoziativer Phasen (Lindemann, 2016a, S. 35–41). Gerade wenn es um das eigene Leben geht, verfangen sich Klientinnen und Klienten schnell in assoziierten Beschreibungen. Sie können nicht »aus ihrer Haut«. Filme und Geschichten als Referenz für die eigene Entwicklung zu nutzen und das Reden über »die Heldin« oder »den Helden« in der dritten Person sind geeignet, um die hierfür notwendige Distanz zu schaffen. In anderen Phasen hingegen ist es ebenso entscheidend, für ein assoziiertes Erleben Sorge zu tragen. Es geht nicht um eine entworfene Rolle oder Figur, sondern um eine Konfrontation mit sich selbst.

Während die direkte Arbeit mit Klientinnen und Klienten viele Möglichkeiten für dieses Spiel zwischen Assoziation und Dissoziation bietet, muss die Anleitung des Onlinekurses sehr genau auf diese Wechsel abgestimmt sein. Der Wechsel von schriftlichen Übungen und dem Hören von Mediationen sind hierfür nur einige Beispiele.

# 8 Die Systemische Heldenreise in Gruppensettings

Das Gruppensetting bietet mehreren Teilnehmenden gleichzeitig die Möglichkeit, ihre ganz eigene Heldenreise zu erleben. Jede und jeder ist und bleibt Heldin oder Held der eigenen Geschichte. Im Gruppenkontext haben sie aber die Gelegenheit, sich über ihre Schritte, Bewältigung von Schwellen, Erfolge und Belohnungen auszutauschen. Das Modell der Heldenreise baut schließlich darauf, dass es trotz aller Individualität immer auch Gemeinsamkeiten gibt. Die Teilnehmenden bilden quasi einen »Heldenstammtisch«, eine »Intervisionsgruppe der Drachentöterinnen«, eine »Selbsthilfegruppe der Weltenwanderer«, einen »Qualitätszirkel der Zukunftserfinderinnen«. Sie haben alle ganz eigene Themen und Herausforderungen zu bearbeiten, erleben aber durch die Struktur der Heldenreise und die Anbindung an eine Gruppe ein verbindendes Element.

Das erste Praxisbeispiel zu Gruppensettings verbindet die Phasen der Heldenreise mit einer Wanderung (8.1). Mehrere Menschen machen sich auf den Weg von Station zu Station, um sich, dort angekommen und auf den Strecken dazwischen, mit Aspekten ihrer Heldengeschichte auseinanderzusetzen. Im zweiten Praxisbeispiel wird Jugendlichen an der Schwelle zum Beruf die Möglichkeit geboten, sich gemeinsam auf ihre individuelle Heldenreise zu begeben (8.2).

## 8.1 Die Impulswanderung als methodische Variante der Heldenreise

Sabine Brehm

Eine methodische Variante der Heldenreise ist ihre Durchführung als »Impulswanderung«. Die Kombination aus Wandern in der Natur und gleichzeitiger Auseinandersetzung mit den unterschiedlichen Phasen der Heldenreise eröffnet die Möglichkeit, neue kreative Lösungen zu finden. Die körperliche Bewegung regt eine innere Bewegung an. Der Klient begibt sich tatsächlich auf eine Reise, mit Rucksack und Verpflegung geht er seinen Weg, Schritt für Schritt. Er erlebt jede Phase in einer anderen Landschaft, beispielsweise Wiesen oder Felder. Die Natur spricht alle Sinne an, denn jede Naturgegebenheit, wie zum Beispiel die Gabelung des Weges, ein steiniger Pfad, ein umgestürzter Baum, wird zu einer Metapher, die die Reise erlebbar und intensiv spürbar macht. Im Kontakt mit der Natur nehmen die Teilnehmenden schwere Themen plötzlich anders wahr, bekommen einen neuen Blick darauf und sind frei in den Ideen zur Lösungsfindung. Durch das Gehen werden darüber hinaus beide Gehirnhälften, das Denken und Fühlen, angesprochen und in Einklang gebracht. Die Klientin kann erkennen, dass vermeintlich unveränderbare Situationen des Lebens gestaltbar sind. Vor allem die körperliche Bewegung und Anstrengung bilden einen spürbaren Kontrast zu anderen Beratungsformaten. Es ergibt sich die Möglichkeit, Stress abzubauen, den Blickwinkel zu verändern und neue Lösungen für sich zu finden.

Die hier vorgestellte Wanderung findet in den Rheinhessischen Weinbergen in der Nähe von Mainz statt und besteht aus neun unterschiedlichen Stationen. Das Angebot richtet sich an Einzelpersonen oder Paare, kann aber auch von einer Gruppe gebucht werden. Für die Impulswanderung eignen sich unterschiedliche Themen wie z. B. private Veränderungen, Beziehungsprobleme, Konflikte oder allgemeine Stresssituationen. Es kann aber auch ganz einfach der Wunsch nach dem Kennenlernen von etwas Neuem und Unbekannten sein. Im beruflichen Kontext eigenen sich Themen wie berufliche Neuorientierung, Work-Life-Balance, Konfliktsituationen wie Mobbing oder Bossing. Das Angebot für Gruppen oder Teams kann ebenfalls unterschiedliche Themen beinhalten wie z. B. Change-Prozesse, Strategieplanung, Erkennen von Ressourcen und Potenzialen sowie allgemeine Teambuilding-Maßnahmen. Das Ziel der Wanderung besteht immer darin, Klarheit zu schaffen, Entscheidungen zu treffen und Kraft zu schöpfen. Die Teilnehmerzahl ist auf acht Personen beschränkt, damit der Coach die Möglichkeit hat, jeden Teilnehmenden ein Stück des Weges zu begleiten.

## Ausschreibungstext und Anmeldung

Um die Wanderung publik zu machen, gibt es Plakate, Anzeigen und den Ausschreibungstext auf der Homepage. Dieser besteht – neben Angaben zu Kosten und Terminen – aus folgendem Text:

> **Impulswanderung: Gehen Sie Ihren Weg!**
> Sie wollen etwas in Ihrem Leben ändern, Sie stehen vor einer Entscheidung und wissen nicht weiter, es gibt ein Problem und Sie sehen die Lösung nicht oder es treibt Sie einfach die Sehnsucht nach etwas Neuem? Dann gehen Sie auf Ihre persönliche »Heldenreise«!
> Verlassen Sie Ihren Alltag und gönnen Sie sich eine Auszeit, um unter professioneller Anleitung Ihren ganz persönlichen Weg zu gehen. Wir wandern gemeinsam und stellen uns verschiedenen Fragen: Wo stehe ich gerade in meinem Leben? Was treibt mich an? Wo ist mein Ziel? Welche Gründe gibt es, an dem Jetzigen festzuhalten und welche Stärken bringe ich mit, um etwas zu verändern?
> Eine systemische Heldenreise (nach Holger Lindemann) ist eine persönliche Entwicklung mit dem Ziel, zu reflektieren, Klarheit zu schaffen und Kraft zu schöpfen, um mit neuen Impulsen und Lebensenergie in den Alltag zurückzukehren.
> Gemeinsam machen wir uns auf den Weg (ca. 12 Kilometer, leichtes Gelände, Dauer ca. 6 Stunden), mit unterschiedlichen Stationen und Impulsen und einem herrlichen Blick über die Weinberge. Ich werde jeden Teilnehmenden ein Stück des Weges begleiten und individuell Ihr Anliegen mit Ihnen besprechen. Darüber hinaus wird es Gelegenheiten geben, Ihr Thema in der Gruppe zu besprechen oder Sie können es »still« für sich klären. Alles ist in Ordnung, sodass Sie sich sicher und entspannt fühlen. Ich freue mich auf Sie!
> Bringen Sie bitte Ihre Getränke für die Wanderung mit, das Mittagspicknick ist im Angebot enthalten. Bei starkem Regen wird ein Ausweichtermin angeboten.

Nach einer Bestätigungs-E-Mail und dem Eingang der Zahlung folgt ca. drei bis fünf Tage vor der Wanderung eine weitere E-Mail, die schon auf die Inhalte der Wanderung vorbereitet:

*Liebe/r Teilnehmer/-in,*
*schön, dass Sie sich auf Ihren ganz persönlichen Weg machen.*
*Hier kommen die letzten Informationen zur Vorbereitung auf Ihren Tag:*
*Ihr persönlicher Weg geht los ...*
*Um sich entsprechend auf Ihren Weg vorzubereiten, nehmen Sie sich ein bisschen Zeit und überlegen Sie sich als erstes, was Ihre Beweggründe für diese systemische Heldenreise sind:*

- *Warum wollen Sie sich auf den Weg machen?*
- *Wollen Sie eine wichtige Entscheidung treffen?*
- *Wollen Sie sich von etwas Altem verabschieden oder etwas Neues willkommen heißen?*
- *Suchen Sie eine Antwort auf eine wichtige Frage?*
- *Was könnte oder sollte in Ihnen in Bewegung geraten?*

*Finden Sie einen Titel oder eine Überschrift für Ihren Weg.*
*Und schon kann es losgehen.*

*Tag, Uhrzeit und Treffpunkt.*

*Bringen Sie bitte Ihre Getränke für die Wanderung mit. Ich organisiere ein kleines Picknick mit Käse, Fleischwurst, Brezeln, Obst, Süßes etc. Wenn Sie darüber hinaus etwas zu essen benötigen, nehmen Sie sich dies bitte mit. Wir werden gegen 15.00/16.00 Uhr zurück sein.*
*Teilen Sie mir bitte vor Beginn der Wanderung noch Ihre Handynummer per E-Mail mit, damit eventuelle kurzfristige Abstimmungen bezüglich Wetter etc. möglich sind.*

*Ich freue mich auf Sie!*

### Teilnahmebedingungen für die Wanderung »Gehen Sie Ihren Weg«

*Teilnehmerzahl*
- Bei zu geringer Teilnehmeranzahl (unter 5 Teilnehmenden) wird die Wanderung nicht durchgeführt.
- Bei Ausfall der Wanderung wird Ihnen alternativ ein Ersatztermin angeboten.
- Sollte Ihnen der Ersatztermin nicht passen, werden die gezahlten Teilnahmegebühren komplett erstattet.

*Schlechtwetterregelung*
- Sollte eine Wanderung wegen Schlechtwetter (Gewitter, Starkregen) abge-

sagt werden müssen, wird angeboten, diese Wanderung an einem Ersatztermin durchzuführen.
- Die Entscheidung über die Absage einer Wanderung trifft sicht-weisen Coaching.

*Krankheit der Wanderleitung*
- Bei Krankheit der Wanderleitung wird ein Ersatztermin angeboten.

*Rücktrittsregelungen*
Bei Rücktritt Ihrerseits ist sicht-weisen Coaching berechtigt, eine Stornogebühr/Bearbeitungsgebühr einzufordern. Bei Stornierungen bietet Ihnen sicht-weisen Coaching folgende Möglichkeit:
- Erstattung der Anmeldegebühr bei Stornierung bis eine Woche vor der Wanderung, abzüglich 15,00 Euro Bearbeitungsgebühr.
- Bei einem Rücktritt nach der Frist von einer Woche, kann die Pauschale, abzüglich 15,00 Euro Bearbeitungsgebühr nur zurückerstattet werden, wenn ein Ersatzteilnehmer gestellt wird.
- Ummeldungen auf einen anderen Termin sind möglich, bei Information bis eine Woche vor der Wanderung abzüglich 15,00 Euro Bearbeitungsgebühr.
- Bei Absage am Tag der Wanderung sind keine Stornierung, Ummeldung oder Änderungen möglich.
- Bei Anmeldung, aber Nichterscheinen zu Wanderbeginn, sind die Kosten der Wanderung in voller Höhe zu tragen.
- In Ihrem eigenen Interesse und zur Vermeidung von Missverständnissen, bitte ich um eine schriftliche Rücktrittserklärung.

*Haftungsbeschränkung*
- Die Teilnahme erfolgt auf eigene Gefahr und eigene Verantwortung.
- sicht-weisen Coaching übernimmt keine Haftung für eventuelle körperliche oder materielle Schäden.
- sicht-weisen Coaching übernimmt keine Haftung für abhanden gekommene Bekleidungsstücke und Ausrüstungsgegenstände der Teilnehmer.
- Wenn Sie sich dazu entschließen, die Wanderung vorzeitig zu beenden, weil Sie noch etwas anderes vorhaben oder noch länger an einem bestimmten Punkt verweilen wollen, geschieht dies auf eigene Gefahr und eigenes Risiko.

*Wanderbedingungen*
- Die Kleidung sollte dem Wetter entsprechend sein und aus festen Schuhen und bequemer/wetterfester Kleidung bestehen.

- Bitte ausreichend Flüssigkeit mitnehmen.
- Mitbringen von Hunden nur nach vorheriger Absprache möglich.

*Salvatorische Klausel*
- Sollte eine oder mehrere Bestimmungen unwirksam sein, so berührt dies nicht die Wirksamkeit der übrigen Bestimmungen.

**Vorbereitung der Wanderung durch den begleitenden Coach**

Die zu wandernde Strecke besteht aus neun Stationen, die jeweils eine Sitz- und Schreibmöglichkeit bieten. Die Laufzeit zwischen den Stationen variiert zwischen zwanzig und vierzig Minuten, gegen 12.00 Uhr ist eine Mittagspause mit einem Picknick eingeplant. Jeder Teilnehmende erhält vorab einen Stift und ein Notizbuch, um seine Gedanken an jeder Station notieren zu können.

Pro Station gibt es eine Einführung in die Phase der Heldenreise mit einem kurzen Text, dann erhält jeder Teilnehmer seine Stationskarte (eine Überarbeitung der Bildkarten mit einigen Leitfragen auf der Rückseite). Die kleinen Stationskarten sind laminiert, auf der Vorderseite ist das Bild der Phase zu sehen und auf der Rückseite sind vier bis fünf Fragen, die die Klienten mit auf den Weg nehmen, um sich damit auseinanderzusetzen.

Die Einführungstexte wurden aus den Kurzbeschreibungen zu den Phasen der Heldenreise aus dem Begleitheft zu den »60 Bild- und Strukturkarten zur Systemischen Heldenreise« entnommen. Die Karten wurden auf der Grundlage der Illustrationen gestaltet.

Ich gehe pro Streckenabschnitt mit einem der Teilnehmenden und bearbeite sein Thema. Im Gespräch kommen verschiedene Coachingformen zum Einsatz. Hierbei ist es wichtig, eine vertrauensvolle Atmosphäre zu schaffen, in der ein offener Umgang miteinander möglich ist. Zusätzlich vereinbaren die Teilnehmenden vor der Wanderung, wie sie während des Weges miteinander umgehen wollen. Wichtig sind hier eine wertschätzende Kommunikation und eine lösungsorientierte Haltung. Tipps und Ratschläge sollten vermieden werden.

**Die Wanderung, beispielhaft erklärt anhand von drei Stationen**

Nachdem alle Teilnehmenden am Treffpunkt angekommen sind, werden alle herzlich willkommen geheißen und offene Fragen zum Ablauf, Begleitung auf dem Weg und Allgemeines geklärt. Danach beginnt unsere Heldenreise:

■ Einführungstext zur Phase »Die gewohnte Welt«

»Lange bevor der Vorhang aufgeht, hat die Geschichte schon ihren Anfang genommen. Einmal vor langer Zeit, lebte der Held in einer glücklichen Welt, in einem Zustand der Fülle, Zufriedenheit und Geborgenheit, des Friedens und des Glücks. Ausgangspunkt unserer Wanderung ist die gewohnte Welt des Helden, in der noch alles gut ist, aber doch ein Mangel herrscht, ein Problem besteht oder sich eine Aufgabe stellt. Die gewohnte Welt kann ein beschauliches Idyll sein, aber auch eine gefahrvolle Hölle, aus der es zu entrinnen gilt. Es gibt Seiten des Lichts, Dinge die gut laufen, Fähigkeiten, Orte und Freunde, aber auch Schattenseiten, die bedrohlich sind.«

Die erste Aufgabe wird gestellt: »Beschreiben Sie anhand der Fragen auf der Rückseite der Karte Ihre gewohnte Welt und geben Sie Ihrer Wanderung eine Überschrift. Sie haben hierfür ca. 15–20 Minuten Zeit«:

»Welche Personen gehören zur gewohnten Welt?«
»Welche Orte und Gegenstände spielen in der gewohnten Welt eine Rolle?«
»Welche Annehmlichkeiten bietet die gewohnte Welt (Lichtseite)?«
»Welche Unannehmlichkeiten hält die gewohnte Welt bereit (Schattenseite)?«
»Was ist das Problem?«

Jeder Teilnehmende hat die Möglichkeit seine Gedanken in seinem Notizbuch aufzuschreiben. Wenn alle signalisieren, dass sie fertig sind, wird der Text für die nächste Phase vorgelesen.

**Abbildung 143:** Aussicht auf der Wanderstrecke

■ Einführungstext zur Phase »Der Ruf des Abenteuers«

»Wir beginnen unsere Wanderung mit dem Ruf des Abenteuers. Der Held wird zum Abenteuer gerufen, indem er mit einem Problem konfrontiert wird oder indem er durch eine Person oder eine innere Stimme dazu aufgefordert wird. Er kann sich aus eigenem Entschluss aufmachen, das Abenteuer zu bestehen oder er kann von einer guten Kraft ins Unbekannte entführt werden. Der Held will, soll oder muss seine gewohnte Welt verlassen. Die Aufforderung oder der innere Drang hierzu können schon lange bestehen. Der Ruf kann eine Verlockung, eine Sehnsucht sein, die ihn vorantreibt, aber auch eine Befreiung oder Flucht von etwas weg.«

Die zweite Aufgabe lautet: »Gehen Sie den nächsten Abschnitt des Weges (ca. 30 Minuten) und beschäftigen Sie sich mit den folgenden Fragen«:

»Was ist die Motivation für das Abenteuer?«
»Wer oder was ruft?«
»Wie sieht Ihr persönlicher Held aus? «
»Welche Eigenschaften, Stärken und Schwächen bringt er mit?«
»Warum soll der Held das Abenteuer auf sich nehmen?«

Die Teilnehmenden wandern einzeln oder gemeinsam zur nächsten Station (Abbildung 143). Nach Rückfrage, wer zuerst eine Begleitung durch mich in Anspruch nehmen möchte, wandere ich das erste Stück mit einem Klienten mit und vertiefe dabei die entsprechenden Fragen. Angekommen an der nächsten

**Abbildung 144:** Eine Station der Wanderung

Station haben alle Gelegenheit, ihre Gedanken zur Phase »Der Ruf des Abenteuers« zu notieren. Bevor wir in die nächste Phase einsteigen, ist es wichtig, nachzufragen, ob noch Unklarheiten bestehen oder noch Hilfestellung benötigt wird. Oft ergibt sich hieraus ein Wanderpartner für den nächsten Streckenabschnitt (Abbildung 144).

■ Einführungstext für die Phase »Die Weigerung«

»In der Wirklichkeit, oft auch in Märchen, kommt es nicht selten vor, dass der Ruf auf taube Ohren stößt. Denn immer, wie mächtig er auch sei, bietet sich noch die Möglichkeit des Ausweichens und der Flucht in den Alltag. Dem Ruf des Abenteuers verweigert sich der Held zunächst, etwa weil er die Sicherheit des Alltags nicht aufgeben möchte oder sich nicht für würdig hält, etwas zu ändern. Diese Weigerung kann in dem Wunsch nach Beständigkeit, vielleicht auch nach Annehmlichkeit bestehen, aber auch in der Furcht vor Neuem. Der Held zögert.«

Die dritte Aufgabe lautet: »Setzen Sie sich bitte in den folgenden Gehminuten (ca. 20 Minuten) mit den nachstehenden Fragen auseinander«:

»Was würde passieren, wenn sich nichts ändern würde?«
»Was wären Gründe, nichts zu verändern?«
»Was soll so bleiben, wie es ist?«
»Welche Ängste könnten den Helden zurückhalten?«

Die nachfolgenden Stationen und Phasen werden auf ähnliche Weise rhythmisiert: Wandern, Pausen zum Ausruhen und Schreiben, Zeit für Fragen. Für das Picknick bietet sich die Pause vor der »entscheidenden Prüfung« an.

> **Methodische Anmerkung**
> Es sollte eine Strecke gewählt werden, die über gute Rastmöglichkeiten und schöne Plätze verfügt, sodass die Stationen und Phasen passende und inspirierende Bilder bieten.

**Stimmen von Teilnehmenden**

*Feedback einer alleinerziehenden Mutter (49 Jahre)* von drei Kindern, die mit ihrer Tochter (ca. 23 Jahre) mitgelaufen ist:
»Meine Tochter und ich haben die Wanderung gebucht, um unter fachlicher Begleitung für uns zwischenmenschliche Themen zu besprechen, aber

auch eigene Themen zu beleuchten. Die gegebenen Impulse beziehungsweise Fragen haben uns dazu veranlasst, eine andere Sichtweise auf unsere Situation zu bekommen. Wo stehen wir gerade und wo wollen wir hin? Welche Stärken bringen wir beide mit, um Probleme zu bewältigen beziehungsweise mit schwierigen Situationen klarzukommen. Es war ein spannender Tag, der uns einander nähergebracht hat.«

*Feedback einer Teilnehmerin (51 Jahre)*, die das Thema »Angst vor Prüfungen« für sich bearbeitet hat, mittlerweile hat sie ihre langersehnte Ausbildung mit abschließender Prüfung zur Yogalehrerin begonnen:

»Für die Wanderung hatte ich das Thema ›meine Prüfungsangst‹ im Hinterkopf und war gespannt, was auf mich zukommen würde. Die Wanderung hat mich bestärkt. Sie hat mir nicht ganz die Angst genommen, aber ich bin so weit, dass ich glaube, ich schaffe es und werde mich auch für eine Fortbildung mit Abschlussprüfung anmelden. Ich schaffe das! Einzelne Teilstücke des Weges waren besonders – ich musste mich für einen Weg entscheiden und ich habe das Gefühl, dass ich den für mich richtigen Weg gehe. Das hat mich beeindruckt.«

*Feedback eines Teilnehmers (48 Jahre)*, der beruflich sehr belastet ist und nach etwas Neuem strebt, seine Schuhe lösten sich nach der Hälfte der Wanderung auf und wurden, nachdem ihm ein per Handy angerufener Freund neue vorbeigebracht hatte, in einem Mülleimer unter dem Motto »Altes loslassen, Neues zulassen« entsorgt:

»Mir hat diese Impulswanderung unwahrscheinlich viel gebracht, sie hat in gewisser Weise sanft einen Knoten gelöst, was ich mir schon lange gewünscht hatte. Letztendlich habe ich viel mehr gewonnen, als ich vor der Reise gewagt hätte zu hoffen. Es waren ja nicht nur Impulse, die ich erhalten habe, sondern sogar konkrete Vorhaben, die ich sofort begonnen habe umzusetzen. Bereits heute, am ersten Arbeitstag, habe ich pünktlich Feierabend gemacht. ›Meine Zeit für mich‹ habe ich mir schon im Kalender notiert.

Ihre gezielten und konkreten Fragen beim begleiteten Gehen haben stark dazu beigetragen, dass das Wesentliche gleich auf den Punkt gebracht wurde. Sie haben darauf geachtet, dass niemand auf einer Station stehen blieb, weil ihm für die nächste noch etwas fehlt. Klar, das Wetter war optimal, besser hätte es nicht sein können.

Insgesamt empfand ich die Wanderung als sehr gehaltvoll und rund […] und, dass mir sogar meine Wanderschuhe ganz direkt gezeigt haben, dass jetzt ein neuer Weg beginnt, ist fast ohne Worte.«

Ich bin mit einer sehr positiven und optimistischen Stimmung von der Reise zurückgekehrt, wie ich sie lange nicht hatte, und fühle mich bestätigt in dem, was ich im Inneren bereits wusste.«

*Feedback einer Teilnehmerin (54 Jahre)*, die sich nach einer noch nicht verarbeiteten Trennung mit dem Neubeginn befasst hat:
»Frau Brehm hat uns mit auf eine Reise genommen, bei der ich mich mit dem Thema Trennung befasst habe. Ich habe die Impulse und Fragen auf meine Situation gemünzt und mich damit auseinandergesetzt. Die Wanderung gab mir dazu ein Gefühl von Freiheit und die Möglichkeit, mal durchzuatmen. Ein Stück des Weges bin ich ganz alleine gegangen. Der Weg war manchmal holprig wie im richtigen Leben, ein Ast hat mich gestreift, das sind die anderen Menschen denen man begegnet, und manchmal hat man sich bücken müssen, weil etwas Unvorhergesehenes auf einen zukommt. Wenn der Weg sich teilt, fragt man sich, welchen gehe ich? Nach holprig und steinig kamen wir auf eine große Wiese und es war sonnig, der Weg war geschafft und es war positiv. In der Gruppe waren wir mal still oder haben uns ausgetauscht, blieben aber immer beim Thema. Ich habe mich darauf eingelassen, weil ich etwas klären wollte und Frau Brehm hat mich dabei sehr gut begleitet. Es war ein toller Tag, mit Picknick bei gutem Ausblick zum Durchatmen. Am Ende war ich platt und hatte das Gefühl, mich mit meinem Thema auseinandergesetzt und neue Impulse für meinen weiteren Weg erhalten zu haben.«

**Methodische Anmerkung**
Den Weg der »Heldenreise« nicht nur kommunikativ zu gehen, sondern mit der tatsächlichen Anstrengung einer Wanderung zu verbinden, ist eine große Bereicherung. Sicherlich lässt sich dieses Format auch auf andere Settings übertragen, beispielsweise einen Kletterparcours, eine Kanufahrt, eine Stadt- oder Museumsführung. Der Kreativität bei der Ausgestaltung von Heldenreisen sind hierbei keine Grenzen gesetzt.

## 8.2 Das Drehbuch meiner Zukunft – die Systemische Heldenreise in der Berufsorientierung

Holger Lindemann

■ **Die Ausgangssituation**

Im Rahmen von Universitätsseminaren zu »Verfahren und Methoden der Prävention, Intervention und Rehabilitation« an der Sonderpädagogischen Fakultät der Universität Oldenburg sollen sich Studierende ein Trainings- oder Förderverfahren erarbeiten und in einer Einrichtung (z. B. Kindertagesstätte, Schule, Kinder- und Jugendhilfeeinrichtung, Wohnstätte, Verein) praktisch erproben. Es gibt immer wieder Studierende, die sich hierbei dafür entscheiden, in Schulen zum Thema Berufswahl mit der Heldenreise zu arbeiten. Konkret bedeutet dies z. B. an einer weiterführenden Schule einen Workshop zur Berufsorientierung anzubieten, in dem sich vierzehn- bis sechzehnjährige Schülerinnen und Schüler mit ihrer beruflichen Zukunft auseinandersetzen. Der Workshop soll sich vor allem an diejenigen richten, die noch unsicher sind, wie es für sie nach dem Erreichen der »mittleren Reife« weitergehen soll. In diesem Beitrag wurden Elemente aus einigen der Workshops zu einem Praxisbeispiel zusammengefasst.

■ **Die Vorbereitung**

Als Titel für ihren Workshop zur Berufsorientierung wählen zwei Studierende »Heldenhaft ins Abenteuer – mein Leben nach der Schule«. Sie wollen in ihrer Veranstaltung nicht nur den Beruf in den Blick nehmen, sondern das gesamte Leben. Sie bezeichnen das Angebot als »Workshop«, es soll nicht den Anschein eines »Trainings« oder »Förderverfahrens« erwecken, da diese Begriffe die Jugendlichen eher abschrecken würden.

Um eine kleine Gruppe zu bilden, die intensiv begleitet werden kann, entscheiden die Studierenden, dass es vier Plätze geben soll, auf die sich Schülerinnen und Schüler schriftlich bewerben können. Ein Bewerbungstermin wird festgelegt und es wird ein Anschreiben entworfen, mit dem auch die Eltern informiert werden:

»Ihr seid die Heldinnen und Helden eures eigenen Lebens! In unserem Workshop zeigen wir euch, wie ihr ein Drehbuch für eure Zukunft schreiben könnt. Am Ende des Workshops sollt ihr:

- eine konkrete Vorstellung von eurer Zukunft nach der Schulzeit haben,
- selbstbewusst und zielstrebig einem selbstgesteckten Ziel entgegengehen,
- über die Fähigkeiten und Unterstützung verfügen, dieses Ziel zu erreichen und Schwierigkeiten zu bewältigen.

Meldet euch an! Wir begleiten euch auf eurer Heldenreise!«

Bald sind – nach einem kurzen Auswahlgespräch – zwei Schülerinnen und Schüler gefunden, die an dem Workshop teilnehmen.

Die Bewerbung und das Gespräch sollen nicht nur eine gewisse Exklusivität des Angebotes vermitteln, sondern vor allem sicherstellen, dass die Teilnehmenden eine kleine Hürde überwinden und ernsthaftes Interesse zeigen müssen.

■ Der Ablaufplan

Der Workshop soll an fünf Terminen von je 90 Minuten Dauer stattfinden. Zum Abschluss ist eine gemeinsame Feier geplant, deren Ausgestaltung von den Teilnehmenden ausgewählt wird (Tabelle 4).

Tabelle 4: Übersicht zum Workshop »Heldenhaft ins Abenteuer – mein Leben nach der Schule«.

|  | Themen | Ziele |
|---|---|---|
| 1. Sitzung | Kennenlernen und Organisatorisches | – Kennenlernen<br>– Übersicht geben |
| 2. Sitzung | Heldenreise Teil 1:<br>– Phase 1: Die gewohnte Welt<br>– Phase 2: Der Ruf des Abenteuers<br>– Ausblick: Die neue Welt (Belohnung, neuer Alltag) | – Lebenssituation bewusst machen<br>– Antrieb und Motivation verdeutlichen |
| 3. Sitzung | Heldenreise Teil 2:<br>– Phase 3: Die Weigerung<br>– Exkurs: Innere und äußere Stimmen<br>– Phase 8: Die Belohnung | – Motivation aufbauen<br>– Weigerungen identifizieren<br>– Unterscheiden zwischen »auf sich« oder »auf andere« hören |
| 4. Sitzung | Heldenreise Teil 3:<br>– Phase 5: Das Überschreiten der ersten Schwelle<br>– Phase 6: Bewährungsproben, Verbündete und Feinde<br>– Phase 4: Begegnungen mit Mentorinnen und Mentoren | – erste Schritte festlegen<br>– weitere Schwellen kennenlernen<br>– Unterstützungsmöglichkeiten und Gefährten benennen |

|  | Themen | Ziele |
|---|---|---|
| 5. Sitzung | Heldenreise Teil 4:<br>– Phase 7: Die entscheidende Prüfung<br>– Phase 9: Der Rückweg<br>– Phase 10: Der neue Alltag | – die entscheidende Schwelle identifizieren<br>– Gegenwartsbezug herstellen |
| 6. Sitzung | Abschlussfeier | – Prozess abschließen<br>– sich selbst belohnen |

### ▪ Die Sitzungen

In der ersten Sitzung werden Regeln der Zusammenarbeit geklärt und es wird direkt die Feier geplant. Dieses Element haben die Studierenden aus dem »Ich schaffs«-Training von Ben Furman übernommen (Furman, 2005). Es wird auch erklärt, warum die Phasen der Heldenreise in einer veränderten Reihenfolge bearbeitet werden:

> »Drehbuchschreiberinnen und Drehbuchschreiber erzählen einige Teile ihrer Geschichten vom Ende her: Sie überlegen erst, was ihre Heldinnen und Helden zu gewinnen und welche Herausforderungen sie meistern müssen, bevor Sie sich Gedanken darüber machen, wie sie das schaffen. Sie überlegen zuerst, welche Gefahren Heldinnen und Helden bestehen müssen, bevor sie darüber nachdenken, wie diese das schaffen und was ihre Mentorinnen und Mentoren ihnen dafür an technischen oder magischen Hilfsmitteln und guten Ratschlägen mitgeben müssen. Drehbuchschreiberinnen und Drehbuchschreiber springen in ihrer Geschichte hin und her, bis dann am Ende alles zusammenpasst. So sollt ihr auch eure Drehbücher für eure Zukunft schreiben. Dann kann am Ende alles gut ausgehen.«

Am Ende der Sitzung gibt es einen »Geheimauftrag« (das Wort »Hausaufgabe« soll vermieden werden):

> »Schreibe etwas darüber auf, was du für eine Heldin oder ein Held bist. Gehört sie oder er in eine Fantasy-Geschichte, einen Krimi, einen Western, eine Science-Fiction-Story? Male eine Bild von dir als Heldin oder Held. Den Text und das Bild kannst du den anderen zeigen. Du kannst es aber auch für dich behalten.«

In der zweiten Sitzung wollen die Teilnehmenden ihre Heldenbilder und -texte gern den Workshopleiterinnen zeigen und mit ihnen über sie sprechen. Der Gruppe wollen sie diese aber nicht präsentieren: »Vielleicht am Ende, wenn ich mir sicher bin, dass es gut ist!«

Damit die Einzelgespräche möglich sind, werden Collagen zur »gewohnten Welt« angefertigt: »Da könnt ihr alles reinkleben, was gut ist, was nervt, was euch glücklich oder traurig macht.« Von den Collagen ausgehend wird darüber gesprochen, warum man von dieser gewohnten Welt »weg möchte« oder »weg soll«, was man davon auf jeden Fall bewahren und was verändern möchte.

Die Teilnehmenden erhalten am Ende der Sitzung »Heldinnen- und Heldenmappen« in die sie ihre Arbeitsergebnisse und weitere Arbeitsblätter einheften können. Der »Geheimauftrag« lautet diese Woche:

> »Wie könnte ein Bild aussehen, auf dem deine »neue Welt« zu sehen ist? Fertigt dazu eine weitere Collage an.«

Zur dritten Sitzung bringen die Teilnehmerin und Teilnehmer tatsächlich Collagen mit. Diese konnten sie in einer Freistunde anfertigen. In der Sitzung wird zunächst noch einmal mit den Collagen der »gewohnten Welt« gearbeitet. Es wird die Frage gestellt: »Warum sollte die Heldin oder der Held vielleicht einfach dortbleiben und nichts verändern?«

**Methodische Anmerkung**
Die Jugendlichen werden zunehmend nicht mehr persönlich angesprochen, sondern es wird von »ihrer Heldin« geredet oder von »dem Helden«. Dieses Vorgehen hat damit zu tun, dass Jugendlichen das Reden über sich selbst, die eigenen Wünsche und Ziele häufig unangenehm oder auch peinlich ist. Die Dissoziation, in der dritten Person über sich selbst zu sprechen, ist für sie sehr hilfreich (Lindemann, 2016a, S. 205–220). Somit wird ein größerer Freiraum zum Experimentieren geschaffen, da die Teilnehmenden ja nicht direkt über sich selbst sprechen, sondern über eine Stellvertreterfigur.

In dem Gespräch weisen die Workshopleiterinnen darauf hin, dass einige Stimmen, die in das Abenteuer locken, von außen kommen (z. B. Schule, Eltern, ältere Geschwister) andere aber innere Stimmen sind (z. B. Langeweile in der Schule, Fernweh, Autonomiebestreben). Ebenso ist es mit den Stimmen, die zur Weigerung aufrufen. Die Teilnehmenden können diesen äußeren und inneren Stimmen nachspüren. Sie malen Körperbilder, in die sie mit grüner und roter Schrift eintragen, welche hilfreichen und hinderlichen Stimmen und Botschaften es für ihr Abenteuer gibt.

Die Körperbilder werden nebeneinander ausgelegt: »Die Heldinnen und Helden müssen dem Ruf folgen und die Weigerung hinter sich lassen, um von dem einen Bild in das andere zu wechseln. Welche Belohnung können sie dabei erlangen?«

Der »Geheimauftrag« lautet:

»Überlegt euch noch einmal, was eure Heldin oder euer Held davon haben könnten, wenn sie oder er dem Ruf des Abenteuers folgt: Was wäre ihre Belohnung? Schreibt eure Gedanken auf das Arbeitsblatt in eurer Heldenmappe.«

Die vierte Sitzung beginnt mit einer Rückmeldung zu den Belohnungen, die die Teilnehmenden sich überlegt haben. Die übrige Zeit wird damit verbracht, auf langen Papierbahnen Schwellen, Schritte und Herausforderungen bis zum Erreichen der Belohnungen einzutragen. Die Workshopleiterinnen erklären, was Schwellen sind, und dass ein ganz entscheidender Punkt im Überschreiten der ersten Schwelle darin besteht, dass die Heldinnen und Helden hierbei ihren Ruf annehmen und ihre Weigerung überwinden.

Die Teilnehmenden sollen erst einmal schreiben, malen und skizzieren, welche Schwellen sie erwarten. Hierzu stehen die verschiedensten Stifte, Kärtchen und auch Zeitschriften für Collagen zur Verfügung. Um nicht den Druck eines »Zeitplans« aufzubauen, wird darauf hingewiesen, dass keine Daten oder Zeitabschnitte benannt werden müssen. Zu den Schwellen können die vier Jugendlichen dann notieren, ob es nach ihrer Überwindung vielleicht schon eine Teilbelohnung gibt, einen kleinen Gewinn.

Als letzten Schritt sollen sie sich Folgendes überlegen:

»Bei allen Heldinnen- und Heldengeschichten gibt es Menschen und Dinge, die dabei unterstützen, eine Schwelle zu überwinden. In den Geschichten denkt man dann immer: ›Das ist aber gut, dass er das jetzt dabeihat!‹ oder ›Genau das kann sie jetzt gut gebrauchen!‹ Drehbuchschreiberinnen und -schreiber können diese Wundermittel, Zauberwaffen, technischen Spielzeuge, Helferinnen, Lehrmeister, Unterstützerinnen und Gefährten immer auch im Nachhinein noch in die Geschichte schreiben. Und das könnt ihr auch! Ihr könnt jetzt überlegen: ›Wer oder was kann meine Heldin oder meinen Helden dabei unterstützen, diese Schwelle zu überwinden?‹«

Die Jugendlichen beginnen Mentorinnen und Mentoren und hilfreiche Wundergegenstände für ihre Schwellen zu erfinden.

Der »Geheimauftrag« dieser Woche lautet:

»Arbeitet weiter an euren Zeitplänen. Und haltet mal Ausschau nach euren Mentorinnen und Mentoren. Vielleicht gibt es ja schon welche davon in eurer gewohnten Welt. Es werden aber auch auf eurer Reise noch welche hinzukommen. Einige vielleicht ganz unerwartet. Einige muss man auch einladen oder engagieren.«

**Methodische Anmerkung**
Die Archetypen der Heldenreise werden nicht weiter thematisiert. Auch »der Schatten« als zentrale Figur einer Heldenreise taucht nur implizit in der Weigerung und den Herausforderungen auf. Um diese Elemente der Erzählstruktur herauszuarbeiten, wäre eine individuellere und umfangreichere Begleitung der Jugendlichen notwendig. Das hier vorgestellten Format orientiert sich daher an der Phasenstruktur, ohne die Rollendynamik genauer zu beleuchten. Verbindet man das Konzept mit einem individuellen Coaching der Jugendlichen, gegebenenfalls mit spezifischen Angeboten für Jungen und Mädchen, können sicherlich tiefergehende Themen, Herausforderungen und Anliegen bearbeitet werden.

Die fünfte Sitzung befasst sich fast ausschließlich mit den Zeitlinien. Sie werden in zwei Gruppen (Mädchen und Jungen) in getrennten Räumen von den beiden Workshopleiterinnen reflektiert. Die Rolle der Mentorinnen und Mentoren wird noch einmal hervorgehoben und die Tandems können sich gegenseitig unterstützen und ergänzen. Die »entscheidende Prüfung« wird markiert. Die Teilnehmenden stellen fest, dass diese nicht die einzige Aufgabe ist, die zu bewältigen ist, und auch nicht die schwerste. Der Workshop zur Heldenreise wird von allen als Station ihrer Reise in der Zeitleiste eingetragen. Die Zeitlinien werden abgeschritten. Auf der Position der »Belohnung« wird ein individuelles Heldinnen- oder Heldenfoto gemacht:

»Stell dir jetzt vor, wie es sein wird, wenn du deine Belohnung bekommst! Schließe kurz die Augen und mache dir ein Bild davon! Und wenn du die Augen wieder öffnest, sagst du das erste Wort, das dir in den Sinn kommt und ich mache ein Foto von dir! Okay?«

In beiden Gruppen wird über die Zeit nach der Belohnung gesprochen, über den »Rückweg« und über den »neuen Alltag«. Hierzu erhalten die Teilnehmenden ein letztes Arbeitsblatt für ihre »Heldinnen- und Heldenmappen«.

Der »Geheimauftrag« dieser Woche lautet:

»Schreibt eure Gedanken über die Zeit nach eurem Abenteuer auf. Was kommt dann?«

Am letzten Termin findet die Feier statt. Hier gab es in den verschiedenen Gruppen schon: Kanutour, Bowling, Segeln und Minigolf. Die Jugendlichen erhalten am Ende ihr gerahmtes Heldinnen- oder Heldenfoto und eine Urkunde.

Der letzte »Geheimauftrag« lautet:

»Versteckt die Heldenreise für 33 Tage an einem sicheren Ort. Die Workshopleiterinnen werden euch dann anrufen und euch dazu auffordern, die Mappe zu nehmen und sie in Ruhe durchzuschauen. Ergänzt dabei alles, was euch noch fehlt.«

- Abschlusskommentare von Jugendlichen und ein hilfreicher Versprecher

Am Ende der Sitzungen wurden keine »Abschlussrunden« im klassischen Setting durchgeführt. Aber die Jugendlichen hatten die Möglichkeit, »famous last words« loszuwerden und etwas mitzuteilen:

Lisa, 15 Jahre:
»Ich habe zuerst immer gedacht, Helden sind nur Jungs. Habe ich halt falsch gedacht!«

Borkat, 14 Jahre:
»Bis jetzt habe ich immer geglaubt, Helden, das sind andere. Aber: das bin ja ich!«

Erik, 15 Jahre:
»Ich habe zu Hause gesagt: ›Ich bin jetzt ein Held!‹, und da hat meine Mutter nur geantwortet: ›Ja, ja, aber den Geschirrspüler räumst du trotzdem aus!‹ Ich glaube, ich bin dann wohl eher so ein Geheimagent. Muss ja nicht jeder wissen!«

Lynn, 16 Jahre:
»Mein Lehrer hat mal gesagt: ›So wird aus dir nie was!‹ Dem sollte mal jemand sagen, dass er mein ›Dementor‹ sein sollte!«

Der Versprecher mit dem »Dementor« war sehr hilfreich. Dementoren sind in den Geschichten um »Harry Potter« Schattenwesen und Wächter der Gefängnisinsel »Askaban«. Wenn sie Leute angreifen, saugen sie ihnen alle Freude und Lebensenergie ab. Die Opfer sind wie gelähmt, verlieren ihre Kräfte, ihren Lebensmut und werden depressiv. Was ein »Mentor« im Gegensatz zu einem »De-Mentor« macht, konnte in der Gruppe dann sehr gut erklärt werden: Sie geben Freude und Lebensenergie. Die »Opfer« sind wie beflügelt, gewinnen Kraft, Lebensmut und werden zuversichtlich.

Viele Synonyme für »Mentor« waren für die Jugendlichen nicht attraktiv: Lehrerin, Trainer, Helferin, Unterstützer etc. Aber der »umgekehrte Dementor« war sofort anschlussfähig.

# 9 Die Systemische Heldenreise in der Team- und Organisationsentwicklung

Die Heldenreise scheint im besonderen Maße für die Arbeit im Einzelsetting geeignet, da Heldinnen und Helden oft als Einzelpersonen auftreten. In vielen Geschichten, ebenso wie im wirklichen Leben, spielen die individuellen Ziele aber eine – wenn auch nicht zu vernachlässigende – untergeordnete Rolle. Dies ist beispielsweise in der Team- und Organisationsentwicklung der Fall. Was passiert, wenn man sich als Kollektiv die Metapher der Heldenreise zunutze macht? Wie in jeder Heldinnen- und Heldengruppe – beispielsweise den »Avengers« – gibt es individuelle Herausforderungen und Bewältigungsstrategien und eine Ausdifferenzierung der Rollen. Dennoch ordnen sich die einzelnen Heldinnen und Helden – mehr oder weniger erfolgreich – einem Gruppenziel unter.

Im ersten Praxisbeispiel nutzt das Team einer Kindertagesstätte die Heldenreise als Strukturmuster für ihre Entwicklung (9.1). Das zweite Praxisbeispiel zeigt Möglichkeiten auf, die Heldenreise in der Unternehmenskommunikation zu nutzen und in der Gestaltung von Corporate Events einzusetzen (9.2).

## 9.1 Schlafende Hunde wecken.
## Eine Heldenreise in einer Kindertagesstätte

Holger Lindemann und Detlef Sauthoff

■ Die Ausgangssituation

Es melden sich 19 Mitarbeiterinnen einer Kindertagesstätte und ihre Leitung mit einem brisanten Thema zur Beratung an: sexualisiertes Verhalten und sexualisierte Sprache der betreuten Kinder. Es gibt Beobachtungen von Handlungen und Aussagen zwischen Kindern, die als »sexuell« oder »sexualisiert« bewertet werden. Der Umgang der Mitarbeiterinnen hiermit ist sehr unterschiedlich. Einige vertreten die Ansicht, es handele sich um »normales Spiel zwischen Kindern«, das auch nicht als »übergriffig« oder »»auffällig« zu bewerten sei. Andere zeigten sich bestürzt, wollen »die Verantwortung dafür nicht tragen« und informieren die Eltern, um »auf der sicheren Seite zu sein«. Es gibt eine große Verunsicherung darüber, was »noch normal« oder schon »übergriffig« ist. Die große Angst des Trägers besteht darin, man könne durch eine zu offensive Auseinandersetzung mit dem Thema Sexualität »schlafende Hunde wecken«. Man möchte eine öffentliche Diskussion des Themas vermeiden.

Auf einer gemeinsamen Dienstbesprechung findet die Auftragsklärung der Beratung statt. Hierzu werden die Phasen 1 bis 3 und Phase 8 der Systemischen Heldenreise als Grundstruktur genutzt. Diese werden anhand von Leitfragen im gesamten Team besprochen.

■ Phase 1: Die gewohnte Welt

Leitfragen:
»Welche Annehmlichkeiten bietet die gewohnte Welt, so wie sie jetzt ist, für uns?«
»Was wirft Schatten auf diese Annehmlichkeiten?«

Es gibt eine große Unsicherheit bezogen auf das Thema »kindliche Sexualität«. Welches Verhalten ist »richtig«? Welches ist »falsch«? Wann kann, soll oder muss sogar eingegriffen werden?

■ **Phase 2: Der Ruf des Abenteuers**

Leitfrage:
»Wer oder was ruft zur Veränderung?«

Eine Skala von »1« (»sehr wenig«) bis »10« (»sehr viel«) wird auf dem Boden ausgelegt. Die Mitarbeiterinnen und ihre Leitung werden gebeten, sich zu zwei Fragen auf der Skala zu positionieren und sich dazu befragen zu lassen, was ihre Positionierung bedeutet.

Erste Frage: Wie stark betrifft mich das Thema hier und heute?

Die Mitarbeiterinnen und die Leitung positionieren sich über die ganze Bandbreite der Skala.

Zweite Frage: Wie bedeutsam soll das Thema zukünftig für unsere Kindertagesstätte sein?

Einige Mitarbeiterinnen und die Leitung verändern ihre Position. Es zeigt sich, dass einige dem Thema mehr Bedeutung schenken wollen, andere weniger. Nur wenige bleiben stehen und verstehen die Aufregung nicht ganz.

Die Mitarbeiterinnen, die sich von niedrigen zu höheren Zahlen bewegt haben, sagen: »Das ist ein wichtiges Thema, dem wir bisher zu wenig Aufmerksamkeit geschenkt haben!«

Die Mitarbeiterinnen, die sich von hohen zu niedrigeren Zahlen bewegt haben, sagen: »Das Thema wird zu stark aufgebauscht, wir sollten ihm nicht so viel Aufmerksamkeit schenken!«

Aus diesen Beobachtungen wird der »Ruf des Abenteuers« herausgearbeitet: »Werdet euch einig!« »Schenkt dem Thema so viel Aufmerksamkeit, dass alle damit zufrieden sind!« »Einigt euch über euer Vorgehen!«

■ **Phase 8: Die Belohnung**

Leitfragen:
»Für wen wäre eine Veränderung von Vorteil?«
»Welchen Gewinn haben die Gefährten und andere Beteiligte?«
»Worum werden andere uns am Ende dieser Heldenreise beneiden?«

Schnell wird im Gespräch deutlich, dass eine Einigung für alle Beteiligten einen Gewinn darstellen wird: für das Team, die Leitung, die Eltern und die Kinder. Der Gewinn besteht in Sicherheit, Gelassenheit, Transparenz, Klarheit und Einigkeit.

■ Phase 3: Die Weigerung

Leitfragen:
»Was würde passieren, wenn sich nichts verändern würde?«
»Welche Verführungen gibt es, nichts zu verändern?«
»Was wären gute Gründe, in der gewohnten Welt zu bleiben?«

Es wäre bequem, nur wegzuschauen und alles als »normale Entwicklung von Kindern« zu betrachten. Die Mitarbeiterinnen und auch die Eltern müssten sich nicht mit dem Tabuthema »Sexualität« auseinandersetzen.

Ausgehend von Ausgangssituation, Ruf, Belohnung und Weigerung ergibt sich ein klareres Bild des zu erreichenden Ziels.

■ Phase 4: Begegnungen mit Mentorinnen und Mentoren

Leitfragen:
»Wer kann uns Informationen geben, um uns auf die Veränderung vorzubereiten?«
»Woher nehmen wir den Antrieb und die Motivation zur Veränderung?«
»Was könnte uns ein Mentor mit auf den Weg geben, damit wir gesund und kräftig bleiben?«

Die Leitung wird als Mentorin benannt. Sie hat den Klärungsprozess initiiert und leitet ihn. Auch die Kinder seien Mentoren, indem sie ein Vorbild für wertfreie Beobachtungen sein können. Sie könnten als Fachleute für ihre Welt den Erzieherinnen erklären, welche Bedeutung ihr Handeln hat. Eltern können ebenfalls als Mentoren in Erscheinung treten. Das ginge aber nur, wenn im Einzelfall das Gespräch gesucht und sie in Überlegungen einbezogen werden. Auch fachliche Expertise über Literatur und Fortbildung kann eine wichtige Mentorenfunktion erfüllen.

■ Phase 5: Das Überschreiten der ersten Schwelle

Leitfragen:
»Was wäre der erste, kleine Schritt der Veränderung?«
»Was und wen nehmen wir mit auf die Reise?«
»Wem wird der Aufbruch ins Abenteuer schwerfallen?«

Die erste Schwelle besteht in der Überwindung der eigenen Unsicherheit. Fachinformation und Fortbildung sollen einen ersten Schritt bilden. Weiterhin helfen soll ein Thementag, den das Team zur Entwicklung von Vorgehensweisen durchführen möchte.

■ Phase 6: Bewährungsproben, Verbündete und Feinde

Leitfragen:
»Was sind mögliche Stolpersteine?«
»Was sind äußere und innere Hindernisse auf dem Weg?«
»Wie und mit wessen Hilfe können diese überwunden werden?«

Als Stolpersteine werden benannt:
- mögliche Reaktionen von Eltern;
- Fragen, die (noch) nicht beantwortet werden können;
- vor allem: Uneinigkeit im Team.

»Der Schatten« tritt hier deutlich hervor: Uneinigkeit. Eine Kollegin sagt: »Wenn wir den ›schlafenden Hund wecken‹, geht das nur, wenn wir uns einig sind. Sonst zerfleischen wir uns gegenseitig.«

■ Phase 7: Die entscheidende Prüfung

Leitfragen:
»Worin besteht die entscheidende Herausforderung?«
»Was würde passieren, wenn wir diese nicht bestehen?«
»Welches ist der letzte Schritt, den wir vor der Belohnung gehen müssen?«

Bei diesen Fragen kommt ein wichtiges Element hinzu: Zeit. Zum einen spürt das Team den Druck, möglichst schnell eine Einigung und ein gemeinsames Vorgehen zu entwickeln. Zum anderen soll das Ergebnis aber auch gut und nachhaltig sein. Die entscheidende Prüfung liegt darin, »tatsächliche« Einigkeit zu erreichen, ohne dabei dem Zeitdruck nachzugeben. Woran kann man nun diese »tatsächliche Einigkeit« erkennen, wenn sie denn erreicht ist?
 Bei einer Skalierung zu den Belohnungen Sicherheit, Gelassenheit, Transparenz, Klarheit und Einigkeit würden alle Mitglieder des Teams im oberen Bereich stehen. Wenn Einzelne bei einigen Aspekten weiter unten stünden, würden die anderen gemeinsam mit ihnen an den Schritten arbeiten, die sie bräuchten, um wieder »gemeinsam zusammenzustehen«.

- **Phase 10: Der neue Alltag**

    Leitfragen:
    »Was ist im neuen Alltag anders und was wird so sein wie in der gewohnten Welt?«
    »Welche Routinen und Abläufe wird es in unserem neuen Alltag geben?«
    »Wenn wir unserem neuen Alltag eine Überschrift oder ein Motto geben, wie würden diese lauten?«

Nachdem geklärt wurde, wie Leitung und Erzieherinnen mit der kindlichen Sexualität umgehen, kann das Thema ruhiger behandelt werden. Jeder weiß, was zu tun ist. Man kann ganz ohne Aufregung einen fachlichen Standpunkt vertreten. Eltern, Kinder und das Team fühlen sich gut aufgehoben.

- **Phase 9: Der Rückweg**

    Leitfrage:
    »Was genau müssten wir tun oder lassen, damit der neue Alltag einkehren kann?«

Die Antwort lautet: Man müsste anderen mitteilen, was man zum Umgang mit kindlicher Sexualität erarbeitet hat. Die Kompetenz und Sicherheit, die man sich angeeignet hat, sollte man in Fachgruppen und Arbeitskreisen vermitteln.

Nach der Arbeit mit der Heldenreise sehen die Erzieherinnen ihren Weg klar vor sich und haben ein gemeinsames Bild davon, was zu tun ist. Aufgaben zur Vorbereitung der Reise sind verteilt. Der Termin für den Fachtag ist vereinbart.

- **Der Fachtag**

Bei dem vereinbarten Fachtag wird thematisiert, wie Erzieherinnen und Leitung mit Eltern und Kindern umgehen. Es werden folgende Leitfragen formuliert:

   Leitfragen:
   »Welchen Umgang pflegen wir mit den Eltern?«
   »Was müssen wir bei Elterngesprächen beachten?«
   »Wie wollen wir die Gespräche mit den Kindern führen?«
   » Was müssen wir im Team beachten?«

Den Einstieg in das Thema bildet ein Brainstorming in Kleingruppen zu der Frage:

»Worauf müssen wir bei der Bearbeitung des Themas besonders achten, bezogen auf die Kinder, bezogen auf die Eltern und bezogen auf das Team?«

Die Ergebnisse werden anschließend auf einer Metaplanwand zusammengefasst (Tabelle 5).

Tabelle 5: Ergebnisse der Kleingruppenarbeit zu der Frage »Worauf muss beim Umgang mit Kindern, Eltern und im Team bezogen auf das Thema kindliche Sexualität beachtet werden?«

| Umgang mit | Kindern | Eltern | Team |
|---|---|---|---|
| Art des Umgangs | – Einzelgespräche führen<br>– ernst nehmen<br>– Verständnis zeigen –<br>  nicht negativ thematisieren<br>– nicht überthematisieren<br>– nicht verurteilen<br>– nicht in eine Schublade stecken | – sofort einbeziehen<br>– sachlich thematisieren<br>– Sorgen ernst nehmen<br>– Hilfestellung geben<br>– Beratungsstellen aufzeigen<br>– Konsequenzen rechtzeitig verdeutlichen<br>– Gespräche nie allein führen<br>– Eltern nicht persönlich angreifen | – kollegial beraten<br>– individuelle Schamgrenzen respektieren<br>– gemeinsamen Lösungsweg finden<br>– Weiterbildung |

In drei Arbeitsgruppen werden die Ideen konkretisiert und verschriftlicht. In der Gesamtgruppe erfolgt dann eine Präsentation, Ergänzung und Vereinbarung der Ergebnisse.

Für die Zusammenarbeit im Team wird folgende Vorgehensweise bei der Beobachtung sexueller oder sexualisierter Handlungen vereinbart:

1. Es soll unterschieden werden zwischen sexualisierten Handlungen, sexuellen Übergriffen und sexualisierter Sprache.
2. Es wird sofort die Leitung informiert. Die Leitung informiert gegebenenfalls den Träger.
3. Beobachtungen und Einschätzungen werden im Gruppenteam besprochen.
4. Die Eltern werden informiert.
5. Das Gruppenteam erhält Hilfestellung durch kollegiale Beratung aus dem Gesamtteam.
6. Pädagogische Maßnahmen werden gemeinsam abgesprochen, umgesetzt und eingehalten.
7. Gegebenenfalls werden weitere Schritte mit der Leitung vereinbart, z. B. Weiterbildung, Coaching, Fachberatung oder Supervision.

Bezogen auf die Kinder wird festgelegt:

1. Kinder werden nicht als »Täter« oder »Opfer« bezeichnet.
2. Das betroffene Kind hat Vorrang.
3. Einzelgespräche mit betroffenen Kindern werden in einem vertrauensvollen Rahmen geführt.
4. Es wird eine parteiliche Haltung für das betroffene Kind eingenommen.
5. Das betroffene Kind wird nicht in seiner Handlungs- und Bewegungsfreiheit eingeschränkt.
6. Das übergriffige Kind soll den Vorfall nicht selbst beschreiben (»Verhör«), sondern die Erzieherin, die beobachtet hat, soll selbst genau benennen, was passiert ist.
7. Das übergriffige Kind wird aufgefordert, das benannte Verhalten zu unterlassen.
8. Mit dem übergriffigen Kind werden Maßnahmen besprochen; es wird darauf geachtet, dass diese eingehalten werden.
9. Die Maßnahmen werden ausschließlich vom pädagogischen Fachpersonal umgesetzt und auch von diesen beendet.

Gegenüber den Eltern sollen künftig folgende Regeln gelten:

1. Eltern werden in Absprache mit der Leitung und nach Einschätzung durch das Gruppenteam sofort informiert.
2. Den Eltern wird eine klare fachliche Einschätzung des Vorfalls mitgeteilt.
3. Es werden keine verharmlosenden oder dramatisierenden Begriffe verwendet.
4. Den Eltern wird in ihren Sorgen, Ängsten und Fragen zugewandt begegnet.
5. Den Eltern wird vermittelt, dass die Einrichtung den Vorfall ernst nimmt und dass man alle weiteren Maßnahmen, Vorgehensweisen und Konsequenzen mit ihnen besprechen wird.
6. Die Eltern werden über Beratungsstellen informiert.

Nachdem die Regeln verschriftlicht sind, folgt eine abschließende Skalierung zu der Frage: »Wie sicher fühlt ihr euch jetzt nach der Auseinandersetzung mit dem Thema und der Vereinbarung, die wir getroffen haben?« Auf der Skala steht »1« für »gar nicht sicher« und »10« für »extrem sicher«.

Der Skalierungsauftrag wird wiederholt mit Fragen zu Gelassenheit, Transparenz, Klarheit und Einigkeit, wobei die unteren Werte der Skala für eine negative und die oberen Werte für eine positive Einschätzung stehen. Das Team ordnet sich zur ersten Skalierungsfrage sehr geschlossen im oberen Bereich der

Skala ein. Bei der Frage nach der »Gelassenheit« gibt es eine leichte Bewegung in den mittleren Bereich: Hier braucht es erste Erfahrungen und bei einigen auch eine persönliche Auseinandersetzung mit Sexualität als tabuisiertem Thema, bevor bei allen Gelassenheit eintreten kann. Eine Erzieherin traut sich zu sagen: »Auch in mir gibt es solche schlafenden Hunde. Wenn ich da gut mit Kindern und Eltern reden möchte, sollte ich mich mit denen auseinandersetzen.« Sie ergänzt schmunzelnd mit Blick auf ihr Team: »Aber ich glaube, damit stehe ich nicht allein da. Ich bin in guter Gesellschaft.«

**Methodische Anmerkung**
Die Auseinandersetzung mit schwierigen Themen und die Überwindung von problemhaften Situationen werden durch das Motiv der Heldenreise in einen anderen Rahmen gesetzt. Oft sind hierbei unterschiedliche Meinungen oder sogar verhärtete Fronten sichtbar. Vor allem in Teams und Gruppen, oder auch bei Paaren, etwa im Scheidungsprozess, ist das angebotene Bild eines gemeinsam zu bewältigenden Weges und eines gemeinsamen Gewinns hilfreich, um eine lösungsorientierte Perspektive einnehmen zu können.

## 9.2 Wenn ein Team auf Reisen geht …
## Eine Teamentwicklung mit Heldinnen und Helden

Ilse Osterfeld

■ Die Ausgangssituation

Der Bereichsleiter eines Dienstleistungsunternehmens mit 1.300 Beschäftigen beauftragt mich mit einer auf ein Jahr angelegten Teamentwicklungsmaßnahme für sich und sein insgesamt achtköpfiges Leitungsteam. Er will »mehr Miteinander der Leitungskräfte« und ein »offeneres Verhältnis zur Bereichsleitung«. Auch sollen »bestehende Konflikte aufgelöst werden«.

»Wo soll die Reise denn hingehen?«, formuliere ich meine Zielfrage im Rahmen der Auftragsklärung. Schon hier bahnt sich sprachlich eine Heldenreise der acht Leitungskräfte an, die schließlich ein Jahr andauern wird. »Ich möchte ein echtes Leitungsteam mit einer gemeinsamen Ausrichtung und einer gemeinsamen Sprache im Auftreten nach Innen und Außen«, beschreibt der Bereichsleiter sein Ziel.

Die »Reisegruppe« setzt sich zusammen aus dem Bereichsleiter, seinem ständigen Stellvertreter sowie seinen zwei Abteilungsleiterinnen und vier Abteilungsleitern. Für die Teamentwicklungsmaßnahme stelle ich einen Reiseplan auf, der aus sieben eintägigen Workshops besteht. Auch wenn die Metapher der Heldenreise zunächst noch nicht verwendet wird, findet die Struktur bereits implizit Eingang in das Konzept.

■ Phase 1: Die gewohnte Welt

Ich beginne den ersten Workshop mit einigen soziometrischen Aufstellungen, um die gewohnte Welt der Teilnehmenden erfahrbar zu machen. Die Aufstellung der Dauer der Betriebszughörigkeit bringt Unerwartetes hervor, Verbindendes und Neues, z. B. das nahende gemeinsame Jubiläum oder die Tätigkeit in einem früheren Außenstandort.

Bei der Aufstellung der Entfernung zwischen Arbeitsort und Wohnort wird deutlich, wie verschieden die Bedürfnisse von räumlicher Nähe und Abstand sind. Die Verbindung des »Ortes der Arbeit« mit den dort erlebten Inhalten und Belastungen wird deutlich benannt. Es eint die Teilnehmerinnen und Teilnehmer, dass sie mit ihren sehr unterschiedlichen Abständen zwischen Wohn- und Arbeitsort alle eine Wohnumgebung gefunden haben, in der sie gut und gern leben.

Eine erste gemeinsame Erfahrung besteht darin, das Nebeneinander von unterschiedlichen Meinungen und Bedürfnissen als positiv wahrzunehmen.

### ■ Phase 2 und 3: Der Ruf des Abenteuers und die Weigerung

Mithilfe einer Skalierung, die ich mit Bodenankern im Raum auslege, überprüfe ich die Zufriedenheit mit dem Ist-Zustand des Leitungsteams, wobei »1« für »maximal unzufrieden« und »10« für »maximal zufrieden« steht. Ein Teilnehmer findet sich auf der Position »3« ein. Er ist nach längerer Erkrankung gerade erst an den Arbeitsplatz zurückgekehrt und führt seine Skalierung auf Unstimmigkeiten im Leitungsteam und strukturelle Defizite der Leitungsebene zurück. Auf Position »5« und »6« ordnen sich fünf Teilnehmende ein, die unisono der Ansicht sind, dass sie die Kolleginnen und Kollegen sowie den Leiter persönlich schätzen, es jedoch erhebliche Verbesserungen auf der strukturellen und organisatorischen Ebene geben müsse, angefangen von der Neustrukturierung von Aufgaben bis hin zur Effektivität der Dienstbesprechung. Der Leiter selbst lobt auf der »7« stehend den Einsatz seines gesamten Leitungsteams sowie die vorhandene Fachkompetenz. Er sieht Verbesserungsbedarf beim einheitlichen Auftreten nach Innen und Außen. Für ihn sei das für die Darstellung des Unternehmensbereichs und für seine Aufgabenerfüllung äußerst wichtig.

In einem zweiten Schritt lasse ich die Bereitschaft zur Teilnahme an dieser »Reise der Teamentwicklung« skalieren. Der Teilnehmer, der zuvor auf der »3« stand, begibt sich auf die »5«. Er hält »Euphorie nicht für angebracht«, möchte sich zurückhalten, um angesichts der begrenzten Veränderungsmöglichkeiten im drängenden Alltagsgeschäft nicht enttäuscht zu werden. Die anderen Abteilungsleiterinnen und Abteilungsleiter finden sich auf den Positionen »7« bis »9« ein, der Leiter und sein Stellvertreter beide auf der »10«. Sie stimmen darin überein, dass sie auf die Hebelwirkung dieses Teamentwicklungsprozesses setzen, um Veränderungen anzustoßen und das Unternehmen nach vorn zu bringen.

### ■ Phase 8: Die Belohnung

In einem dritten Schritt stelle ich die Frage, was sich gegenüber dem Ist-Zustand verändern sollte: »Woran würden Sie merken, dass eine Teamentwicklung erfolgreich war?« Es werden eine Vielzahl von Belohnungen und Schätzen genannt: Rollenklarheit, Rückenstärkung, Vertrauen ineinander, ein gemeinsames Arbeitsverständnis, Verlässlichkeit von Absprachen, echter Teamgeist sowie starke Positionierung des Unternehmens am Markt im Sinne eines »an uns kommt keiner vorbei«. Auch die Reise selbst, der gemeinsame Entwicklungsprozess, die Zeit, die miteinander verbracht werden wird, wird als Belohnung genannt. Zeit ist in diesem Unternehmen ein kostbares Gut. All das wird visualisiert unter der Überschrift »Erwartungen an den Prozess«.

■ Reisevorbereitungen

Das Team rüstet sich für die Reise. Die acht Reiseteilnehmerinnen und -teilnehmer sind sich einig, dass Offenheit und Vertrauen ins Reisegepäck gehören. Deutlich wird auch, dass gerade das Vertrauen im Verlauf der gemeinsamen Reise erst noch wachsen muss. Hier zeigen sich bereits die ersten Schwellen und Herausforderungen:
– Wie kann Offenheit in den Workshops gelebt werden, um Vertrauen zu bilden?
– Wie viel Vertrauen ist vorhanden, um offen sein zu können?
– Wieviel Mut braucht es, um ein offenes Miteinander zu erreichen, damit sich in der Zusammenarbeit etwas ändern kann?

Als Reiseleiterin unterstütze ich die Gruppe mit Struktur und Klarheit. Ich moderiere, gliedere und visualisiere, damit Sicherheit und Ordnung für die ersten Schritte entstehen und das Vertrauen wachsen kann.

■ Phase 4: Begegnungen mit Mentorinnen und Mentoren

Die nächste für die Gruppe zu bewältigende Etappe der Reise heißt »Feedback-Kultur«. Im Rahmen dieses Workshops erleben die Führungskräfte das Modell der kollegialen Beratung anhand eines eigenen aktuellen Falls aus ihrer Praxis. Feedback und kollegiale Beratung sollen die Teilnehmenden dabei unterstützen, sich gegenseitig als Mentoren erleben zu können.

Als Rahmenmodell beziehe ich mich auf die »logischen Ebenen«, um den Rückmeldeprozessen eine Struktur zu geben, die möglichst viele Aspekte eines Feedbacks enthalten (Lindemann, 2016b, S. 181–198). In einer Übung werden von allen Teilnehmenden Rückmeldungen zu jeder Ebene auf Moderationskarten notiert und im Raum ausgelegt, sodass sich das Team schrittweise aufeinander zubewegt (Abbildung 145).

■ Phase 5: Das Überschreiten der ersten Schwelle

Nach diesen Vorbereitungen ist beim dritten Workshop die Zeit gekommen, den Rahmen der Reise mit dem Motiv der Heldenreise zu verbinden. Mutig verkünde ich das Thema des Workshops: »Die systemische Heldenreise«. Auf einer

**Abbildung 145:** Übung mit den logischen Ebenen

Metaplanwand habe ich einen Weg skizziert und die Stationen der Heldenreise mit Bildkarten markiert:

> »Ich möchte Sie dazu einladen, sich gleich jeweils zu zweit miteinander auf Ihre persönliche Heldenreise zu begeben. Hierzu wählen Sie eine Herausforderung aus Ihrem beruflichen Leben, der Sie sich stellen wollen, und die sich womöglich schon länger in Form eines Drängens oder Rufs bemerkbar macht. Anhand der Bild- und Strukturkarten wird Ihre Kollegin oder Ihr Kollege Sie eine Stunde lang durch diesen Prozess leiten. Ihre Wegbegleiterin oder Ihr Wegbegleiter stellt einfach einige der systemischen Fragen, ist aufmerksam, interessiert und hört zu. Nach dieser Stunde wechseln Sie die Rollen und haben eine weitere Stunde Zeit für die Reise der anderen Person.«

»Für diese Reise brauchen Sie etwas Mut, sonst wäre es ja keine Heldenreise«, verkünde ich mit entsprechendem Pathos und nehme Bezug auf das Stirnrunzeln einiger Teilnehmer und Teilnehmerinnen. Das Abenteuer ruft. Das Wort »Mut«, das einige Teilnehmende mehrfach zu Beginn der Workshopreihe benannt haben, wird ab jetzt ein wichtiger Reisebegleiter sein.

Den Ablauf einer Heldenreise erläutere ich zur Einstimmung für die gesamte Gruppe anhand eines Beispiels, das ich durch das Auslegen von Bodenankern unterstütze. Um keinen Teilnehmenden aus der Gruppe herauszugreifen, wähle ich, eine meiner eigenen Heldenreisen zur Demonstration zu nehmen. Ich berichte von meiner seit langem ersehnten Reise nach Australien und begebe mich auf meine Heldenreise, indem ich Schritt für Schritt die Bodenanker auslege.

Mit den Teilnehmerinnen und Teilnehmern entwickelt sich ein Gespräch. Sie begleiten mich auf meiner Reise, warnen mich, locken, haben Tipps, geben Rat, machen Mut. Sie zeigen sich als großartige Begleiter und Mentorinnen. Sie fühlen sich wohl in dieser Rolle und sind froh, mich unterstützen zu können. Sie nehmen Anteil daran, wie ich die Schwellen überschreite, Mutproben bestehe, Belohnungen erlebe und wie ich glücklich, froh und unbeschadet nach meiner – mit ihrer Unterstützung – durchlebten Reise in meinen »neuen Alltag« zurückkehre.

Meine Geschichte bietet einen leichten und fließenden Übergang in ihre eigene Arbeit mit der Systemischen Heldenreise. Ganz von selbst bilden sich Zweiergruppen. Der Bereichsleiter und sein Stellvertreter arbeiten zusammen, der erst vor kurzem hinzugekommene Abteilungsleiter findet sich mit dem ältesten Kollegen zusammen. Sie erhalten jeweils einen Kartensatz, bestehend aus den Bildkarten und den dazugehörigen Karten mit systemischen Fragen. In geschützten Räumen erleben sie gemeinsam Abenteuer. Die Heldinnen und Helden haben ihren Ruf vernommen, wagen erste Schritte aus der gewohnten Welt, überwinden die erste Schwelle und wissen bereits aus dem ersten Workshop viel von den Belohnungen, die sie erwarten, wenn sie die Reise vollenden. Beim interessierten Vorbeischauen während der Arbeit in den Zweiergruppen werde ich Zeugin von hochkonzentrierten Heldenreisen mit engagierten, faszinierten Heldinnen und Helden und ihren zugewandten Reiseleitungen.

Nach einer verdienten Pause zurück im Plenum wirken die Teilnehmenden sehr zufrieden und durchaus ein wenig heldenhaft in ihrer Körperhaltung. Sie berichten von ihren Weigerungen und wie sie Schwellen überwunden haben, und davon, wie gut sie sich gegenseitig dabei begleitet haben. Erstaunt und begeistert waren sie davon, dass »die Dinge auf einmal Namen hatten«, wie sich ihre Widerstände als Dämonen, große Tiere, Felsen und Abgründe zeigten, und wie bereitwillig Kolleginnen und Kollegen als Mentorinnen und Mentoren ihnen zur Seite standen und sie stärkten.

■ Phase 6: Bewährungsproben, Verbündete und Feinde

Ein Teilnehmer beschreibt seinen deutlichen inneren Widerstand gegen diese bildhafte Methode und möchte nun gern den Sinn der Übung erläutert haben. Ich danke ihm für seinen Widerstand und bitte ihn um die Erlaubnis, zur Erläuterung ein Schaubild erstellen zu dürfen. Mit seiner Einwilligung fertige ich eine Zeichnung zum »Inneren Team« an (Schulz von Thun, 1998). Ich betone, wie gut es sei, dass sich sein Widerstand so deutlich zeige und er ihn benennen könne. Eben dieser Widerstand sei eine zentrale Figur der Heldenreise, die wir nun alle bereits bei der Weigerung (Phasen 3) und beim Überschreiten der ersten Schwelle (Phase 5) kennengelernt hätten: der Schwellenhüter. Schwellenhüter haben einen guten Grund und eine Daseinsberechtigung. Es sind nicht nur Wesen außerhalb von uns, sondern sie befinden sich auch in uns und fordern uns heraus.

Ich lasse den Teilnehmer für seinen Widerstand einen Namen finden. Er benennt diesen inneren Anteil als »der Intellektuelle«, der fragt: »Wofür ist das gut?« Dieser Anteil wird flankiert von dem inneren Anteil mit dem Namen »der Warner«, der ruft: »Gib acht, was du sagst!« Außerdem findet sich »der Kopf« mit der Frage: »Was macht das mit mir?« Der Teilnehmer ist sichtlich froh und zufrieden, die Stimmen des Widerstandes so deutlich benennen zu können und visualisiert zu sehen. Ich stelle ihm meine Wahrnehmung zur Verfügung, dass ich Kopfnicken bei den anderen Teilnehmerinnen und Teilnehmern sehen konnte und die Vermutung habe, dass es einiges Wiedererkennen gab. Die anderen Teilnehmenden nicken kräftig. Er lächelt. Beflügelt ergänzt er das Schaubild um weitere »Mitspieler« und es ist ihm wichtig, dass es auch »den Vertrauensvollen« und »den Offenen« und »den verlässlichen Begleiter« in ihm gibt.

Ich bitte um die Erlaubnis, das Schaubild ausdehnen zu dürfen, um die Stimmen der anderen Teilnehmenden aufzunehmen und so ein Inneres Team der gesamten Gruppe zu erstellen. Der Teilnehmer findet den Vorschlag spannend und stimmt zu. Die anderen Teilnehmerinnen und Teilnehmer ergänzen das Schaubild um weitere innere Anteile. Es tauchen noch »der Zauderer«, »der Neugierige«, »der Optimist« und »der Erleuchtete« auf (Abbildung 146).

Die Stimmung im Team lockert sich. Das Erkennen individueller und gemeinsamer Eigenheiten sowie deren Benennung geben einen vertrauensvollen Rahmen. Durch das Phasenmodell, die Archetypen und die Benennung innerer Anteile entsteht eine gemeinsame Sprache, eine »Veränderungsgrammatik«, die den erwünschten Austausch ermöglicht.

In der Abschluss-Feedbackrunde dieses Tages stelle ich die Frage: »Wie ist es mir und meinem Inneren Team ergangen?« Mehrere Teilnehmende äußern, dass das Schaubild vom Inneren Team sie versöhnlich gestimmt hat mit ihren Anteilen des inneren Widerstandes. Sie konnten das Zusammenspiel der Archetypen der Heldenreise in ihren inneren Stimmen wiedererkennen. Ein tieferes Verstehen ihrer inneren und äußeren Heldenreise macht die Runde. Das Schaubild der Inneren Anteile der Gesamtgruppe wird zum Ausdruck eines Leitungsteams, in dem jede Stimme ihre Berechtigung hat.

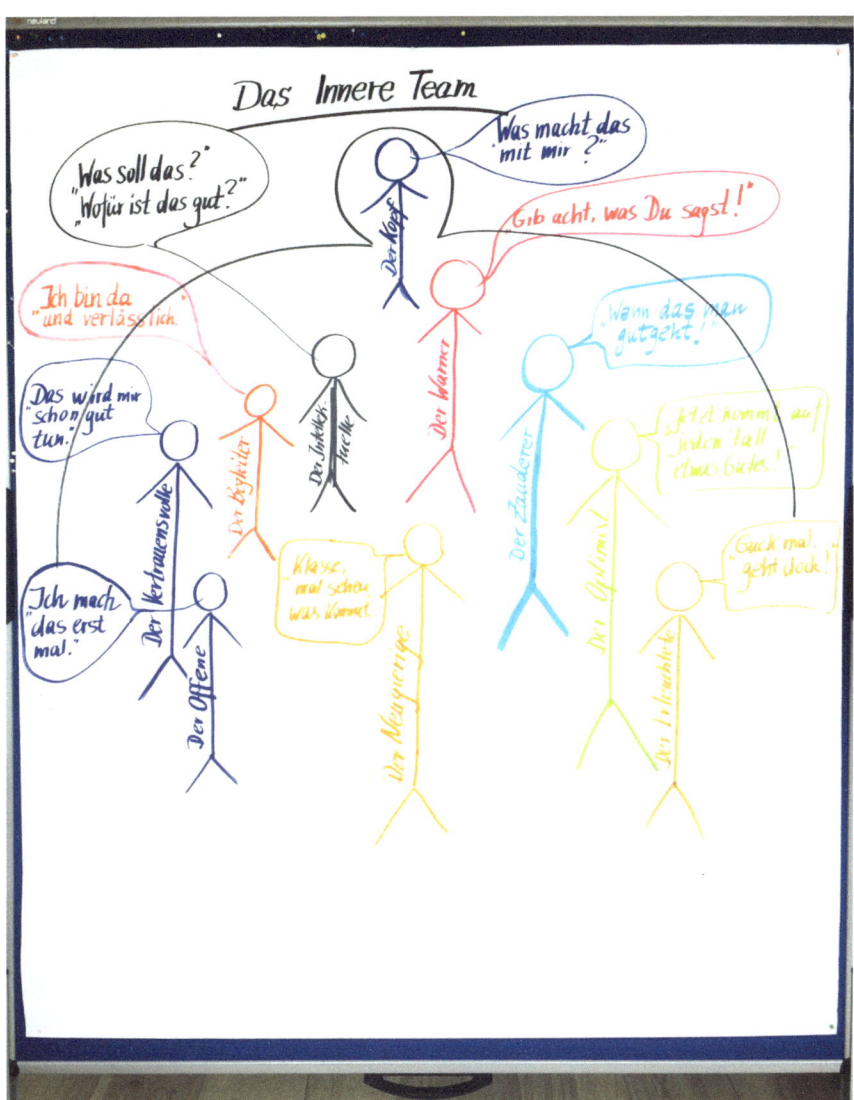

**Abbildung 146:** Das Innere Team des Leitungsteams

In den Stunden dieses Tages wurden neue Heldinnen und Helden geboren und ein Wendepunkt im Teamentwicklungsprozess wurde eingeläutet. Die gewohnte Welt des Leitungsteams ist nun endgültig verlassen und es gibt kein Zurück mehr. In jedem der folgenden Workshops befindet sich die Metaplanwand mit dem skizzierten Weg der Heldenreise im Raum, mal ausdrücklich benannt und einbezogen, mal als stiller Begleiter.

■ **Phase 7: Die entscheidende Prüfung und der Sieg über den Schatten**

Auch in dieser Heldenreise gibt es die entscheidende Prüfung. In einem der Workshops wird einstimmig eine Vereinbarung getroffen, deren praktische Umsetzung im Unternehmen im Nachhinein dann aber von zwei Teilnehmenden abgelehnt wird. Das zuvor erreichte Vertrauen, die Verbindlichkeit und Verlässlichkeit sind infrage gestellt. Ein »Krisen-Workshop« wird einberufen und die Heldinnen und Helden müssen sich ihrer entscheidenden Prüfung stellen, um die Belohnung, die sie bereits in den Händen hielten, nicht wieder zu verlieren. Die Phasen der Heldenreise verdeutlichten ihnen, an welcher Stelle ihrer gemeinsamen Entwicklung sie sich befinden und was für sie auf dem Spiel steht. Ihre Heldenreise lässt sich nur gemeinsam erfolgreich beenden. Ohne eine Einigung droht die Heldengruppe zu zerbrechen und die Belohnung wäre verloren.

Mit einem Kompromiss und einer neuen einstimmigen Vereinbarung erringen sie den Sieg über den Schatten, der sie schon seit langer Zeit begleitete: Konflikte verschweigen und in kleinen Koalitionen verarbeiten. Die »Seite des Lichts« wird deutlich: Konflikte mutig beim Namen nennen und offen bearbeiten – ein Meilenstein.

■ **Phase 9: Der Rückweg**

Nach zwei weiteren Workshops, in denen zu konkreten Handlungsschritten und operativen Themen gearbeitet wird, können weitere richtungsweisende Vereinbarungen getroffen werden. Die Heldinnen und Helden treten den Rückweg an. Deutlich wahrnehmbar sind eine Festigung der Gruppe, eine gemeinsame Ausrichtung und ein offener Umgang, der getragen wird von dem Vertrauen, auftretende Schwierigkeiten ansprechen und bearbeiten zu können, mit oder ohne externe Unterstützung.

■ **Phase 10: Der neue Alltag**

Wer weiß, wie oft die »Heldenreise« die Einzelnen und das Leitungsteam in den neuen Abenteuern des Unternehmens und Privatlebens noch hilfreich begleiten wird. Für die Reiseleitung war sie ein roter Faden im Prozess der Teamentwicklung, der eine gemeinsame Sprache und Navigation ermöglicht hat.

## 9.3 Neue Wege für Führungs- und Vertriebsveranstaltungen: Die Heldenreise als Grundstruktur für Event-Module

Cristián Gálvez

Events schaffen Emotionen, Emotionen schaffen Veränderung. Gerade deshalb setzen Unternehmen in Zeiten großer Transformationen auf die vielfältigen Möglichkeiten der Event-Kommunikation. Verantwortliche erhoffen sich, mit der erlebnisorientierten Direktkommunikation Führungskräfte, Vertriebsmannschaft und oftmals auch die Gesamtheit der Mitarbeiterinnen und Mitarbeiter zu erreichen und auf radikal neue Wege »mitzunehmen«.

Üblicherweise liegt die Konzeption und Produktion von Events in den Händen der Marketingverantwortlichen. Eine Zusammenarbeit mit den HR-Verantwortlichen, Trainingsabteilungen und Personalentwicklern findet nur in sehr seltenen Fällen statt. Aber mit »ein paar Schnittchen«, einer »tollen Location« und einer »stimmungsvollen Partyband am Abend« lässt sich der gewaltige Schritt in eine digitale Welt mit zunehmender Veränderungsdynamik nicht gestalten. Gerade hier sind neue Perspektiven mit praxiserprobten Tools gefragt.

Wie die Metaphernarbeit aus der Coaching- und Trainingspraxis auch für Corporate Events genutzt werden kann, wird im Folgenden erläutert. Anhand ausgewählter Praxisbeispiele wird gezeigt, wie Unternehmen im Rahmen ihrer Veranstaltungen die vielfältigen Metaphern hinter der Heldenreise für Veränderungsprozesse nutzen können. Der Beitrag soll vor allem Beraterinnen und Berater inspirieren, ihren Methodenkoffer auch im klassischen Veranstaltungswesen auszupacken, und Verantwortlichen für Events zeigen, mit welchen Werkzeugen die sogenannte »Live-Kommunikation« an Effizienz gewinnen kann.

**Die Bedeutung der Event-Kommunikation in Unternehmen**

Die wachsende Bedeutung der Live-Kommunikation wird vor allem durch die Praxis deutlich. Regelmäßig veröffentlicht der »FAMAB Kommunikationsverband« als Bindeglied unterschiedlicher Unternehmenstypen und Akteure im Veranstaltungswesen Studien zur Entwicklung der Branche. Betrachtet man diese Studien über einen längeren Zeitraum, zeigt sich, dass große Anteile der entsprechenden Etats von Unternehmen in die Live-Kommunikation fließen. Nahezu 25 Prozent der allgemeinen Kommunikationsausgaben, so die letzte Studie aus dem Jahr 2016, werden für die direkten Kommunikationswege investiert. Auffallend ist auch der Anstieg der Budgets für klassische Veranstaltungsetats (FAMAB, 2016).

Die Praktiker der Branche rechtfertigen die hohen Etats vor allem mit den Vorteilen der Events: Denn solche Maßnahmen lassen die Zielgruppe nicht nur von außen auf Kommunikationsbotschaften schauen, sondern sorgen dafür, dass die Gäste Teil eines Gesamterlebnisses werden. Nach einer Definition des FAMAB sind Events »Ereignisse, die der nachhaltigen Vermittlung von Botschaften – meist strategischen – dienen« (Gálvez, 2013, S. 10). Die viel beschworene Nachhaltigkeit ergibt sich vor allem dadurch, dass der Rezipient zum aktiven Teilnehmer wird.

Das große Spielfeld der sogenannten »Corporate Events« richtet sich nicht an die allgemeine Öffentlichkeit, sondern an Mitarbeiterinnen und Mitarbeiter, z. B. aus Führung und Vertrieb. Die wachsende Bedeutung der Corporate Events spiegelt den Kommunikationsbedarf gerade in Zeiten zunehmender Veränderung. Denn es geht bei Veranstaltungen immer häufiger nicht mehr nur um die Einführung neuer Produkte oder die jährliche Präsentation der üblichen Kennzahlen. Unternehmen aller Branchen und Größen durchlaufen im Zuge der Digitalisierung aktuell und zukünftig Transformationsprozesse, die es in dieser Form noch nie gegeben hat. Hierarchien bröckeln, gelernte und über Jahrzehnte verinnerlichte Führungsprinzipien werden durch neue Leitlinien ersetzt. Selbst in der tradierten Finanzbranche werden neue Architekturkonzepte etabliert.

Hinzu kommen in fast allen Unternehmen tiefgreifende Veränderungen bewährter Geschäftsmodelle. Die häufig zitierte Studie von Frey und Osborne lässt erahnen, dass mit sehr großer Wahrscheinlichkeit in den kommenden 15 Jahren die Hälfte aller heutigen Berufe durch Algorithmen ersetzt werden wird (Frey u. Osborne, 2013). Bill Gates sagte nicht ohne Weitblick: »We need banking. But we don't need banks.« Und charakterisierte dadurch ein Kernelement dieser digitalen Veränderung.

Viele haben verstanden, dass es in absehbarer Zeit nicht nur die Banken treffen wird. Die kommenden zehn Jahre werden durch radikale Veränderungen geprägt sein. Und wann immer Menschen bei Events zusammenkommen, bestimmen gerade diese Veränderungen mehr und mehr die Agenda.

Die Dominanz dieser Themen und ein gestärktes Bewusstsein dafür führen bei Beteiligten aller Ebenen zu einer massiven Störung der bisher gelebten Identität. Denn solche Veränderungen gehen immer mit Sicherheits-, Selbstwert- und Bindungsverlust einher. Hinzu kommt, dass selbst auf höheren Managementpositionen die Emotionssysteme Alarm schlagen, sobald die jahrelange Homöostase etablierter Systeme ins Wanken gerät.

Gelingende Transformationen sind in Organisationen jeder Größenordnung erst dann möglich, wenn die Betroffenen durch professionelle Change-Kommunikation auf die neuen Pfade geführt werden. Gerade hier bietet die Live-Kommunikation mit gut gemachten Events ganz besondere Chancen, innerhalb eines sehr kurzen Zeitraums ein solides Fundament für nachgelagerte Veränderungsprozesse zu schaffen. Wie stabil dieses Fundament ist, hängt – neben der Konsistenz und Verlässlichkeit der unternehmerischen Botschaften, die vermittelt werden sollen – von den Werkzeugen ab, mit denen solche Maßnahmen durchgeführt werden.

**Events als erlebbare Metapher**

Events sind Bildkommunikation in Reinform. Botschaften werden durch dreidimensionale Erlebnisräume in einem metaphorischen Gesamtzusammenhang inszeniert. So entsteht eine außeralltägliche Erfahrung, die das Fühlen und Denken in neue Richtungen ermöglicht. Basierend auf den frühen Arbeiten des amerikanischen Psychologen Allen Paivio und seiner »Dual-Code-Theorie« habe ich im Rahmen meiner eigenen Arbeiten folgende Definition entwickelt: »Durch Events entstehen für den Betrachter sensorische Informationen, die unserem Bewusstsein zugänglich sind. Sie können auch als innere Bilder im Rahmen eines gedanklichen Prozesses ablaufen« (Paivio, 1971; Gálvez, 2013, S. 29). So gesehen sind Events erlebbare Metaphernwelten, in die Menschen eintauchen, um Neues zu erfahren.

Damit folgen Events einer jahrtausendealten Tradition. In früheren Zeit führten die Priesterinnen, Zauberer, Heilerinnen und Schamanen mit ihren Übergangsriten die Menschen über die Schwelle, wenn Veränderungen anstanden wie Wechsel der Jahreszeiten, Geburt, Erwachsenwerden, Heirat oder Tod. Kulturübergreifend begegnen wir beispielsweise dem archetypischen Phänomen der männlichen Initiationsriten. Die Heranwachsenden wurden über Jahrtausende ganz gezielt in ihre neue Männerrolle eingeführt, indem sie die Geborgenheit des vertrauten Umfelds verließen, um an den Grenzen des Dorfes in einen mehrtägigen Erlebnisraum einzutauchen. Bei diesen interaktiven Übergangsszenarien wurde auf symbolträchtige Metaphern mit rauschhaften Zeremonien gesetzt. Letztlich ging es bei solchen »Transformations-Events« immer darum, das alte Denken, Fühlen und Handeln sterben zu lassen, um mit neuem Denken, Fühlen und Handeln in eine neue Identität einzutreten.

Im therapeutischen Kontext finden sich solche interaktiven Formate mit hoher Erlebens- und Erfahrungsqualität etwa im Psychodrama, der Aufstellungsarbeit oder der Arbeit mit Ritualen. Im Unternehmenskontext wird ganz allgemein von einem »Event« gesprochen. Mit solchen intensiven Erfahrungen außerhalb des gewohnten Umfelds lässt sich das Bewusstsein schärfen und (Vertriebs- und Führungs-)Persönlichkeit formen. Das Erleben solcher Riten schenkt Kraft, Selbstbewusstsein und oftmals auch in unsicheren Zeiten der Veränderung ein Gefühl von Selbstwirksamkeit.

Auch wenn dem Schamanenzauber heute in Unternehmen die Magie und das Hühnerblut genommen wurden, sind es genau solche aktivierenden Riten, die Unternehmen in Veränderungsprozessen die angestrebten Übergänge erleichtern. Denn die Metaphern solcher multisensualen Erlebnisräume wirken verhaltenssteuernd. Sie bieten im besten Fall einen neuen Deutungsrahmen, der Denken, Fühlen und Handeln innerhalb kurzer Zeit in eine neue Richtung lenkt. Das gemeinsame, intensive Erleben schafft zudem ein Gefühl der Verbundenheit für den gemeinsamen neuen Weg. Auf dieser einheitlichen Basis lässt sich dann über Einzelmaßnahmen ein nachgelagerter Prozess in Organisationen sehr viel einfacher ausrollen.

**Die Heldenreise als Corporate Event**

Initiations- und Übergangsriten, Transformation und das Eintauchen in neue Welten führen unweigerlich in den Monomythos der sogenannten Heldenreise. Denn das Verlassen der gewohnten Welt, das Überwinden von Widerständen und das Eintauchen in das unbekannte Land sind elementare Bestandteile der Transformationsreise, die der amerikanische Mythenforscher Joseph Campbell bereits 1949 beschrieb (Campbell, 1999). Sämtliche archetypischen Muster seiner Beobachtungen finden sich in gut gemachten Events wieder. Auch sie erzählen eine Geschichte. Eigentlich sind moderne Groß-Events nichts anderes als Heldenreisen, die Menschen transformiert in ihre Organisationseinheiten zurückkehren lassen.

Mit diesem Verständnis und meiner langjährigen Erfahrung in der Konzeption, Produktion und Realisation großer Events lag der Gedanke nahe, die Bildersprache der Heldenreise auch als übergeordnete Metapher für Events zu nutzen. Denn gut gemachte Events folgen einer durchgängigen Storyline, die die einzelnen Module für die Teilnehmenden bündelt, um das Erleben zu verdichten.

Typischerweise wird bei Events häufig mit den Metaphern des Sports gearbeitet, um Inhalte in einen neuen Kontext zu bringen. »Vertriebsolympiade«, »Go for Gold« oder »Fit for Future« sind typische Mottos. Segeln, Fußball und Bergsteigen bieten gern genommene Assoziationswelten, die sich für jede Vorstands-, Vertriebs- und Marketingpräsentation leicht adaptieren lassen. Doch gerade diese metaphorischen Allgemeinplätze führen zu einer mangelnden Aktivierung der Zielgruppe, denn sie werden einfach zu oft gehört.

Aufgrund meiner intensiven Auseinandersetzung mit dem Modell der Heldenreise entstand vor einigen Jahren der Gedanke, Menschen in Unternehmen das Konzept der Heldenreise als übergeordnete Metapher für Transformationsprozesse mit auf den Weg zu geben. Ich kannte einige Modelle der Heldenreise aus dem therapeutischen Kontext. Die Ansätze von Paul Rebillot oder Stephen Gilligan und Robert Dilts schienen mir für den klassischen Unternehmensbereich zu wenig anschlussfähig (Rebillot u. Kay, 2008; Gilligan u. Dilts, 2013). Vielleicht lag es daran, dass ich selbst über mehrere Tage mit Robert Dilts »die Welle getanzt« habe und bei anderen Seminaren in Schwitzhütten erfahrungsintensiv auf die Reise gegangen bin. Ich wollte einen anderen Weg finden, der es ermöglicht, Führung und Vertrieb die kraftvollen Bilder hinter der Heldenreise für Veränderungsprozesse zugänglich zu machen, und so einen neuen Deutungsrahmen für Menschen in Unternehmen schaffen.

Über diesen eigenen Entwicklungsprozess ist ein modulares Event-Konzept entstanden, das abgestimmt auf Auftraggeber und Zielsetzung in der Praxis eingesetzt werden kann. Für die Anschlussfähigkeit im Rahmen von Unternehmensveranstaltungen war zunächst eine Komplexitätsreduktion von Campbells Ursprungsmodell der Heldenreise notwendig. Hilfreich war ein eigenes Buchprojekt zu dem Thema mit der Entwicklung des »Heldenkompasses« als eine Art Navigationsinstrument für Veränderungen (Gálvez, 2014; siehe Abbildung 147). Der Heldenkompass gliedert die Heldenreise in sechs Schritte, denen er bedeutsame Entwicklungsthemen zuordnet. Für Unternehmensveranstaltungen lassen sich so, je nach Aufgabenstellung, gezielt Schwerpunkte bei den Entwicklungsthemen definieren.

Im Folgenden werden vier praxisbewährte Module rund um die Heldenreise vorgestellt, die im Rahmen von Groß-Events erfolgreich eingesetzt worden sind. Dieser praktische Blick in die Event-Welt soll vor allem dazu inspirieren, die Metaphern aus Training und Coaching in einem Bereich einzusetzen, in dem Marketingverantwortliche den Schwerpunkt oftmals auf Moderation, Location und Partyband setzen.

**Eventmodul 1: Keynote zur Heldenreise**

Eine gute Rede schafft eine neue Perspektive und inspiriert durch das gesprochene Wort. Dabei muss es nicht immer irgendein ehemaliger Olympiasieger, Fußballtrainer oder Extremsportler sein, der für die aktuelle Unternehmenssituation einen neuen Deutungsrahmen liefert. Neue Sichtweisen ergeben sich auch über andere gemeinsame Nenner.

Gerade die moderne Filmindustrie bietet hier das »trojanische Pferd« für neues Denken. Nicht umsonst gilt Campbells Heldenreise bei Drehbuchautoren als Blaupause für moderne Blockbuster (siehe auch Vogler, 1998). Die großen

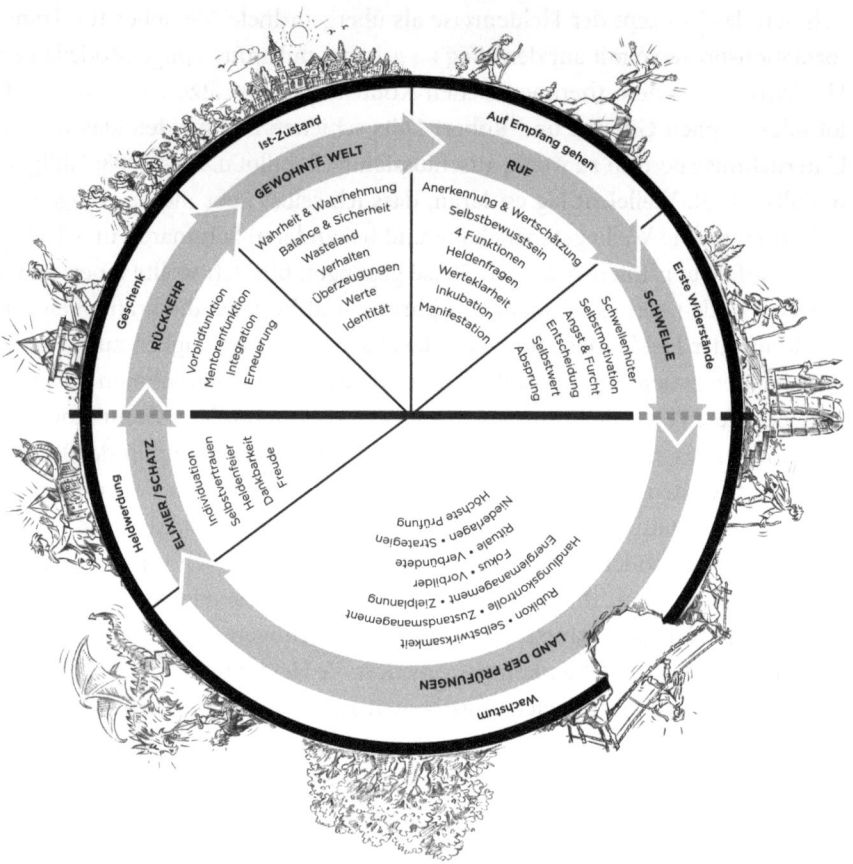

**Abbildung 147:** Der Heldenkompass® (Grafik: Cristián Gálvez)

Klassiker Hollywoods erzählen auf der Oberflächenstruktur zwar unterschiedliche Geschichten, doch auf der Tiefenebene erzählen sie von den Mustern, die auch Unternehmen für Erfolgsgeschichten nutzen können. Die archetypischen Gestalten eines jeden Blockbusters finden sich als Typologien in allen Unternehmen wieder. »Shrek« kann nur zum Helden werden, weil er im heterogenen Team (Esel, Prinzessin und Drache) erfolgreich auf Reisen geht, und im »Club der toten Dichter« braucht es einen John Keating als Mentor, der für seine Anvertrauten in der legendären Szene auf den Tisch steigt, um so mit einer neuen Perspektive die Wahrnehmung aller Beteiligten zu erweitern.

Der Zusammenhang zu Führung und Vertrieb wird schnell deutlich. Campbell sagte immer wieder, dass Menschen ins Kino gehen, um eine Selbstoffenbarung zu erleben. Warum also nicht gleich die metaphorische Kraft hinter den Blockbustern nutzen, um neue Sichtweisen im Transformationsprozess offenbar werden zu lassen? Menschen lieben Geschichten. Und die Struktur hinter dem Monomythos bietet einen leicht verdaulichen Erklärungsrahmen. Eine gut gemachte Keynote mit Elementen des Storytelling und psychologischem Background bietet nicht nur die Möglichkeit, Wirkungsmuster von Geschichten, sondern vor allem die eigene Geschichte noch besser zu verstehen (Abbildung 148).

**Abbildung 148:** Keynote zur Heldenreise

**Eventsmodul 2: Raum-Disruption**

Drehbuchautoren wissen: Für eine gute Geschichte braucht es immer eine Veränderung im Innen oder im Außen. Nur so kann der Held oder die Heldin auf Empfang für den Ruf nach Veränderung gehen. Unternehmen stehen insbesondere in der heutigen Zeit vor der Herausforderung, dass sich die Welt um sie herum auf bisher nie gekannte Weise verändert. Digitalisierung, zunehmende regulatorische Eingriffe, geopolitische Veränderungen, ein verändertes Verbraucherverhalten, der zunehmende Fachkräftemangel: jede Form der »Disruption« kann hierzu einen Anlass bieten. Wie lässt sich die Veränderung im Außen für Event-Teilnehmer erlebbar machen? Ein Praxismodul der Business-Heldenreise setzt auf überraschende Raumveränderung. Das Ziel ist es, den Event-Raum zu nutzen, um die Veränderungsnotwendigkeit mehrdimensional erfahrbar zu machen.

Dramaturgisch hat sich in der Praxis folgender Ablauf bewährt. Zunächst werden die Teilnehmenden zum Auftakt des Events in ihrer »gewohnten Welt« abgeholt: Bei typischer Reihenbestuhlung läuft die gewohnte Folienschlacht ab mit den wichtigsten Kennzahlen für Vergangenheit, Gegenwart und Zukunft. Veränderungsprozesse werden angesprochen und die dahinterliegenden Botschaften vom Auditorium passiv konsumiert. Das Prozedere ist bekannt, die Gäste befinden sich in ihrer Komfortzone der Alltäglichkeit.

Nach einer Kaffeepause wird eine neue Geschichte erzählt: Die Teilnehmenden finden den Veranstaltungsraum plötzlich ohne Sitzmöbel vor. Die Welt hat sich verändert. Der Ruf nach dem Unbekannten steht im Raum und wird für die Selbstreflexion und den kollegialen Austausch zunächst auch nicht aufgelöst. Nach einer kurzen Reflexionszeit gibt der Prozessbegleiter dem Raum Bedeutung und stellt die Aufgabe im neuen Umfeld: Die Teilnehmenden werden aufgefordert, mit auf dem Boden liegenden Pappelementen gemeinschaftlich Hocker zu bauen (Abbildung 149). Ganz nach dem Motto: »Helden handeln! Und wer jetzt nicht handelt, der bleibt stehen«.

Das überraschende Eintauchen in einen solchen Erlebnisraum, das gemeinsame Bauen der Sitzmöbel und die nun völlig neue Art des Sitzens, ohne die Möglichkeit des bequemen Anlehnens, schaffen auch einen gedanklichen Raum für Veränderungsthemen. Die Mobilität der leichten Papphocker ermöglicht

**Abbildung 149:** Disruption des Raumes (Foto: Thommy Lösch)

den Teilnehmenden zudem, in kleinen Gruppen zu arbeiten. So sind selbst bei Veranstaltungen mit vielen hundert Teilnehmern Methoden wie »WorldCafé« innerhalb kürzester Umbauzeiten realisierbar.

Erfahrungsgemäß sind die Sitzmöbel nach dem Event ein beliebtes Mitbringsel von einer Konferenz. Die neu gewonnenen Erkenntnisse werden durch das Möbelstück zusätzlich verankert.

**Eventmodul 3: Systemisches Polaritätsprofil**

Die gewohnte Welt infrage zu stellen gehört zum Anfang einer jeden Heldenreise. Die klassischen Konferenzformate mit Frontalbeschallung bieten keine Möglichkeit, wirklich jeden Teilnehmenden einzubeziehen, um so den Status quo bewusst zu hinterfragen. Um hier jeden Gast aktiv am Geschehen zu beteiligen, wurde für die Business-Heldenreise im Rahmen von Groß-Events das »Systemische Polaritätsprofil« entwickelt. Das Format nutzt die Dynamik der Aufstellungsarbeit und verbindet sie mit den Techniken der Großgruppenmoderation. Auch hier wird der Raum zur Metapher – diesmal für die eigene Position und in der Gesamtheit als Abbild der Gruppe.

Auf Videowände werden Statements zu den aktuellen Fragestellungen der teilnehmenden Großgruppe geworfen. Die Wände des Raumes bilden die Pole zu »stimme voll zu« und »stimme nicht zu«. Die Teilnehmer stellen sich dann gemäß ihrem persönlichen Zustimmungsgrad im Raum auf. Dadurch sind alle Anwesenden aufgefordert, im wahrsten Sinne des Wortes Stellung zu beziehen (Abbildung 150).

**Abbildung 150:** Polaritätsprofil (Foto: Thommy Lösch)

Die besondere Kraft des Formats liegt in der direkten Erfahrbarkeit und Visualisierung. Mit diesem Gesamteindruck fängt der Prozessbegleitende die Einschätzungen zu den einzelnen Positionen ein und regt damit zur Reflexion an. So entsteht innerhalb einer Großgruppe eine Diskussion, die die Beteiligung aller Teilnehmenden einfordert. Das Systemische Polaritätsprofil nutzt gezielt die energetische Wirkung der Aufstellungsarbeit für Großgruppen und bietet dadurch einen deutlichen Mehrwert zu klassischen Podiumsdiskussionen.

Für besonders große Gruppen hat sich in der Praxis der Einsatz einer Deckenkamera bewährt. Eine solche Kamera überträgt aus der Vogelperspektive die jeweilige Aufstellung für alle sichtbar auf die Videoleinwände – ein klares Bild für die Position der jeweiligen Organisationseinheit mit Raum für Reflexion.

### Eventmodul 4: Das Kinoplakat zum eigenen Film

Dieses Modul eignet sich besonders gut für Jahresauftaktveranstaltungen. In der Regel werden bei solchen Veranstaltungen die Ziele für das kommende Jahr definiert. Immer häufiger wünschen sich Auftraggeber »Break-out-Sessions«, um den Konferenzteil aufzulockern und die Teilnehmenden noch mehr in Interaktion zu bringen. In Bezug auf die Heldenreise hat sich das »Eventmodul Kinoplakat« bewährt.

Das Ziel ist es, in bereichsübergreifende Interaktion zu treten, aktuelle Fragestellungen aus einer dissoziierten Perspektive zu diskutieren und sich dabei über eine Metapher der eigenen Rolle bewusst zu nähern. Die Aufgabenstellung lautet: »Wenn das kommende Vertriebsjahr (Geschäftsjahr etc.) ein Film wäre, was für ein Film wäre das? Finden Sie kreative Antworten auf diese Frage, entwickeln Sie Ihre Kurzzusammenfassung (›Blockbuster-Pitch‹) und ein aussagekräftiges Kinoplakat.«

Für die Umsetzung dieser Aufgabe benötigen die Teilnehmenden einen konzeptionellen Rahmen, der vorab durch eine Keynote gewährleistet ist. Zudem empfiehlt es sich, ein konkretes Arbeitspapier vorzubereiten, in dem die Arbeitsschritte mit Vorschlägen für das Zeitmanagement vorgegeben sind. In der Praxis hat sich ein Zeitfenster von sechzig Minuten mit Gruppengrößen von ca. fünf Teilnehmern bewährt. Ein Farbcode oder Ziffern auf dem Namensschild können den Teilnehmern bei der schnelleren Gruppenfindung helfen. Marker, Wachsmalblöcke und Pappen werden entsprechend vorbereitet. Neben den Ablaufempfehlungen sind Reflexionsfragen für die Gruppe hilfreich:

Wenn das kommende Vertriebsjahr ein Film wäre, was für ein Film wäre das?
- In welcher Kategorie/welchem Genre würden Sie diesen Film auf einem Streaming-Portal finden? (Horror, Thriller, Abenteuer, Science-Fiction, Comedy, Liebesfilm etc.)
- Welcher massenkompatible Stoff (Angst, Naturkatastrophen, Tod, Liebe, Abenteuer, Serienmörder, Erfolg etc.) wird angesprochen? Worum geht es?
- Welcher Zeitraum, welches Jahrhundert, welche Epoche?

Was zeichnet den Hauptdarsteller/Helden der Geschichte aus?
- Was treibt den Helden an? Was will er erreichen?
- Ist der Held allein unterwegs oder im Team (siehe auch: »Harry und Sally«, »Starsky & Hutch«)?
- Welche außergewöhnliche Schwäche hat der Held?
- Welchen (inneren/äußeren) Konflikt hat und überwindet er im Laufe der Geschichte?
- Hat er irgendwelche besonderen Kräfte? Was zeichnet ihn sonst noch aus?
- Gibt es vielleicht eine Erfolgstechnik, die der Held anwendet?
- Welche Eigenschaft hat der Held, die sich die Mitarbeiter wünschen?

Welche Unterstützer gibt es?
- Rocky hat seinen Boxtrainer Mickey, Frodo hat Gandalf und Bond hat Q. Wer steht dem Helden Ihres Blockbusters zur Seite?
- Mit welchen Tools, Techniken oder mentalen Strategien unterstützt er den Helden?
- Was macht diesen Unterstützer sonst noch so weise?

Für die Präsentation vor der Gruppe hat es sich bewährt, eine Struktur zur Orientierung für die Teilnehmenden vorzuschlagen. Für die moderierte Blockbuster-Präsentation sind pro Gruppe zwei bis drei Minuten einzuplanen. Wichtig ist die wertschätzende Abrundung des Moduls durch eine Person der übergeordneten Führungsebene.

Für die Formulierung Ihrer Kurzzusammenfassung (»Pitch«) eignet sich folgende Struktur, die UNBEDINGT auf Ihre jeweilige Gruppe und Situation angepasst werden muss. Das Ganze ist lediglich als Vorschlag zu sehen.

1. Der Film trägt den Titel: …
2. Die Geschichte handelt von einem (oder mehreren) Helden, die vor folgender Herausforderung (Konflikt, Problem) stehen: …

3. Natürlich möchte er (sie) das Problem lösen, deshalb passiert im Laufe der Handlung Folgendes: ...
4. Unterstützung erfährt der Held/die Heldin durch ...
5. Das Besondere an dieser Geschichte ist, dass ... (Hook/Haken, wie z. B. Zauberkräfte, Wettbewerb, Technik, mentale Stärke, besondere Situation, Leidenschaft für das Thema etc.)

Denken Sie auch daran, dass Sie bei Ihrer Präsentation zur Visualisierung das Kinoplakat zeigen.

It's Showtime!

Viele Event-Verantwortliche befürchten im Vorfeld, dass die Plakate und sonstigen Ergebnisse der Gruppenarbeit zu viele kritische Punkte beinhalten könnten. Tatsächlich zeigt sich in der Praxis, dass Menschen durch die Arbeit mit Geschichten Herausforderungen leichter annehmen und Handlungsstränge positiv enden lassen wollen. Es liegt nun einmal in der Natur des Menschen, sich in den eigenen Vorstellungen selbstwirksam erleben zu wollen. Diese gedankliche Vorwegnahme sorgt für einen motivierenden Ausklang des Workshops. Die Vielfalt der Kinoplakate und die unterschiedlichen Erfolgsgeschichten der Gruppen sorgen für konkrete Bilderwelten, die mit Begeisterung vor allen Teilnehmenden präsentiert werden und so für zusätzliche Inspirationsmomente sorgen.

**Fazit**

Die Darstellung der vier exemplarischen Praxismodule macht deutlich, dass die Arbeit mit Metaphern und den Werkzeugen aus Coaching und Training im wachsenden Markt der Events an Bedeutung gewinnen kann. Für Trainer, Coaches und Beraterinnen bieten sich hierdurch neue Möglichkeiten, schon frühzeitig in Transformationsprozesse eingebunden zu werden. Unternehmen steigern gleichzeitig die Effizienz einer Live-Kommunikationsmaßnahme, indem sie die Teilnehmenden nicht nur frontal beschallen, sondern mehrdimensionale Erfahrungsräume für neues Denken, Fühlen und Handeln schaffen, um Veränderungsprozesse nachhaltig zu verankern.

Als Quelle für weitere Module eignen sich alle Aspekte der Heldenreise: die Phasen, die Archetypen oder die Persönlichkeitsanteile (Gálvez, 2014; Lindemann, 2016b).

# Literatur

Achtziger, A., Gollwitzer, P. M. (2006). Motivation und Volition im Handlungsverlauf. In J. Heckhausen, H. Heckhausen (Hrsg.), Motivation und Handeln (3. Aufl.; S. 277–302). Heidelberg: Springer.
Ameln, F. von, Kramer, J., Starke, H. (2009). Organisationsberatung beobachtet. Hidden Agendas und Blinde Flecke. Wiesbaden: Verlag für Sozialwissenschaften.
Becker, T. (2013). Management mit Kultur. Die wachsende Rolle von Kunst und Kultur in der Managementausbildung. Heidelberg: Springer.
Benjamin, W. (1991). Der Erzähler. Betrachtungen zum Werk Nikolai Lesskows. In Gesammelte Schriften, Aufsätze, Essays, Vorträge, Bd. II.2. Hrsg. von Rolf Tiedemann und Hermann Schweppenhäuser. Frankfurt a. M.: Suhrkamp.
Campbell, J. (1999). Der Heros in tausend Gestalten. Berlin: Insel.
Campbell, J. (2007). Die Kraft der Mythen. Düsseldorf: Patmos/Albatros.
Daimler, R. (2008). Basics der Systemischen Strukturaufstellung. Eine Anleitung für Einsteiger und Fortgeschrittene. München: Kösel.
Denborough, D. (2017). Geschichten des Lebens neu gestalten. Grundlagen und Praxis der narrativen Therapie. Göttingen: Vandenhoeck & Ruprecht.
Dietrich, D. J., Dietrich, N. B., Knill, P. J. (2018). Die Anwendung von kunstorientierten Methoden in der systemischen Praxis. Kontext, 49 (1), 6–22.
Dilts, R. (2005). Professionelles Coaching mit NLP. Paderborn: Junfermann.
Eberhart, H., Knill, P. J. (2010). Lösungskunst: Lehrbuch der kunst- und ressourcenorientierten Arbeit. Göttingen: Vandenhoeck & Ruprecht.
FAMAB (2017). Kommunikationsstudie 2016. http://famab.de/research/
Frey, C. B., Osborne, M. A. (2013). The future of employment: How susceptible are jobs to computerisation? Technological Forecasting and Social Change, 114.
Furman, B. (2005). Ich schaffs! Spielerisch und praktisch Lösungen mit Kindern finden – das 15-Schritte-Programm für Eltern, Erzieher und Therapeuten. Heidelberg: Carl Auer.
Gálvez, C. (2013). Wirkungsvolle Marketing-Events. Offenbach: Gabal.
Gálvez, C. (2014). Logbuch für Helden. Wie Männer neue Wege gehen. München: Knaur.
Germer, C. (2011). Der achtsame Weg zur Selbstliebe: Wie man sich von destruktiven Gedanken und Gefühlen befreit. Freiburg: Arbor.
Germer, C., Neff, K. (2018). Compassionate body scan. MSC teacher guide. San Diego, CA: Center for Mindful Self-Compassion.
Gerstmann, P. (2016). Management by Zeppelin – Methoden einer kulturbasierten Strategieentwicklung. In A. Gadatsch, A. Krupp, A. Wiesehahn (Hrsg.), Controlling und Leadership. Konzepte – Erfahrungen – Entwicklungen (S. 71–89). Heidelberg: Springer.
Gilligan, S., Dilts, R. B. (2013). Die Heldenreise. Auf dem Weg zur Selbstentdeckung. Paderborn: Junfermann.

Gosling, J., Mintzberg, H. (2003). The five minds of a manager. Harvard Business Review, 81 (11), 54–63.
Haken, H., Schiepek, G. (2006). Synergetik in der Psychologie. Selbstorganisation verstehen und gestalten. Göttingen: Hogrefe.
Hammann, J. (2007). Die Heldenreise im Film. Frankfurt a. M.: Zweitausendeins.
Hammel, S. (2009). Handbuch des therapeutischen Erzählens: Geschichten und Metaphern in Psychotherapie, Kinder- und Familientherapie, Heilkunde, Coaching und Supervision. Stuttgart: Klett-Cotta.
Humble, J., Molesky, J., O'Reilly, B. (2017). Lean enterprise: Mit agilen Methoden zum innovativen Unternehmen. Heidelberg: O'Reilly.
Jung, C. G. (1928/1966). The technique of differentiation between the ego and the figures of the unconscious. In Collective works of C. G. Jung Vol. 7. Two essays in analytical psychology (pp. 341–373). Princeton, NJ: Princeton University Press.
Jung, C. G. (2001). Archetypen. München: dtv.
Kandinsky, W. (1926). Punkt und Linie zu Fläche. München: Albert Langen.
Kelley, T. (2005). The ten faces of innovation: IDEO's strategies for beating the devil's advocate and driving creativity throughout your organization. NewYork: Crown Business (Penguin/Ramdom House).
King, Z., Scott, A. (2014). Who is in your Personal Boardroom? How to choose people, assign roles and have conversations with purpose. Scotts Vallex (CA): CreateSpace Independent Publishing Platform.
Krause, F., Storch, M. (2010). Ressourcen aktivieren mit dem Unbewussten. Manual und ZRM-Bildkartei. Mannheim: Huber.
Kreidel, R. W. (2010). The geometry of strategy: Concepts for strategic management. Abingdon-on-Thames (UK): Routledge.
Krippendorff, K. (1989). On the essential contexts of artifacts or on the proposition that »design is making sense (of things)«. Design Issues, 5 (2), 9–39.
Kristiansen, P., Rasmussen, R. (2014). Building better business. Using the Lego Serious Play Method. New Jersey: Wiley.
Langton, C. H., Langton, S. R. (2008). Geschichten mit Zauberkraft: Die Arbeit mit Metaphern in der Psychotherapie. Stuttgart: Klett-Cotta.
Lindemann, H. (2014). Die große Metaphern-Schatzkiste. Systemisch arbeiten mit Sprachbildern. Göttingen: Vandenhoeck & Ruprecht.
Lindemann, H. (2016a). Die große Metaphern-Schatzkiste – Band 1: Grundlagen und Methoden. Systemisch arbeiten mit Sprachbildern. Göttingen: Vandenhoeck & Ruprecht.
Lindemann, H. (2016b). Die große Metaphern-Schatzkiste – Band 2: Die Systemische Heldenreise. Systemisch arbeiten mit Sprachbildern. Göttingen: Vandenhoeck & Ruprecht.
Lindemann, H. (2018). Systemisch-lösungsorientierte Gesprächsführung in Beratung, Coaching, Supervision und Therapie. Ein Lehr-, Lern- und Arbeitsbuch für Ausbildung und Praxis. Göttingen: Vandenhoeck & Ruprecht.
Lindemann, H., Rosenbohm, C. (2012). Die Metaphern-Schatzkiste. Systemisch arbeiten mit Sprachbildern. Göttingen: Vandenhoeck & Ruprecht.
Lindner, R. (2015). Skulpturen und Aufstellungen. In R. Hanswille, Handbuch systemische Kinder- und Jugendlichenpsychotherapie (S. 371–381). Göttingen: Vandenhoeck & Ruprecht.
Mauss, M. (1925/1990). Die Gabe. Frankfurt a. M.: Suhrkamp.
Mayer, C.-H. (2018, in preparation). Unemployed and high achiever? Working with active imagination and symbols to transform shame. In C.-H. Mayer, E. Vanderheiden (Hrsg.), The bright side of shame – transforming and growing through practical applications. Cham: Springer.
Mohl, A. (1998). Das Metaphern-Lernbuch. Geschichten und Anleitungen aus der Zauberwerkstatt. Paderborn: Junfermann.

Mohl, A. (2001). Alles Einbildung. Neue therapeutische und pädagogische Metaphern. Paderborn: Junfermann.
Mota, A., Fischer, J., Schweigl, J. (2010). Augenblick und Ohrenglück. Einundzwanzig Märchen zum Vor und Nach-Lesen gesammelt und bearbeitet von Frau Wolle. Innsbruck: K. Tscholl.
Murdock, M. (1990). The heroin's journey. Woman's quest for wholeness. Boulder: Shambhala.
Paivio, A. (1971). Imagery and verbal processes. New York: Holt, Rinehart and Winston.
Petzold, H., Orth, I. (1990/2015). Metamorphosen – Prozesse der Wandlung in der intermedialen Arbeit der Integrativen Therapie. In H. G. Petzold, I. Orth (1990), Die neuen Kreativitätstherapien. Handbuch der Kunsttherapie. 2 Bde. Paderborn: Junfermann (4. Aufl. 2007, Bielefeld: Edition Sirius beim Aisthesis Verlag). Neuausgabe: POLYLOGE – Materialien aus der Europäischen Akademie für biopsychosoziale Gesundheit (Internetzeitschrift für »Integrative Therapie«), 03/2015. Zugriff am 19.11.2018 unter https://www.fpi-publikation.de/polyloge/alle-ausgaben/03-2015-orth-i-petzold-h-1990c-metamorphosen-prozesse-der-wandlung-in-der-intermedialen.html
Polt, W., Rimser, M. (2006). Aufstellungen mit dem Systembrett. Interventionen für Coaching, Beratung und Therapie. Münster: Ökotopia.
Postinett, J. (2016). »Wir sind nicht aus Pappe – wir sind Papphelden«: Ein therapeutisches Filmprojekt mit Jugendlichen. In H. Lindemann (Hrsg.), Die große Metaphern-Schatzkiste – Band 2: Die Systemische Heldenreise (S. 130–137). Göttingen: Vandenhoeck & Ruprecht.
Raskino, M., Waller, G. (2016). Digital to the core: Remastering leadership for your industry, your enterprise, and yourself. Oxford: Bibliomotion (Routledge).
Rebillot, P., Kay, M. (2008). Die Heldenreise. Norderstedt: BoD Verlag.
Reeves, M., Haanæs, K., Sinha, J. (2015). Your strategy needs a strategy: How to choose and execute the right approach. Boston: Harvard Business Review Press.
Reinertsen, D. (2009). The principles of product development flow: Second generation lean product development. Redondo Beach, CA: Celeritas Publishing.
Schauer, M., Neuner, F. (2011). Narrative exposure therapy: A short-term treatment for traumatic stress disorders. Göttingen: Hogrefe.
Schlippe, A. von, Schweitzer, J. (2012). Lehrbuch der systemischen Therapie und Beratung I. Göttingen: Vandenhoeck & Ruprecht.
Schmidt, G., Kohtes, P. J. (2015). Wer führt, wird geführt. Führungsverantwortung aus hypnosystemischer Sicht. Vortrag. MP3-CD. Schwarzach a. M.: Auditorium Verlag.
Schmucker, M., Köster, R. (2014). Praxishandbuch IRRT. Imagery Rescripting & Reprocessing Therapy bei Traumafolgestörungen, Angst, Depression und Trauer. Stuttgart: Klett-Cotta.
Schulz von Thun, F. (1998). Miteinander reden 3. Das »Innere Team« und situationsgerechte Kommunikation. Kommunikation, Person, Situation. Reinbek b. Hamburg: Rowohlt.
Schwing, R., Fryszer, A. (2015). Systemisches Handwerk. Werkzeug für die Praxis (7. Aufl.). Göttingen: Vandenhoeck & Ruprecht.
Seemann, S. (2010). Organisationales Spielen in Form gebracht. Denkhilfen für dynamische Situationen in hyperkomplexen Umwelten. Berlin: Kadmos.
Snowden, D. (2016a). Abide part I. Zugriff am 09.11.2018 unter http://cognitive-edge.com/blog/abide-part-i/
Snowden, D. (2016b). Abide part II. Zugriff am 19.11.2018 unter http://cognitive-edge.com/blog/abide-ii/
Sparrer, I. (2006). Systemische Strukturaufstellungen. Theorie und Praxis. Heidelberg: Carl-Auer.
Spencer-Brown, G. (1969). Laws of form. London: Allen & Unwin.
Strobach, S., Zenner, G. (2011). 1.000 Visionsbilder für den Einsatz in Training, Schule und Beratung. Foto-DVD. Eigenverlag.
Tillmetz, E. (2012). Familienaufstellungen. Sich selbst verstehen und die eigenen Wurzeln entdecken. Stuttgart: Klett-Cotta.

van Hout, M. (2012). Heute bin ich. Zürich: Aracari.
van Hout, M. (2013). Kunstkarten-Set: Heute bin ich. Zürich: Aracari.
Varga von Kibéd, M., Sparrer, I. (2005). Ganz im Gegenteil. Tetralemma und andere Grundformen Systemischer Strukturaufstellungen – für Querdenker und solche, die es werden wollen. Heidelberg: Carl-Auer.
Vogler, C. (1998). Die Odyssee des Drehbuchschreibers. Frankfurt a. M.: Zweitausendeins.
Weiss, M. (2004). Quest. Die Sehnsucht nach dem Wesentlichen. Paderborn: Junfermann.
Wenzel, M. (2004). Wie Wind und Wasser. Philosophische Spiele. Wien: Selbstverlag.
Wenzel, M. (2005). Mit Märchen unterwegs. Wie sich das mündliche Erzählen lernen lässt. Mit Illustrationen von Matthias Varga von Kibéd. Wien: Selbstverlag.
Wenzel, M., Ortner, A. (2015). Es war 1001 Mal. Märchenreisen durch Leben und Welt. Innsbruck: Tyrolia.
Werner, G. (2013). Womit ich nie gerechnet habe: Die Autobiographie. Berlin: Econ.
White, M. (2010). Landkarten der narrativen Therapie. Heidelberg: Carl Auer.
Wikipedia (2019). Kindschaftsrecht (Österreich): Obsorge. Zugriff am 16.02.2019 unter https://de.wikipedia.org/wiki/Kindschaftsrecht_(%C3 %96sterreich)#Obsorge

# Danksagung

Wir danken allen Klientinnen und Klienten, Teilnehmerinnen und Teilnehmern, die uns die Möglichkeit gegeben haben, unsere kreativen, teilweise neuen und ungewöhnlichen Ideen und Vorgehensweisen anzuwenden und zu erproben. Ihr Vertrauen und ihre Bereitschaft haben es uns ermöglicht, viel zu lernen. Dass wir unsere Erfahrungen und Erkenntnisse nun in einem Buch zusammenfassen konnten, ist zu einem großen Teil ihr Verdienst. Wir bedanken uns auch für die Erlaubnis zur Verwendung der Praxisgeschichten.

Ich danke allen Kolleginnen und Kollegen, die Beiträge zu diesem Buch verfasst haben, für ihr Engagement und für die tollen Geschichten, die sie bereit sind, mit anderen zu teilen. Aus der Zusammenarbeit an diesem Buch ist auch ein anregender Fachaustausch entstanden, der zur Klärung theoretischer und methodischer Aspekte der Arbeit mit Metaphern beigetragen hat. Viele Ideen, Anregungen und Konkretisierungen sind in die Texte eingeflossen.

Nicht zuletzt danke ich meinem Freund und Kollegen Daniel Bauer für seine Unterstützung bei der Gestaltung der Umschlagabbildung.

# Autorinnen- und Autoreninformationen

**Prof. Dr. Holger Lindemann**
Jahrgang 1970. Diplom-Pädagoge, Systemischer Supervisor (SG/DGSF) und Organisationsberater, zertifizierter Mediator. Doktor der Philosophie, Habilitation mit der Venia Legendi für Bildungsmanagement und Sonderpädagogik.
Professor für Entwicklungspsychologie und Systemische Beratung an der Medical School Berlin. Privatdozent der sonder- und rehabilitationspädagogischen Psychologie an der Universität Oldenburg. Leiter HafenCity Institut für Systemische Ausbildung (HISA), an der Medical School Hamburg. Freiberufliche Tätigkeit als Fortbildner, Supervisor, Mediator und Organisationsberater.
Langjährige Erfahrung als Führungskraft und Einrichtungsleitung in der offenen Kinder-, Jugend- und Behindertenhilfe. Zahlreiche Veröffentlichungen zur systemisch-lösungsorientierten Beratung und Therapie, zu Schulorganisation und Schulentwicklung, Konstruktivismus und Systemtheorie.

Kontakt:
✉ holger.lindemann@lindelo.de
🌐 www.lindelo.de

**Claudia Bauer**
Jahrgang 1968. Diplom-Sozialarbeiterin, Systemische Beraterin. Musik- und Tanzpädagogin: langjährige Unterrichtstätigkeit am Tiroler Landeskonservatorium und an der Universität Mozarteum Salzburg im Bereich »Elementares Musizieren & Tanzen«. Langjährige Tätigkeit in der Ambulanten Hilfe zur Erziehung.
Seminar- und Vortragstätigkeit im In- und Ausland in beiden Berufsfeldern

Kontakt:
✉ cl.bauer@gmx.at

**Sabine Brehm**
Jahrgang 1967. Diplom-Kauffrau, Systemischer Personal- und Business Coach (IHK), Stress- und Burn-out-Beraterin. Mehrjährige Berufs- und Führungserfahrung in großen Unternehmen, seit 2000 freiberufliche Tätigkeit mit einer Marketing- und Kommunikationsberatung und seit 2014 eigene Coaching-Praxis im Rhein-Main-Gebiet.

Kontakt:
✉ info@sichtweisen-sb.de
🌐 www.sichtweisen-sb.de

**Rita Freitag**
Jahrgang 1954. Diplom-Sozialpädagogin, Erzieherin, Systemische Therapeutin, Beraterin, Familien- und Lehrtherapeutin (SG), Supervisorin (DGSv, SG), Klinische Hypnotherapeutin (MEG), langjährige Tätigkeit im stationären und teilstationären Bereich der Kinder- und Jugendhilfe in Würzburg sowie als Beraterin und Familientherapeutin in Familien- und Erziehungsberatungsstellen und in der aufsuchenden Familientherapie, seit 15 Jahren Dozentin und Lehrtherapeutin für Familientherapie, Supervison und Traumapädagogik des Institutes für Systemische Arbeiten (ISA) in Chemnitz.

Kontakt:
✉ rita.maria.freitag@gmail.com
🌐 www.isa-chemnitz.de

**Cristián Gálvez**
Jahrgang 1969. Autor, Speaker und Coach mit dem Schwerpunkt Persönlichkeitsentwicklung.
Studium der BWL und Wirtschaftspsychologie in Deutschland und den USA. Moderation verschiedener TV-Formate (RTL II, RTL, ARD).
Inhaber eines Unternehmens für Live-Kommunikation.
Mit über 6.000 Präsentationen, Vorträgen und Moderationen gehört er zu den erfolgreichsten Rednern Deutschlands.
Analysiert regelmäßig die Persönlichkeitsmuster von Politikern und anderen Menschen des öffentlichen Lebens für verschiedene Medien.

Kontakt:
✉ office@galvez.de
🌐 www.galvez.de

**Dr. Ursula Geisler**
Approbierte Psychotherapeutin (Verhaltenstherapie) in eigener Praxis in München sowie an der Hochschulambulanz der LMU München; Familientherapeutin, Traumatherapeutin, Supervisorin; Dozentin an Ausbildungsinstituten für Psychotherapeuten, Lehrbeauftragte der Universität München (Psychologie) sowie der Hochschule München und Hochschule Augsburg (Klinische Psychologie). Autorin von Fachbüchern und Therapiematerial.

Kontakt:
✉ dr.geisler-praxis.psychotherapie@web.de

**Holger Gelhausen**

Jahrgang 1966. Mehrfacher Unternehmensgründer, Geschäftsführer und Vorstand von Technologie-Unternehmen. Geschäftsführer der intiki GmbH und Digital Analytics Institut. Schwerpunkte sind neue Lernprozesse in den Arbeitsfeldern: Strategie, Innovation, Mitarbeiter, Leadership und Digitalisierung.

Kontakt:
✉ hg@intiki.de
🌐 www.intiki.de | www.daomi.de

**Dr. Björn Enno Hermans**

Jahrgang 1976, Dr. rer. medic, Diplom-Psychologe, Systemischer Kinder-, Jugendlichen- und Familientherapeut, Supervisor, Organisationsentwickler, Coach, Traumatherapeut, Notfallpsychologe, Lehrender (DGSF), Vorsitzender DGSF.
Vorstand/Geschäftsführer eines Trägerverbundes der freien Wohlfahrtspflege in den Feldern Jugendhilfe, Soziale Dienste, Gesundheit & Pflege, freiberuflich tätig als Berater, Therapeut, Supervisor und Dozent.

Kontakt:
✉ info@praxis-hermans.de
🌐 www.praxis-hermans.de

**Mag. Helga Luger-Schreiner**

Jahrgang 1961. Multimediale Kunsttherapeutin, Kunstpädagogin, Künstlerin und Montessori-Pädagogin. Zertifizierte Lehrerin für achtsames Selbstmitgefühl nach Germer & Neff, Metta-Meditations-Lehrerin. Leitung von PAS »Projekt Achtsame Schule« am Zentrum für LehrerInnenbildung der Universität Wien in Kooperation mit der Bildungsdirektion Wien. Mitglied des Entwicklungsteams zum Hochschullehrgang »Achtsamkeit in Bildung, Beratung und Gesundheitswesen« und Lehrende an der Kirchlich Pädagogischen Hochschule Wien.
Eigenes Institut »POWERful-heART«, Seminare und Workshops basierend auf der Verbindung von künstlerischen Prozessen, Meditation, Achtsamkeits- und Selbst-Mitgefühlstraining.

Kontakt:
✉ helga.luger-schreiner@POWERful-heART.at
🌐 www.POWERful-heART.at

**Margarete Malzer-Gertz**
Jahrgang 1957. Fachärztin für Psychotherapeutische Medizin. Niedergelassen in eigener Praxis für Tiefenpsychologische Verfahren, Systemische Therapeutin (SG, DGSF), Systemische Supervisorin und Organisationsberaterin (SG, DGSF), Systemische Coachin (DGSF), zertifizierte Lehrerin für achtsames Selbstmitgefühl nach Germer u. Neff. Eigenes Institut SoFi – Flensburg (Systemisch und Mitgefühlsorientiertes Fortbildungsinstitut).
Teamsupervision und Organisationsentwicklung in sozialen Einrichtungen und Kliniken und im Rahmen von Verwaltung und Rechtswesen. Dozentin für Gruppentherapie an der SAP Bad Grönenbach und für Ausbildungssupervision am Zap Nord Lübeck sowie im Masterlehrgang Achtsamkeit an der KPH Wien; Fortbildungen zu Systemischen und Mitgefühlsorientierten Themen für Führungskräfte und Teams.

Kontakt:
✉ post@sofi-flensburg.de
🌐 www.malzer-gertz.de | www.sofi-flensburg.de

**PD Dr. Claude-Hélène Mayer, PhD, PhD**
Jahrgang 1975. Magister Artium in Ethnologie, Interkultureller Didaktik und Sozialökonomik, Doktor der Politischen Disziplin (Ethnologie, Interkulturelle Didaktik, Sozialökonomik), PhD in Management (Faculty Commerci), PhD in Psychology (Humanities), Habilitation in Psychologie mit Schwerpunkt Arbeits-, Organisations- und Kulturpsychologie, Forschungen und Publikationen u. a. zu interkultureller Mediation, Gesundheit in Organisationen, Frauen in Führung, Professorin für Industrial and Organisational Psychology an der University of Johannesburg, Privatdozentin am Institut für therapeutische Kommunikation und Sprachgebrauch, Europa-Universität Viadrina, Frankfurt (Oder). Systemische Beraterin und Therapeutin (SG), Lehrtherapeutin (SG), Hypnosetherapeutin (TIM) und integrierte Lerntherapeutin (ILT).
Beratung, Training und Mediation in interkulturellen und internationalen (Unternehmens-)Kontexten, freiberufliche Tätigkeit als Mediatorin und Ausbilderin für Mediation (BM).

Kontakt:
✉ info@interkulturelle-mediation.de
🌐 www.interkulturelle-mediation.de

**Ilse Osterfeld**
Jahrgang 1960. Rechtsanwältin, Wirtschaftsmediatorin (CfM), Ausbildern Mediation (BM), Systemische Supervisorin (SG/DGSF) und Organisationsberaterin. Tätigkeit als Moderatorin, Mediatorin, Supervisorin und Führungskräfte-Coach sowie als Ausbilderin und Dozentin für Konfliktmanagement und Mediation bei diversen Bildungsträgern und Hochschulen.

✉ buero@mediation-osterfeld.de
🌐 www.mediation-osterfeld.de

**Daniel Osterwalder**
Jahrgang 1963. Studium der Geschichte, Politologie und Ethnologie, Spezialgebiet Information- & Archiv-Science, heute tätig als Facilitator, Service Design Thinker, Lego Serious Play Facilitator und Graphic Recorder.

Kontakt:
✉ daniel.osterwalder@visualdynamics.ch
🌐 www.visualdynamics.ch

**Christian Peitz**
Jahrgang 1974. Diplom-Pädagoge und Autor. Tätigkeit vor allem in der Fort- und Weiterbildung im Bereich der frühkindlichen Bildung.

Kontakt:
✉ mail@christianpeitz.de
🌐 www.christianpeitz.de

**Jens Postinett**
Jahrgang 1966. Fachwirt für Sozial- und Gesundheitswesen, Heilerziehungspfleger. Langjährige Erfahrung als Stationsleitung in der Kinder- und Jugendpsychiatrie.

Kontakt:
✉ jens.postinett@stiftung-liebenau.de

**Detlef Sauthoff**
Jahrgang 1959. Systemischer Supervisor (SG/DGSF), Coach und Ausbilder für Mediation (BM). Dozent der Fern-Universität Hagen im Bereich Mediation. Trainer an der Konstanzer Schule für Mediation. Lehrender und Beirat HafenCity Institut für Systemische Ausbildung (HISA), an der Medical School Hamburg.

Kontakt:
✉ info@detlef-sauthoff.de
🌐 www.detlef-sauthoff.de

**Susanne Strobach, MSc.**
Gründerin und Leiterin der Achtsamkeits-Akademie in Wien. Sie initiierte und co-kreierte den ersten Hochschullehrgang im deutschsprachigen Raum mit dem Schwerpunkt »Achtsamkeit in Bildung, Beratung und Gesundheitswesen« mit Abschluss »Master of Science«, der seit 2018 an der KPH Wien/Krems durchgeführt wird.
Unternehmensberaterin mit dem Schwerpunkt Personalentwicklung, Qualitätsmanagerin, (Lehr-)Mediatorin, Coach, Buchautorin, DVD-Produzentin. Seit über 20 Jahren hält sie Trainings im Business und Gesundheitswesen.
Mitglied im AFNB-Trainernetzwerk – Akademie für Neurowissenschaftliches Bildungsmanagement und im ExpertInnenbeirat der »Fachgruppe Familie« des ÖBM (Österreichischer Bundesverband Mediation).

Kontakt:
✉ strobach@achtsamkeits-akademie.at
🌐 www.achtsamkeits-akademie.at

**Nikola Siller**
Jahrgang 1975. Politikwissenschaftlerin M. A., Systemische Beraterin (SG), Systemische Supervisorin (DGSF), Systemischer Coach (DGSF), Systemische Organisationsberaterin (ifs), Kommunikationstrainerin.
Dozentin an der Universität Oldenburg im Fachbereich Beratung und Konfliktlösung. Fachreferentin für systemische Weiterbildungen in Haus Neuland, Bielefeld. Freiberuflich beratend und lehrend tätig in eigener Praxis in Münster/Westfalen.
Langjährige Erfahrung mit systemischen Designs von Schulungen, Fachtagen und Prozess-Moderation für Gruppen, Teams und Führungskräfte in Sozialen Arbeitsfeldern sowie in Wirtschaft, Wissenschaft und Politik.

Kontakt:
✉ info@beratung-siller.de
🌐 www.beratung-siller.de

**Martin Weiss**
Jahrgang 1962. Trainer, Coach und Unternehmer. Schwerpunkte: Innere Stimme, Berufung, Kreative Produktivität.

Kontakt:
✉ martin@bigshift.live
🌐 www.bigshift.live

Foto: Franz Pflügl

**Dr.ⁱⁿ Margarete Wenzel**
Jahrgang 1964. Philosophin, Pädagogin, freischaffende Erzählerin mit Auftritten für Erwachsene und Kinder, konzipiert und verwirklicht Themenprogramme und Aufführungsprojekte mit Märchen, Musik und Gauklerkunst, maßgeschneidert für verschiedenste Kontexte. Improtheaterspielerin, Leiterin von Seminaren und Lerngängen, Autorin, Erforschende des freien mündlichen Erzählens und seiner Wirkungen sowie der Einsatzweisen von Storytelling. Gründete und leitet die Maerchenakademie-Wien, konzipiert Storytelling-Projekte für Firmen und Institutionen (wie z. B. die Schloss Schönbrunn Betriebsgesellschaft und das Jugendamt der Stadt Wien/MAG ELF) und führt sie durch.

Kontakt:
✉ margareteerzaehlt@gmail.com
🌐 www.maerchenakademie-wien.at, www.storytelling-wien.at